伦敦奥运会训练参赛实用指南

北京体育大学出版社

策划编辑　李　飞
责任编辑　苏丽敏
审稿编辑　鲁　牧
责任校对　文冰成
责任印制　陈　莎

图书在版编目(CIP)数据

伦敦奥运会训练参赛实用指南/杨桦主编 . －北京:北京体
育大学出版社,2012.4
ISBN 978－7－5644－0938－8

Ⅰ.①伦…　Ⅱ.①杨…　Ⅲ.①奥运会－运动竞赛－伦
敦－2012－指南　Ⅳ.①G811.21－62

中国版本图书馆 CIP 数据核字(2012)第 075423 号

伦敦奥运会训练参赛实用指南　　　　杨　桦　主编

出　　版　北京体育大学出版社
地　　址　北京海淀区信息路 48 号
邮　　编　100084
邮 购 部　北京体育大学出版社读者服务部 010－62989432
发 行 部　010－62989320
网　　址　www.bsup.cn
印　　刷　北京昌联印刷有限公司
开　　本　787×960 毫米　1/16
印　　张　18

2012 年 4 月第 1 版第 1 次印刷
定　价　40.00 元
(本书因装订质量不合格本社发行部负责调换)

编　委　会

主　编　杨　桦

副主编　刘大庆　蔡有志

编写组（按姓氏笔画排序）

王正珍　王炜鉴　王英春　王统领

王　艳　白震民　刘大庆　毕晓婷

米　靖　许小冬　张力为　张莉清

李少丹　李雪梅　迟立忠　邱俊强

杨　桦　周爱国　苗向军　侯世伦

胡海旭　赵文良　徐　刚　高志青

黄　鹏　蔡有志

序

　　"同一个世界，同一个梦想"，是 2008 年北京第 29 届夏季奥运会的主题口号，也是中国人民对奥林匹克精神的深邃理解和伟大贡献。

　　"更快、更高、更强"的奥林匹克格言激励人类不断探索运动项目的本质规律与竞技特点。在短短十几天的奥运会比赛中，要举行 20 多个大项、300余个小项的比赛，竞争激烈，异彩纷呈。其中，既有长距离竞速的公路自行车项目，也有动作复杂、难美并存的体操项目；既有斗智斗勇的个人格斗类项目，也有需要团队协作的集体球类项目；既有挑战体能极限的田径、游泳、举重项目，也有挑战心理极限的射击、射箭项目。应该说，各个项目的竞技特点虽有不同，但都在力求争胜，也都需要认真思考如何更好地完成奥运会的备战参赛工作。

　　基于为中国体育代表团备战和参赛伦敦奥运会提供支持的宗旨，北京体育大学组织学校相关领域教授、学者和部分研究生，编写了这本《伦敦奥运会训练参赛实用指南》。全书采用问答的形式，介绍和讨论运动员在备战、参赛伦敦奥运会过程中可能遇到的各类问题和解决方案，强调简明性、操作性和应用性，旨在帮助运动队和运动员提高训练效益，争创优异比赛成绩。

　　全书共包括四大部分，即参赛伦敦、运动训练、心理调控、运动营养与康复。其中，参赛伦敦部分包括伦敦奥运会的参赛环境、场地与器材、观众与媒体、食宿与服务、交通与通讯等 5 个主题；运动训练部分涵盖了 6 个主题，包括训练原理、训练计划、体能训练、赛前及赛间训练、参赛设计、参赛策略等内容；心理调控部分涵盖 13 个主题，包括动机、自信、情绪控制、逆境应对、压力应对、心理疲劳、注意控制、自我控制、心理准备、比赛定位、适应能力、团队凝聚力和赛后恢复等内容；运动营养与康复部分涵盖了 9 个主题，包括膳食营养、营养促力手段、训练监控、高原训练、运动员常见症状及防治对策、运动性热病、损伤防治、疲劳恢复、运动按摩等内容。

本书不仅有参编者长期的研究成果，也汇集了国内外体育科研的最新成就。参编者的研究领域涉及运动训练学、运动心理学、运动营养学、训练监控、体能训练、运动医学等。北京体育大学的许多专家常年为国家队提供科技服务，具有服务训练参赛实践一线的丰富经验。另外，北京体育大学科研处的组织、协调，以及北京体育大学出版社的设计、编辑都对本书的出版起了至关重要的作用。在此，谨向各位作者，以及组织、出版单位表示衷心的谢意。

本书结稿之时，距 2012 年伦敦第 30 届奥运会开幕已不足 100 天。作为专门针对伦敦奥运会的训练参赛指南，希望本书的出版能够给即将参加伦敦奥运会的中国运动员和教练员提供有益的帮助。

2012 年 4 月

目录

第一部分　参赛伦敦

第二部分　运动训练

第三部分　心理调控

第四部分　运动营养与康复

第一部分

参赛伦敦

第 30 届夏季奥运会将于北京时间 2012 年 7 月 28 日 ~ 8 月 12 日在英国伦敦举行，中国奥运代表团将于 7 月前往参加比赛。与北京奥运会相比，中国代表团将不再拥有"天时、地利、人和"的条件，而有可能受到来自地理、气候、食宿、医疗恢复、交通通讯、场地器材等方面的影响，面临不同的自然环境、社会文化氛围等问题的困扰。通过查阅国内外关于伦敦奥运会的信息，整理出以下内容，希望能为我国伦敦奥运会代表团提供一些帮助。

主题一　参赛环境

1. 伦敦的气候特点

伦敦受北大西洋暖流和西风影响，属温带海洋性气候，四季温差小，夏季凉爽，冬季温暖，空气湿润，多雨雾，秋冬尤甚。伦敦奥运会从 2012 年 7 月 28 日开始至 8 月 12 日结束，正值夏季，但由于受北大西洋暖流和西风影响，伦敦夏季气候宜人，温度在 15 ~ 25 摄氏度之间浮动，早晚微凉。伦敦的年降雨量约 600 毫米，不算太多，分布比较均匀。天气多变，对户外项目的影响极大，特别是长跑、竞走、铁人三项、公路自行车、越野自行车、现代五项越野跑、沙滩排球这些长时间暴露在户外环境中的项目，运动员须提前适应在这种多变的天气条件下应战。由于受高纬度的影响，伦敦夏季昼长夜短现象非常明显，甚至晚上 10 点多才开始入黑。

2. 风向和风速对比赛和运动员成绩的影响

（1）风向和风速对田径项目的影响

顺风跑会减少跑动过程中的空气阻力，提高运动成绩，所以比赛规定距离 200 米和 200 米以下的径赛以及跳远、三级跳远等项目，凡顺风时平均风速超过 2 米/秒，所创纪录就不予承认。风速较大时也会影响铁饼、标枪等项目运动员的比赛成绩。

（2）风向和风速对射击项目的影响

射击比赛时，风速如果超过 4 米/秒，风力会使射出的子弹偏离靶心。所以，当射击场上风速超过 4 米/秒时，比赛将推迟或取消。[1]

（3）风向和风速对帆船项目的影响

帆船比赛对风向和风速的要求更高，帆船比赛既要求有风，但风又不能过大。当风速大于 20 米/秒时，出于安全考虑会停止比赛。

（4）风向和风速对赛艇项目的影响

由于强烈的顺风意味着行驶速度加快，对赛艇比赛开赛后第一批出发的选手们提出了更高的技术要求，而风向的变化会造成不同批出发选手的不公平竞争，因此赛艇比赛一般要求在无风天气下进行。

3. 温度和湿度对比赛和运动员成绩的影响

高温环境会造成人体大量排汗，体内的盐随之丢失，如不及时补充水和无机盐则会造成人体的脱水和机能紊乱。长时间受到阳光直射，会造成中暑等病症，严重者可导致死亡。在高温高湿的天气情况下，大气中的大量水汽使体表的汗液难以蒸发，妨碍机体的散热过程，也会导致中暑现象。另外，在大雾天气下进行运动能见度低，隐藏着安全隐患，有可能对人体造成危害，故一般会推迟或取消比赛。

高湿环境下进行马拉松、长跑比赛极易导致运动员的中暑、热衰竭等热疾病，且会严重降低运动员的耐力水平；帆船比赛的赛场能见度规定要

─────────────

〔1〕 王夕 . 天气干扰比赛 ［N］. 北京科技报 . 2010：56

大于 1500 米，并且需尽量避开雷雨等灾害性天气；马术比赛中规定当温度大于 31 摄氏度，相对湿度大于 85% 时，将取消或推迟比赛；湿度较低时，有利于跳跃运动员发挥水平，而湿度偏大一些时，有利于短跑运动员产生爆发力。

4. 降雨对比赛和运动员成绩的影响

降雨对比赛的影响主要体现在两方面：一是对场地器材使用的影响，二是对运动员自身的影响。

由于网球吸水后弹性降低，且场地淋雨后会变得非常湿滑，因此网球比赛如遇降雨则需取消或推迟；降水造成的运动场地积水或者湿滑还会对自行车、田径、足球和马术等项目的运动员造成危险；沙滩排球经常会在雨天进行，但降雨会造成球体较滑和影响视线，因而不利于运动员的发挥；雷电天气可能引发室外项目运动员和观众遭受雷击，曾有多次关于运动员和观众在比赛和观赛过程中遭受雷击的报道。除此之外，降雨会造成运动员体温的下降，天气较热时下雨有助于降温，但气温较低时下雨则易发生因体温下降而导致的肌肉痉挛和运动成绩下降。

5. 如何应对伦敦的多变天气

天气变化会影响比赛的成绩，造成比赛的延误，甚至对运动员造成伤害。当天气发生剧烈变化，如骤然降温或狂风怒号、大雨倾盆，身体在短时间内，很难迅速适应这种天气变化。这时，人体不能迅速进行平衡调节，结果引起机体内某些功能的失调或紊乱，导致身体机能的下降。[1]

伦敦的天气以多变著称，经常出现前一分钟阳光明媚，后一分钟大雨磅礴的情况。降水、大风、大雾等天气均会给运动员的发挥以及比赛的正常进行带来影响。

应对伦敦多变天气的措施有以下几种。

（1）出征前制订详细的工作计划，包括训练、科研、医疗、营养、恢复、心理、装备、队伍管理等工作。

---

〔1〕 翁锡全，林文技. 气象和气候条件对体育运动的影响［J］. 广州体育学院学报. 1991；20：51－54

（2）教练员和运动员均需对赛场条件、气温、湿度、风向、风速、日光、降水等情况有所了解并做好思想准备。

（3）提前前往，进行适应性训练。

（4）在设计比赛技战术时需要考虑到天气因素。

（5）需考虑到因降雨而造成的运动员体温下降，应做好应急预案。

（6）由于伦敦夏季温度适宜，因此不必太担心高温造成的各种热疾病和体液丢失。

6. 经纬度的变化对运动员的影响

伦敦市中心位于北纬 51 度 30 分 28 秒，西经 00 度 07 分 41 秒。其纬度与我国黑龙江漠河市（52 度 10 分至 53 度 33 分）较接近。纬度会影响到跳跃类项目、铅球、铁饼、链球、自行车等项目运动员竞技能力的发挥。经度对运动能力的影响主要表现在时差导致的运动员的各种机能障碍，表现为疲劳、全身乏力、夜间睡眠障碍、食欲减退、注意集中能力减退、头痛和全身不适。穿越子午线飞行时昼夜节律的变化会引起机体机能的显著变化。3 小时以内的时差对人体的影响不大，超过 3 小时则会打乱人体的生物钟。

7. 如何避免因时差造成的运动员身体机能变化

（1）代表团提前出行，需在比赛日 9～10 天前抵达比赛地。

（2）出发前减小运动量，避免大负荷运动。

（3）抵达比赛地后安排适应性训练，采取适应——恢复——强度训练过程。

（4）注意抵达后几天睡眠——兴奋状态的调节。

（5）注意对运动员机体机能状态的监督。

（6）充分利用闲暇时间加速恢复和适应。[1]

---

[1] 时间、气候适应过程中中长跑运动员专项能力的变化［J］. 山东体育科技. 1991（1）：9－10

8. 海拔对运动员成绩的影响

海拔对运动成绩的影响主要表现在空气的密度、湿度和氧气含量等因素上。

（1）空气密度降低会提高跳高、铅球、标枪、铁饼、跳远等项目的成绩。

（2）空气中的水蒸气增加不利于马拉松、长距离跑、竞走、公路自行车等项目运动员的发挥。

（3）氧气的减少不利于要求动员大量肌肉参与工作及持续 2 分钟以上时间的运动项目的发挥，例如各种球类运动和耐力项目。[1]

海拔高的地区空气稀薄，空气密度、空气中水蒸气压力和氧离子压力均小于海拔较低的地区，这会使运动员的成绩较海拔较低的地区有所下降，但一段时间的高海拔训练会提高运动员的运动能力。运动员在高海拔训练后需回到低海拔地区经过一段时间的适应才能发挥出最好的竞技能力。

伦敦市地形以平原为主，平均海拔 59 米。较低的海拔有利于运动员竞技能力的发挥。

主题二　　场地与器材

1. 奥林匹克体育场

奥林匹克体育场，又称"伦敦碗"，位于奥林匹克公园的南部，像一座小岛，三面由水道包围，观众需要通过河上的五座桥来到岛上。奥运会期间，开、闭幕式和田径比赛将在这里进行。

"伦敦碗"于 2008 年 5 月 22 日开工，2011 年 3 月 29 日竣工，耗资近

---

〔1〕 马红宇. 易地参赛环境及运动员的适应性调节〔D〕. 马红宇博士论文

5 亿英镑。体育场可以容纳 8 万名观众，设有 25000 个固定座位与 55000 个临时座位。体育场内设有更衣室、医疗室和一个 80 米的热身区。观众服务区、茶点区和商品网点设在体育场外周。底部的田径场和底层的 25000 个固定座位在地平面之下，而上部的 55000 个临时座位在奥运会和残奥会结束后将全部被拆除。

2. 游泳中心与水球馆

游泳中心位于奥林匹克公园的东南角，跳水、游泳、花样游泳、现代五项都将在这里进行比赛，可以容纳 17500 名观众。来到游泳中心观看比赛的观众大部分就坐于两个类似翅膀造型的临时座席上。馆内有一个长 50 米的比赛泳池，一个长 25 米的比赛跳水池，一个长 50 米的热身池以及一块热身用的陆地。水球比赛将在与游泳中心相邻且相连通的水球馆内举行，也有一个比赛池和一个热身池。两个比赛场地共用广播、餐饮和安保等设施。

3. 篮球馆

篮球馆位于奥林匹克公园的北边，奥运会期间将在此进行篮球、手球的比赛。篮球馆于 2009 年 10 月投入建设，2011 年 6 月竣工，有 12000 个座位。该篮球馆是奥运会历史上最大的临时场馆之一，篮球馆将在伦敦奥运会结束后拆除，其建材将会在英国其他地区重新投入使用。奥运会期间，篮球比赛结束后需要花 22 个小时将场地改造成手球比赛场，用于手球决赛，包括移除篮球设施和安装手球的球门和比赛垫。为了最有效的利用空间和资源，篮球馆与自行车馆和小轮车馆公用后勤设施，包括两个临时住宿场地、餐饮中心、安保中心、废物管理中心和媒体区等。

4. 自行车馆

自行车馆位于奥林匹克公园的北部，用于举行场地自行车比赛。自行车馆的底层座席围绕场馆建设，共有 3500 个座位，高层的 2500 个座位安置在场馆的曲线屋顶结构上。在上下座席之间有一面巨大的玻璃墙，使观众能从任何角度欣赏奥林匹克公园的美景，并使得场外的人们也能够看到场内的情景。届时将在奥林匹克公园自行车馆、林荫路、汉普顿宫、哈德利农场、奥林匹克公园小轮车场决出 18 枚金牌。

5. "铜箱"

"铜箱"位于奥林匹克公园的西边，用于举行手球的预赛和四分之一决赛以及现代五项中的击剑比赛。后勤设施占地 113700 平方米，包括餐饮、安全和媒体中心，还有一个临时的热身区，面积达 1400 平方米，高 15 米。手球比赛结束后，将用 48 小时将其改造成击剑比赛场。

6. 温布利体育场

温布利体育场位于伦敦西北部，是 6 个承办伦敦奥运会足球比赛的场地（温布利体育场、考文垂市体育场、汉普登公园、加的夫千年体育场、老特拉福德体育场、圣詹姆斯公园）中最大的一个，男子、女子足球决赛都在此进行。温布利球场位于温布利体育场旁边，羽毛球和艺术体操的比赛将在这里进行。

7. 其它场地

（1）小轮车赛场
小轮车赛场位于奥林匹克公园北部，内有 400 米赛道。
（2）河岸体育场
曲棍球比赛将在奥林匹克公园内的河岸体育场进行。河岸体育场有两片足球场，一片用于比赛，另一片用于热身。在这里，曲棍球比赛将首次摒弃传统的绿色场地，而采用其他颜色。
（3）伯爵府（Earls Court）
位于伦敦西部，靠近维多利亚和艾伯特科学和自然历史博物馆。从 7 月 28 日开始，排球比赛将在伯爵府举行，共有 288 运动员参加比赛。
（4）Excel 中心
位于伦敦东部的皇家维多利亚码头，伦敦市机场附近。这里是拳击、击剑、柔道、乒乓球、跆拳道、举重、摔跤、硬地滚球项目的比赛场地。
（5）贵族板球场（Lord's Cricket Grand）
位于伦敦西北部的圣约翰郡，临近摄政公园。4500 名观众将在此欣赏射箭比赛。

（6）皇家骑兵卫队阅兵场（Horse Guards Parade）

位于英国的政治中心——白厅，接近唐宁街，在白金汉宫的圣詹姆斯公园对面。奥运会期间，沙子将被运到这里，建成一块临时的场地，用于沙滩排球比赛。

（7）海德公园（Hyde Park）

座落在伦敦西区，这里汇集了一流的酒店和商店。奥运会期间，公园将举办马拉松、游泳和铁人三项比赛。同时，在整个2012年夏天有望成为音乐、戏剧、电影和文化活动中心。

（8）北格林威治竞技场（North Greenwich Arena）

位于格林威治半岛，正好在子午线上，从流经奥林匹克公园的利河（Lea）河口起，跨越泰晤士河。艺术体操、蹦床和篮球的比赛将在这里展开角逐。

（9）商业街（The Mall）

位于伦敦市中心，西起白金汉宫西侧，东至特拉法加广场的东头。这里是马拉松和竞走的比赛场地。

（10）皇家炮兵营（The Royal Artillery Barracks）

皇家炮兵营在伦敦东南部的伍尔维奇，靠近格林威治公园的世界遗址。射击比赛在此举行。

（11）温布尔登网球场

温布尔登网球场位于伦敦西南部，在里士满公园和英国皇家植物园的世界遗产遗址附近。一年一度的温布尔登大满贯赛事结束三个星期后，伦敦奥运会的网球比赛将在此打响。

8. 比赛器材标准及对运动成绩的影响

国际大赛的比赛器材由赛会主办方提供（体操、篮球、足球、排球、举重、摔跤等），这些比赛器材的选择和使用要在国际单项体育协会的相关规定和严格监督下实施。例如体操、摔跤垫子的硬度和弹性，球类项目球的大小、气压，场地的大小、草地的厚度等都有国际标准。运动员运动能力的发挥受运动感觉的影响很大，例如体操运动员的器材感，球类运动员的球感，游泳运动员的水感等，因此，在比赛中用自己熟悉的运动器材是最理想的。例如乒乓球运动员的球拍规格要严格遵守奥运会的相关规定，并且应准备至少一个备用球拍，以应不测。另外，凡是自带器材的运动项目都需要注意对器材的保护，如射击运动员的枪支在运输过程中与运动员分离，要做好包装工作，以免枪支受损。器材摆放的位置与方向也会对运动员的比赛发挥有一定影响，这一现象在体操项目中显得尤为突出。体操运动员在进行各种复杂动作的过程中，往往需要有一定的参照物，一旦周围环境改变，或者器材摆放方向发生改变就会使运动员产生陌生感，失去方位感，从而造成表现不佳或失误。因此，在赛前，运动员要尽可能熟悉赛场环境。

主题三　　观众与媒体

1. 观众对运动员临场发挥的影响

体育运动中，有观众观看或与别人一起活动时，较之没有观众或没有别人一起活动时，运动员的技术、成绩水平会发生变化。观众效应就是他人在场时对运动成绩产生的影响。引起运动员技术和成绩水平上升的积极观众效应叫社会促进，引起运动员技术和成绩水平下降的消极观众效应叫社会干扰。观众对运动员的影响表现如下。

（1）观众的到场会提高运动员一般的驱力或唤醒水平，促进运动员的优势反应增加。

（2）观众巧妙地使用评价，可以对人的活动产生积极的效应，也可以对人的活动产生消极的效应。

（3）新运动员在面对观众参加比赛时，成绩有可能会下降。

（4）观众到场会促进有运动经验和技能水平的运动员提高成绩。

（5）主场比赛的有利条件在于观众对运动队的支持与期望作用。

（6）观众的反应影响着运动员的情绪。

2. 影响运动成绩的观众因素

运动竞赛时，运动员会受到各种观众因素的综合影响，从而引起情感和行为上的变化。观众的影响无论在方向上（指对本方或对方）和强度、密度上都是会变化的。观众对运动成绩影响的因素包括以下几个方面。

（1）观众的数量和性别

观众人数的多少对运动员成绩的影响取决于他们的出现所传递给运动员的信息。如在有一百多个座位的大厅中坐满一百个观众，与在两百个座位的大厅中坐了一百个观众是完全不同的情境，这些空位所传递给运动员的信息是"较少的人关心你的成绩"，它常常对运动员的成绩有一种消极的作用。观众的人数还应分为支持本方和支持对方两种。如果支持本方的观众人数多，就会起到积极的作用，相反，则起消极作用。另外，观众的性别也对运动员产生影响。异性观众的到场也能提高运动员的兴奋性。比赛时，面对观众的影响，有的运动员沉着冷静、从容不迫；有的运动员则慌慌张张，不知所措，这取决于运动员的个性及心理素质的差异。

（2）观众的重要性

观众可分成运动队以外的人（父母、好友）、同队的其他成员（队员和教练员）及普通观众。这些人又可按直接或间接地与运动员发生作用而分成两类。运动员觉得越重要的观众对运动员的影响越大。

（3）观众的喧闹声

喧闹声分为有组织的和无组织的。有组织的喧闹声，指赛前和赛中自发组织的啦啦队员发出的声音，这对提高运动员的大脑兴奋性，保持良好的赛场气氛具有积极的作用。无组织的喧闹声，主要指赛场突然发出的尖叫、哨声、嘘叫声等，这对赛场气氛及运动员活动都会造成不良的影响。然而喧闹声对运动员的影响因项目不同而迥然不一，田径项目、体操等比赛中观众的喧闹声，特别是无组织的喧闹声会分散运动员的注意力。而在足球、篮球等身体接触的项目比赛中，这些喧闹声对运动员的影响则小些。

（4）观众的评价

观众的评价对运动员也会产生影响。观众消极的言语能使运动员产生烦恼，而且，观众的消极评价使复杂任务的成绩下降，使简单任务的成绩提高。一般来说，内行的观众与外行的观众的评价对运动员的影响不同，如教练员、运动专家及广播报刊对运动员影响大些，而一般观众的评价影响则小些。

（5）观众的位置

观众的位置不但有远近之分，而且还包括正、反、侧面，这些都可能影响运动员肌肉的细微变化。观众与运动员的距离越近，对运动员的影响越大；反之，影响就小。因为观众距运动员越近，其言语、表情的动作则暴露越明显，对运动员的刺激也就越强烈。处于正面位置的观众要比处于反面或侧面的观众对运动员的影响大。

3. 如何利用模拟训练来减小观众造成的心理影响

模拟训练对于解除运动员赛前、赛中的紧张情绪，提高比赛时的抗干扰能力具有重要作用。模拟训练可分为两种：一是语言形象模拟；二是实景情况模拟。语言形象的模拟就是利用语言和形象的表象来描绘未来竞赛时观众的情况，观众不在面前，这种模拟还可以利用图表、图片、照片使之具体化；实景模拟就是在训练中创造一些与竞赛相似的条件，对运动员进行训练，如邀请一些观众到场，使用人群喧闹的录音带等。模拟训练可分为四个阶段。

第一阶段：没有观众在场，主要用于大量地学习各种运动技能，这一阶段的时间较长。

第二阶段：通过录音带释放球场噪音，噪音的音量可以从小到大地调节到接近竞赛时的实际程度为止。有时，音量不需要调节。

第三阶段：在有的训练中应该引入观众处于屏气凝神的情景，尔后突然爆发出积极的鼓励、欢呼声等。

第四阶段：在练习时可以安排观众的语言使运动员感到烦恼的情景。如果运动的技能在哪一阶段受到严重影响，教练员须"倒退"到前一阶段，以减轻不适应的程度，待适应后，再进入下阶段。此外，让运动员坐到观众席上去感受观众的各种情绪变化，也有助于提高运动员的临场适应能力。

4. 什么是媒体导向

媒体的导向功能就是媒体通过运用适当的议程设置和舆论宣传来影响和引导人们的意向，从而引导人们的行动、规范人们的行为，使他们按照社会管理者规定或制定的路线、规章、条例规范地从事社会活动。

近年来，"媒体政治化"现象在西方越来越普遍，媒体受到意识形态、政治背景等社会因素的影响，会对公众的观念、行为产生或多或少的影响。

体育比赛中，媒体导向的作用同样不容小视。在环境因素中，大部分运动员、教练员都认为媒体对运动员的影响程度最大，此类因素包括媒体采访的频率、媒体报道的数量、媒体导向、观众数量、赛场气氛及家人和朋友到现场观看比赛等几方面。

5. 媒体导向对运动员参赛的影响

体育赛事和媒体的关系非常紧密，并存在复杂的双向作用，对二者的运营、发展等方面产生重大的影响。体育赛事与媒体之间的双向作用包含着正作用和负作用这两个方面，而这种双向作用是否取得良好效果，赛事和媒体是取得双赢还是双输，取决于正作用还是负作用在双向作用中占主流。

对于参加奥运会的运动员来说，本土运动员将受到媒体的格外关注。媒体无孔不入，千方百计地接近一线队伍，一定程度上对提高运动员、教练员的知名度有利，但也会严重干扰和影响队伍的备战与参赛。如2006年青岛奥帆赛期间，帆船帆板队几位领导的手机几乎被要求采访的记者打爆，甚至有媒体要求到运动员的住宿地进行实地采访，队内工作人员处理类似事务耗费了大量精力。人们对于重点选手的过高关注，也给运动员背上了沉重的思想负担。因此，大多数的被调查者认为媒体地频繁采访、大量报道和过热导向是本土参赛的不利因素。相反，客场参赛的国外运动员受到的关注小，而且可能由于国家与国家之间语言、文字不通，运动员受到媒体的影响小，更能以轻松的心境参加比赛。因此，把握运动员获得的媒体信息量与合理利用媒体导向的正作用，应该是在本土和异地参赛均需要处理好的问题。

主题四　食宿与服务

1. 奥运村

充满活力的奥运村位于奥林匹克公园内。从奥运村步行便可到达各个体育场馆，这能让运动员和官员们更好地感受奥运会。奥运村共有 65 块街区和 2818 栋公寓——混合一、二、三间卧室的公寓和四间卧室的排屋，包含宽敞的庭院、花园和阳台，每一个公寓不仅提供舒适的住宿环境，还安装了先进的通讯设施，其中包括互联网接口以及无线网络。所有的公寓大楼都可进入，且都安装了电梯。伦敦奥运会期间，奥运村将为 17000 名运动员和官员提供住宿。此外，奥运村设有商店、餐厅、医院、媒体办公地、各种娱乐设施以及大片空地。奥运期间，奥运村中还将进行一些工作区的日常工作，并以"回家"为主题，为运动员的餐饮和出行提供服务，其中大部分的工作将在临时搭建的建筑中进行，在奥运会结束后便可立即拆除。奥运村中设有一个"奥运村广场"，在这里运动员能同亲朋好友会面。奥运村的设计延续了伦敦的传统，即在公共空地和草地周围修建住所，靠近利河（Lea）又突出了伦敦与水亲近的传统。奥林匹克公园的整体设计则力求给参赛运动员和观赛观众以绿色、环保、节能的感受。公园的南部将通过滨江花园、咖啡馆和酒吧集中洋溢着奥运会的节日气氛。北部将采用最新的绿色科技管理洪水和雨水，同时提供安静的公共空间，为数百个物种的野生动物提供栖息地，包括翠鸟、水獭等。运动员从奥林匹克公园前往斯特拉福特市大楼进行旅游和娱乐休闲活动十分方便，乘坐高速列车 7 分钟便可到达伦敦市中心。

2. 如何应对异地参赛产生的食宿问题

我国运动员参加伦敦奥运会将面临异地参赛食宿问题的挑战。有研究表明，我国高水平运动员出国参赛，抵达赛地初期，对其竞技状态影响较大的劣性环境因素是：语言、时差、飞行及饮食。在比赛期间，对其竞技状态影响较大的劣性环境因素是赛场语言及赛日饮食。征战伦敦奥运会就有可能遇到各种食宿方面的问题，比如说中西方饮食习惯不同，饮食结构不同，住宿环境陌生、不适应，休息不好等。

　　针对伦敦奥运会具体的异地参赛环境因素，应有相应的调节对策。要根据项目、性别、比赛经验及运动员的个体差异及国内实施调节的具体情况，分为赴赛地前 4～3 周、赴赛地前 2～1 周、抵达赛地初期三个阶段。针对异地参赛的饮食变化所采取的调节对策包括：不改变饮食习惯，争取当地中餐馆的支持；提前到赛地，习惯当地饮食；配备一定的高效营养补剂；平时锻炼吃西餐，提高适应能力；许多保障能力比较强的国家易地参赛时会自带食品，甚至带上本国的厨师。我国备战奥运会倒计时 10 天的程序化参赛中，各队伍都专门对饮食作了规定：赛前不吃不熟悉的食品，不吃不易消化的食品，必须在指定的地点就餐等。针对异地参赛的住宿问题则主要采取了解住宿条件，提前适应的对策。

3. 伦敦奥运会期间的信息服务

　　为了解决奥运会期间大量信息涌入和传播的不便，北京奥运会之后，奥运会组委会对信息系统进行了升级，这个升级后的奥运会信息系统（Info）将会给参加报道的注册媒体提供及时便捷的服务，为记者们提供赛会即时消息、成绩、赛程、运动员简历以及赛后引语等服务。在伦敦奥运会开幕前夕，组委会还将会在主新闻中心为媒体提供现场培训，以便让大家可以更好地使用系统的各项服务。奥运村内以及城市中心有拥有大屏幕与宽广活动空间的广场，用于提供比赛的实时信息、播放视频、新闻和举行庆祝活动等。

　　信息系统最大的创新是开通了"我的信息"，让记者可以通过"付费新闻卡"（Press Rate Card）随时随地根据自己的需求定制新闻服务，而不再像以前的奥运会一样，记者只有在主新闻中心以及各分新闻中心等特定的场所，才能够享受到新闻信息系统服务。这个崭新的功能无疑将会更好地帮助注册记者和媒体机构充分方便地在第一时间里享受到组委会新闻信息系统的所有服务。另外，组委会新闻信息系统也将首次为注册记者提供电子邮件和短信重要信息提醒服务。

4. 伦敦奥运会志愿者服务

2012 年伦敦奥运会共设 26 个比赛项目，预计将吸引 10500 名运动员参赛，需要大量的志愿者从事服务工作。在 2010 年 9 月，伦敦奥组委便邀请广大市民积极参与伦敦 2012 奥运会缔造者活动，共有 250000 人提出报名申请。伦敦计划招募 70000 名奥运会志愿者，分别从事交通、奥运村管理、语言服务和日常运营等工作。届时，在伦敦将看到穿着鲜明色彩服装的志愿者和工作人员，他们佩戴不同颜色的肩章用以区别其负责的特定工作。医护人员佩戴白色肩章，领队戴红色肩章，反兴奋剂工作人员戴绿色肩章。伦敦奥运会将有 70000 名志愿者、6000 名奥组委工作人员和 4500 名技术官员参与伦敦奥运会工作。

主题五 交通与通讯

1. 伦敦市的交通情况

伦敦是英国的首都、第一大城及第一大港，也是欧洲最大的都会区之一，与美国纽约、法国巴黎和日本东京并列为世界四大世界级城市。伦敦拥有非常发达的交通系统，有世界上数一数二的庞大公共交通系统。1863 年便建造了世界上第一条地下铁，地铁、公共汽车和出租车都是伦敦有名的交通工具。但由于人口较多，过度拥挤和信赖度不佳的问题仍存在，对此伦敦政府准备了多项大型的交通投资计划，包括为奥运会所投入的 70 亿英镑的交通改善计划。

2. 伦敦市有哪些便捷的交通工具

（1）地 铁

地铁线路四通八达、运行频繁又经济实惠，是伦敦最方便的交通工具，线路用不同的颜色在运行图上标出。伦敦地铁因隧道是圆形的而被称为"特乌布"（Tube），意即试管、管道。目前运行的主要线路有：Bakerloo Line、Central Line、Circle Line、District Line、Northern Line、Victoria Line、Piccadilly Line、Jubilee Line、Hammermith & City Line 以及 Metropolitan Line。地铁的地图可在任何一个地铁站内免费索取。地铁行驶方向是分开的，Westbound、Eastbound、Southbound、Northbound 分别表示向西、东、南、北方向，乘坐时一定要看清楚自己要去的站点位于哪个方向。伦敦地铁共分 6 个区（Zone），以伦敦市中心为 1 区，到机场为 6 区。票价根据地铁划分的区段不同而变化，也会因高峰时段和非高峰时段而异。车票可以在自动售票机上或在售票处购得，逃票将处以 20 英镑的罚款。

（2）巴　士

大伦敦市区共有公共汽车线路 350 多条，总长度为 2800 公里，公共汽车 8000 多辆。伦敦巴士大多上从 5 时服务到 0 时 30 分。许多主要线路在晚间从午夜服务到 5 时。某些线路提供 24 小时服务。伦敦公交系统规定旧式巴士的一层可站 5 人，新式车也不过 20 人。二层摆动较为剧烈，不许站立。上下班时常会出现满员的现象，满员车是不允许再上乘客的。巴士内严禁吸烟，违反了这一规定罚金相当高。此外，还有实行单一票价的单人司乘巴士及红箭巴士在伦敦中心运营。巴士车站分两种，一种是巴士到站必停（除了满员车以外），一种是必须举手示意才停。站台上对其均有不同的标示。

（3）出租车

伦敦有 1.3 万辆出租车。在机场、车站的出租车站及街道上的车流里，均可以叫到出租。只要车项上的灯及助手席旁的"FOR HIRE"灯均亮着，那么就说明此车正待客出租。出租车内通常最多坐 4 个人，司机席与客席间有玻璃相隔。车价在计价器上表示，到了站后一般要在原车价上再附加 10% 左右的小费。租车起价为 1 英镑，此后依里程来计算。此外，夜间、周末和节假日需加费，附加收费并不在计价器上显示。

（4）火　车

在伦敦，并没有命名为"伦敦站"或"伦敦中央站"的火车站，因为直到 1947 年，英国铁路全部是私营的。待各家私人铁路从英伦各处修到伦敦时，伦敦中央地区已经密密麻麻地建满了民居，火车站也只能设在伦敦周边地区。这些伦敦周边地区虽然在 19 世纪中叶还是郊外，可现在却成为繁华美丽的市区了。各车站始发、到达的列车都有特定方向，客人要根据自己的目的地，来选择出发站。英国的铁路网也是四通八达，想从伦敦市去其他城市的话，英国铁道是最佳选择。

（5）飞 机

伦敦的航空运输十分发达，是重要的国际航空交通站之一。有超过 8 座机场在名称中使用了"伦敦机场"，但大多数的交通量都是通过 5 座主要机场。伦敦席思罗机场位于伦敦西郊，是全世界最繁忙的国际机场之一，有时一天起降飞机近千架次，空运高峰期间，平均每分钟有一架飞机起降。而一些廉价且短程的航班会在盖威克机场起降。坦斯特德机场和卢顿机场则负责大多数的廉价短程班机。伦敦市内机场是最小且最靠近市中心的机场，专门服务商务旅客，为短程航班以及私人喷射机服务。

（6）轮 渡

伦敦港是英国最大的港口，也是世界著名的港口之一。全港包括皇家码头区、印度和米尔沃尔码头区、蒂尔伯里码头区，与 70 多个国家的港口建立了联系，年吞吐量 4500 多万吨，仅次于鹿特丹、纽约、横滨和新加坡等港口。水路交通及码头等相关设施主要集中在泰晤士河沿岸。但由于泰晤士河过于狭窄，因此较大型的船只无法进入伦敦市区，而改在泰晤士河下游停靠，尽管如此，伦敦市区的船只往来仍十分频繁。

3. 奥运会期间可能出现的交通问题

交通问题是伦敦奥运会所面临的主要困难之一，伦敦市拥有 1577 平方公里的土地面积和 950 万人口，尽管伦敦拥有十分发达的公共交通系统，但堵车、地铁线路每周末选择性停运、延误、因交通工具而造成的污染问题十分严重，给伦敦市民的日常生活带来了诸多不便。

伦敦公共交通如今已接近饱和，奥运会时乘客流量激增，容量不够的问题会更显突出。有时可能需要 1 个小时才能在国王十字站和圣潘克勒斯站搭上一辆地铁。

4. 伦敦应对交通问题采取的措施

鼓励公共交通出行。伦敦鼓励所有观众在奥运会期间都选择公共交通出行。每张奥运会门票都会附带着当日有效的一张交通卡，凭借这张卡片，观众可以免费乘坐公共汽车、地铁等在伦敦的 1 ~ 9 区范围内 "穿梭"。

（1）加强公共交通

英国政府投资 65 亿英镑用于升级伦敦以及从英国其它地区与伦敦连接的交通；地铁奥运会期间将增加车次，延长运营时间。

增设奥运会专用通道。针对奥运会期间运动员、官员、媒体等的专车出行，伦敦交通局设置了奥运会路线网络，即在特定范围内通过改变交通信号、限制转弯，以及临时开辟奥运会专用车道的方式确保奥运会相关人员便捷地往返驻地和场馆。但这一举措受到多数市民的反对，因此奥运会专用通道不会对非奥运会车辆采取限行措施，奥运会路线网络也是人人可用，只有临时的奥运会专用车道特殊，但这只占了整个伦敦公路的1%。

（2）争取市民支持

首先表现在与伦敦市企业协商，期待足够多的企业能在奥运会期间调整上班时间，甚至鼓励人们在家办公或是选择不同的出行线路。另外，政府计划打乱奥运会期间地铁的运营时间，为此伦敦政府协商向地铁工作人员一次性支付 500 英镑/人的补贴。向国内外游客市民做出交通拥堵预警，交通拥堵预警信息可以通过一个实时在线网站和官方微博向外界传播。

5. 伦敦的主要通讯工具

（1）公共电话

在英国，公共电话比比皆是，分投币和卡式两种。卡式电话需要先买个电话卡，有 2 镑、5 镑、10 镑和 20 镑几种，可以在邮局、超市以及挂有绿色 BT 电话卡标志的店铺中买到。BT 是英国电信公司（British Telecom）的缩写，但 BT 的话费较贵。

（2）国际电话卡

也叫 IP 卡，利用网络技术，话费低廉，有些收费只有 BT 电话卡的

1/10。但网络电话往往声音滞后，可能会花费更多的通话时间。有许多家公司发行这类电话卡，话费标准也相差甚远，购买时要问清与中国大陆通话的收费标准。

（3）手　机

英国的手机卡使用分两种情况：充值卡（Top - up）和包月卡（Pay monthly）。充值卡按通话时间计费，通话费率比较高，本地通话通常是 50 便士每分钟，并且需自己购买手机。包月卡可以免费得到电话机，但必需与通讯商签订至少一年的缴纳月租费的合同。月租费率从 10～30 镑不等，其中包括免费通话时间从 100～1000 分钟不等。英国最著名的无线通讯商有沃达丰、O2、T - Mobile 和 Orange 等。

6. 语言对运动员参赛的影响

语言障碍是影响运动员易地参赛的因素之一，面对陌生的参赛环境，运动员会遇到交通路线、饮食住宿、伤病医治、裁判判罚等各种各样的问题，而语言交流的障碍会使看似简单的问题变得非常复杂，造成运动员心情烦躁，影响心理状态的稳定性。国外比赛时，大部分队员因语言、文化背景等原因，根本无法融入与以西方队员为主流的项目大家庭。因此在遇到抗议、纠纷、申诉等影响分数的关键环节时，很难得到证人、技术等方面的外界援助。但由于语言障碍也可以回避比赛现场或舆论造成的一些会引起精力分散、心理包袱的言语。伦敦使用的官方语言是英语，英语在我国的普及度相对较高，许多运动员、教练员由于长期外出比赛，能够进行简单的对话，对很多问题的解决非常有帮助。

第二部分

运动训练

主题一　　训练原理

1. 如何理解训练与比赛的关系

任何活动都有其特殊性。训练活动的特殊性表现在哪里？分析训练与比赛对运动员要求的不同，可以说出许多方面，但根本的不同是比赛活动表面是有条件的，训练活动是无条件的，可以设置条件。比赛是没有选择的，教练员、运动员只能按照比赛的要求去做，而训练就不同了，可以改变条件。正确认识训练与比赛的关系对教练员、运动员更佳的处理训练与比赛问题有着非常重要的意义。

（1）训练与比赛的不同

① 比赛状态是运动员各项能力的综合体现，即不是单一能力的叠加。运动员要通过比赛发现影响比赛成绩的关键因素，并通过训练对影响运动员能力发挥的关键因素进行改造。

② 比赛只有一个目的，就是运动成绩。训练的目的要根据运动员的需要与比赛的需要开展。你要将防伤放到首位来抓，以保证训练的系统性和运动员保持良好的状态；你要想一切办法来提高能力的储备和能力的使用能力；你要考虑如何恢复；你要考虑训练的内容对运动员产生的影响与比赛对运动员身体的要求是否一致等。

（2）训练与比赛的相同点

比赛与训练的相同点的把握和理解是提高训练科学化程度的基础。这个共同点是应该将比赛与训练都看做是提高运动员"应激"能力的重要方法。如，你无论采用什么训练方法，你首先应该考虑运动员产生的适应是否在比赛中能够有效使用。这一点在高水平运动员的训练过程中尤为重要。

2. 处理好训练与比赛关系的要点

（1）正确理解最佳竞技状态的涵义

理论上讲，最佳竞技状态是指运动员创造优异运动成绩所处于的适宜的准备状态。应该引起注意的是，最佳竞技状态不是一个点，而是指运动员通过训练获得的一种稳定的状态，这种状态表现在运动员随时都可以表现出高水平。因此，在训练安排时一定要注意保证在比赛前已经表现出稳定的状态。

"竞技状态"不等同于"训练水平"。竞技状态是运动员为参加比赛而通过运动训练所形成的准备状态。而最佳竞技状态是指运动员为参加比赛而通过运动训练所形成的最适宜的准备状态。这里对于最佳竞技状态我们应该从下面两个方面来理解。

（2）关于赛前调整

教练员要清楚所训练的运动员需要调整什么？我们的运动员常常出现：比赛不能够发挥训练的水平，或通过调整不能找到最佳竞技状态。这里的问题是，运动员水平的提高是通过训练获得的，也就是说教练员为运动员能力的改造和成绩的提高设置了一个由训练方法、负荷、训练内容的搭配等内容构成的环境，运动员在这个环境里改变了能力。而赛前训练如果改变了上述环境，其本质是改变了能力形成的环境。由于环境的改变将导致运动员能力的不稳定。如果运动员的状态没有出现问题，如伤病或能力破坏，应尽量避免在赛前 1 周进行调整。有研究报道，进入赛季的调整应该在重要比赛前的第 5 周进行。

训练与比赛从本质上讲，应该是一致的。训练中应该考虑训练与比赛的因果关系，应该处理好形式与内容的关系。形式与内容上一致性的追求应该有限，而本质的追求却是无限的。

① 最佳竞技状态的目的是参加比赛，在比赛中发挥出本人的最高水平。"最佳竞技状态"是运动员在赛前各项训练活动的直接结果。为适时地把最佳竞技状态在奥运会比赛中调控出来，必须在赛前训练中遵循竞技状态的最优化调控原则。

② 最佳竞技状态是通过运动训练而形成的，这一运动训练是指创造或保持专项运动最好成绩的一切措施和办法。最佳竞技状态只是一种准备状态，就准备状态而言是最佳的、最适宜的，但比赛结果是否能发挥出最高水平，还要看比赛的对手情况、比赛的场地、天气等条件。

3. 最佳竞技状态的特性

（1）绝对性

构成竞技状态的因素很多，比如体能、技能、心理等方面的状态，通过训练、调控能使这些因素处于最佳的状态。最佳竞技状态的绝对性就是指这些因素都处于绝对的最适宜的状态，即人体处于高度的和谐和统一状态。

（2）相对性

虽然人人都在寻找最佳竞技状态，然而由于影响最佳竞技状态的因素很多，有些因素是人们暂时还无法认识的，因而最佳竞技状态的形成在一定程度上带有不可调控性。最佳竞技状态是我们追求的目标，我们可以无限地接近这一目标，但却永远无法达到这一目标。最佳竞技状态是相对的。

（3）易逝性

通过运动训练，运动员达到最佳竞技状态，其外部表现为机体机能达到最高水平；运动中出现"节省化"；技、战术的发展达到了本人的最佳水准；自我感觉良好，渴望比赛，对比赛充满信心。然而通过一系列的比赛，这些外部表现的各种状态会逐步消失，机能能力，技、战术水平等都呈现出下降的趋势，这表明最佳竞技状态已逐渐衰退。因此我们说最佳竞技状态的获得并不是一劳永逸的，它具有易逝性。

4. 调控最佳竞技状态的最优化调控原则

（1）心理调控优先原则

由于竞技状态的构成因素中稳定类因素（如体能、技能等）在赛前训练的几周或几天中是不易改变的，而不稳定类因素（如心理状态、思想和精神状态等）是变化无常的，因而各国优秀运动员的赛前调控中都贯彻执行"心理调控优先"原则，即越临近比赛，越将心理、精神和思想状态的调控作为赛前训练调控的重点。

（2）实战训练调控原则

训练是为了比赛，因而赛前训练就更要一切围绕比赛的需要进行适应性训练。在负荷上要加强比赛性负荷（参加热身赛，增加训练中的比赛性因素或比赛性、对抗性的训练内容）。由于比赛主要是比"强度"，因而越临近比赛越要突出强度，选择强度类的训练内容、方法和手段。尤其要多采用模拟训练法、变换训练法、比赛心理训练法和比赛法等训练方法。

（3）大负荷高强度强化训练原则

即在赛前必须给予运动员机体以强化应激训练的刺激，打破机体原有的平衡状态，产生对强化应激负荷刺激的训练适应性。

（4）适时的恢复与训练原则

在大负荷强化训练之后，必须紧接着给予运动员充分的综合性的恢复，以产生最佳的超量恢复效果，为形成最佳竞技状态打下良好的基础。赛前训练必须突出负荷与恢复的节奏性，要有明显的跳跃性，既要敢于冲负荷，也要敢于调负荷，这是产生最佳超量恢复和最佳竞技状态的必要条件，也是取代传统的无节制的拼搏式训练的最佳方式。

5. 竞技状态调控应考虑哪些问题

竞技状态是指运动员竞技能力的发展状况，直接决定着运动员在比赛中的表现，决定着比赛的进程和成绩。与此同时，竞技状态涉及身、心等多个方面，影响因素多，在比赛中始终处于不断的变化之中，需要在赛前以及比赛过程中加以系统的科学调控，状态调控应该考虑多个方面的问题。

（1）要明确状态调控的目标

在竞技训练和参赛过程中，始终都要对运动员的竞技状态进行调控，但是不同时期、不同阶段的调控目的有所不同。参加特定的比赛，比赛性质和赛程安排的不同，对于运动员的状态要求是不同的，需要根据具体情况设计有针对性的调控方案。

（2）要充分结合专项和运动员的个体特点

不同项目的竞技特点不同，比赛中对运动员竞技状态的要求也不相同，竞技状态调控的要求自然也不一样。而对于同一个项目的不同运动员来讲，他们之间的差别是客观存在的，这也对状态调控提出了不同的要求。因此，在确定专项运动员竞技状态调整方案时，要深入分析专项比赛的特点，确定运动员状态调控的具体需求，以便提高状态调控工作的成效。

（3）要注意选择适宜的状态调控方式

运动员竞技状态调控的方式有多种选择，需要结合调控的目标和运动员的实际情况加以选择。其中，训练负荷的变化是调整运动员状态最重要的方式，赛前训练负荷的节奏变化，以及赛中保持训练的负荷大小，都要根据参加比赛的需要进行系统的设定。通过选择不同的负荷内容、负荷强度、负荷量以及训练场所、训练组织形式等，有针对性地改变训练负荷性质，有节奏地改变训练负荷的效果，从而有效地改变对运动员机体的刺激，达到定向调整竞技状态的目的。

（4）要注意控制好状态调控的强度

各种类型的状态调控方式，都会引发运动员机体的适应性变化，从而实现状态的变化。需要注意的是，不同运动员对各种调控方式的反应不同，比如说不同水平、不同年龄、不同身体状况的运动员，在通过改变训练负荷调整状态时的反应总有差别，需要根据运动员的具体情况、比赛的不同需求，系统地设定各种调控手段的强度，在保证竞技状态定向发展的同时，避免出现不良的身体反应。

（5）要注意选择适宜的调控时机

不同专项、不同类型的比赛，需要运动员最佳竞技状态出现的时机不同，竞技状态保持的时间也有不同，在加上不同调控方式引发运动员状态变化的时限不同，就要求调控时把调控方式、调控时机和调控强度综合起来进行设计，确保调控的效果，保证运动员最佳的竞技状态出现在比赛的最重要时刻。

（6）要注意加强对状态调控的监控与评价

各个专项的比赛，尤其是连续多赛次的比赛中，要求运动员保持长时间的良好状态，调控的工作量和工作难度更大，持续时间也更长。为了更好的实现调控目标，就更要注意调控工作的系统性与连续性，切实加强对于调控工作的监控，随时注意收集运动员状态的发展信息，及时加以评价，严格控制竞技状态的发展情况。

6. 赛场上的竞技信息对运动员比赛成绩的影响

在日益信息化的社会中，人们面临着全方位的信息冲击。信息给人类带来巨大影响，在体育比赛中也是如此。在运动竞赛过程中，存在着各种各样的信息。处于竞赛环境中的每一个人，运动员、教练员、裁判员、官员、观众，以及其他工作人员等，时刻被无处不在的、大量的各种信息所包围。

比赛环境中这些大量的信息不可避免地对参赛运动员产生影响，运动员对这些信息的处理也会对运动成绩产生直接的影响。假如运动员对这些信息处理不当，就可能限制自身发挥出原有的竞技能力，而如果运动员能够合理地、有效地处理这些信息，就可以大大增加取得优异成绩的可能性，如人们熟知的优秀射击运动员采用"回避"方法，摒除不良信息的负面影响，就是一个典型的例子。

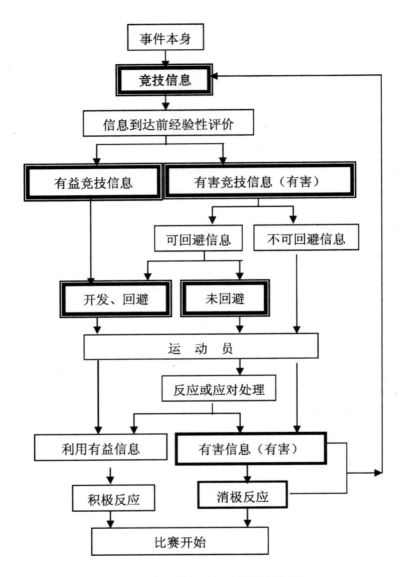

图 2-1 竞技信息对运动员影响示意图

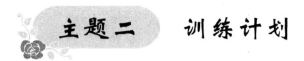

主题二　训练计划

1. 抗阻力量训练计划

设计抗阻力量训练计划的过程相当复杂，但可遵循以下七个步骤进行设计。

（1）需求分析

① 评估运动项目

分析运动项目的动作模式和主要参与肌群；分析肌力、爆发力、肌肉肥大与肌肉耐力肌肉力量发展的优先次序；了解运动项目常见的运动损伤以及形成原因。

② 评估运动员

分析运动员的训练史，清楚了解运动员现有的运动水平和训练阶段，优先发展什么类型的肌肉力量。

（2）训练动作选择

为了能够做出正确选择，教练员必须了解各种形式的抗阻训练动作（核心或辅助训练计划、结构与爆发性训练动作）、专项运动的动作分析（专项性训练、肌肉平衡性的训练）、运动员的运动技术经验，以及可用的训练设备与训练时间。

（3）训练频率

根据不同的训练状态，频率不同，一般情况下初学级：2～3 次/周；中级：3～4 次/周；高级：4～7 次/周。

训练周期不同，训练频率不同，一般基本期：4～6 次/周；赛前期：3～4次/周；比赛期：1～2 次/周；赛后调整期（积极休息）：1～3 次/周。

训练负荷较大的训练之后需要有更长的时间来休息。在大负荷训练后，上身肌肉恢复较下肢肌肉快。同样，当关节练习较多时关节恢复快。在安排抗阻练习频率时，也要考虑运动员多种练习的负荷量，考虑其他训练的效果与影响。

（4）练习顺序

练习顺序的选择安排，就是每一组练习都能以最大的力量和最完善的技术来完成。一般情况下，按照以下顺序进行练习。

① 先安排爆发力练习，再安排其他核心练习，然后安排辅助力量练习（先多关节练习后单关节练习，先大肌群练习后小肌群练习）。

② 上身与下肢交替练习。

③ "推" 与 "拉" 交替练习。

④ 超级组和组合组。

（5）负荷及重复次数

重复次数与负荷是负相关，负荷越大，重复次数越小。

根据训练目标选择负荷和重复次数，一般情况按表 2 - 1 标准进行操作。

表 2 - 1

训练目标		负荷（%1RM）	目标重复次数
力量（核心练习）		≥85	≤6
爆发力	一次用力项目	80~90	1~2
	多次用力项目	75~85	3~5
肌肉肥大		67~85	6~12
肌肉耐力		≤67	≥12

随着运动员对于训练刺激的适应，教练员应有调整运动负荷的方案，以便不断地进步。如果运动员在连续两次训练课的某一种练习的最后一组，能够比目标重复次数多做两次，下次训练课中，这个运动员的负荷就应该增加了。增加负荷的一般建议为：弱小、训练水平较差的运动员，上身 1~2 公斤，下肢 2~4 公斤；强壮、训练水平高的运动员，上身 2~4 公斤，下肢 4~7 公斤。可考虑以 2.5%~10% 的相对量来增加负荷。

（6）训练量

训练量是指训练课中举起的重量总数，训练量＝组数×重复次数×每次的负荷。主要是根据训练目标来选择训练量。（表2－2）

表2－2

训练目标		目标重复次数	组数
力量（核心练习）		≤6	2 ~ 6 组
爆发力	一次用力项目	1 ~ 2	3 ~ 5
	多次用力项目	3 ~ 5	3 ~ 5
肌肉肥大		6 ~ 12	3 ~ 6
肌肉耐力		≥12	2 ~ 3

（7）间歇时间

间歇时间由训练目标（肌力与爆发力、肌肉肥大、肌肉耐力）决定；与负荷重量密切相关，举起的重量越重，组间所需休息时间越长；受运动员训练状态影响；同一个训练动作放在不同的训练部分休息时间不同。一般依据训练目标而设定的休息时间为：肌力与爆发力2 ~ 5分钟；肌肉肥大30秒 ~ 90秒；肌肉耐力小于等于30秒。

2. 超等长训练计划设计

到目前为止没有详尽的研究来指导超等长训练计划的设计，可能是因为超等长训练本身就是力量训练中快速力量训练的一种方式，再加上超等长训练本身强度较大，大多数情况下是和其他内容的训练一起出现，比如抗阻训练、有氧训练等。但是在设计超等长训练计划时也应该涉及练习方式、强度、频率、训练量、恢复时间、动态发展、准备活动等方面的内容。

（1）预先评价运动员

超等长训练是一种高强度并对神经肌肉系统刺激较大的力量训练，具有损伤的危险性。故在制定超等长训练时要确定运动员是否具备了超等长训练的力量基础（运动员蹲举或者仰卧推举仅能完成一次的最大重量，即1RM的重量，至少是其体重的 1.5 倍）、速度基础（必须能够在 60% 体重的负荷下，在 5 秒内完成 5 次蹲举或者仰卧推举）、平衡基础（单、双脚站立；单、双脚浅蹲；单、双脚半蹲三种平衡能力的测试，按先后顺序排列，每个测试姿势必须保持 30 秒）、年龄（青春发育期前的儿童不宜进行超等训练）等能力，如果具备则可以进行相应的技术学习。如果不具备，应该继续进行相关的力量速度和平衡能力的训练。当然并不是不具备就不可以进行超等长训练，但一定要注意强度和量一定要小。另外，体重超过100 公斤的运动员应该避免大量、高强度的超等长训练动作，甚至不要做高于 46 厘米的跳深练习。

（2）确定训练目标

训练目标的确定除了根据上一步对运动员的评价，还应该根据运动员的训练经验、项目需求、所处训练阶段的要求而定。

（3）选择训练方式

训练手段的选择主要是根据训练目标而定。超等长训练的主要手段，是依训练的部位而命名的。主要是下肢超等长训练、上肢超等长训练和躯干超等长训练。

另外，需注意练习基本技术，确保运动员在训练过程中的技术动作的正确性，因为错误的技术动作容易造成损伤。

（4）训练负荷

① 训练强度

超等长训练的强度范围很大，跳绳的强度较低，而跳深练习对于肌肉和关节的刺激大，强度也大。另外，接触点越少，训练强度越大；速度越快，练习强度越大；练习高度越高，练习强度越大；体重越大的运动员，练习强度就越大。

② 训练量

训练量以完成次数和组数的成绩来表示。一般情况下，对于初学者每次训练课的训练量是 80 ~ 100 次；有一定经验的练习者 100 ~ 120 次；很有经验的练习者 120 ~ 140 次。

③ 注意训练负荷的渐进

处于训练的基本期，训练课可安排每周练习。另外，由于超等长练习的强度较大，实施过程的加强医务监督。

（5）训练频率

训练频率的选择根据运动项目不同和每天的训练量和强度不同，所处的训练周期不同而异。训练频率的安排主要考虑恢复时间，一般认为48～72小时是超等长训练课间必须的恢复时间，如果按这种看法每周可安排2～4次超等长练习。

（6）间歇休息

因为超等长训练是需要练习者尽最大努力去完成的练习，每次练习开始都要达到完全充分的恢复，组与组之间的间歇时间由练习休息比值来决定（1:5～1:10），这种比值因项目不同、练习方式不同而有较大差异，针对同一部位的练习不要连续两天都安排，应以是否充分恢复为标准。

（7）注意的问题

① 地面情况

为了预防受伤，下肢超等长训练的地面必须有足够的吸震性，过硬的地面可能会对运动员产生损伤，过软的地面可能增加缓冲的时间，使得超等长训练效果不明显。

② 鞋

需要能够妥善保护足踝和足弓、良好维持两侧稳定、鞋跟宽而不滑的鞋子。鞋跟狭窄及上部支撑不良的鞋子（如跑鞋），可能使踝部受伤，特别是做过度侧移动作时。

最后一点需要注意的也至关重要的是，运动员在运动过程中动作完成的迅速。因为在超等长训练中动作完成过慢会失去超等长训练的目的，或者训练效果不佳，若发现运动员动作完成明显变慢，则应该及时停止训练，检测相应的原因。

3. 速度训练计划如何制订

速度是指人体快速移动、快速完成动作及对外界刺激迅速做出反应的能力。按性质可划分为反应速度、动作速度和移动速度；按照方向划分又可分为直线速度和变相速度。速度素质在众多运动项目中都属于非常重要的竞技能力构成要素，且速度又与运动员的力量素质具有较大关联。只有制订完整的速度训练计划，合理安排正确的速度训练模式，才能保证运动员竞技能力协调最优发展。运动员的肌纤维构成、神经－肌肉－能量系统的协调程度、运动员个体的技术能力以及疲劳状况皆会对运动员的速度能力造成影响。

制订合理的速度训练计划时必须考虑以下几点建议：训练内容的质量与数量关系。速度训练往往要求运动员在较佳的身体状态进行才能达到最佳的训练效果，因此每次的速度训练都必须进行详细而规划的控制，切记训练的质量比数量更为重要，为了一次高质量的训练效果甚至可以辅以较低的训练量与长时间的恢复间歇。若休息间歇时间过短会导致运动员的训练效果发生偏差，并易出现疲劳乃至过度训练的不良现象。其次，教练需在整个速度训练的过程中强调技术的正确性。运动员在经过多次重复的练习后会形成固定的动作模式，正确的动作模式可以有效降低运动员的能量消耗水平。如果在训练中运动员因疲劳导致技术失准，则应降低该次训练的训练量。此外，速度素质必须与专项紧密结合。例如，在为篮球运动员制订速度训练计划时就应考虑使用篮球辅助训练，这是由不同项目的专项特征决定的。在多数跑的项目中，设计训练计划时还应根据跑的距离、负荷强度、动作模式、能量供应特征等安排合理的训练手段、恢复间隔以及其他相关的训练因素。

在制订运动员的速度训练计划时，教练员应注意考虑到以下因素。

（1）确定训练密度

训练密度是指一组或一系列的速度训练后的间隔时间，即运动员在单位时间内完成的训练量。

（2）专项持续时间和距离

一项运动的持续时间或移动的距离决定了该项目的供能方式。持续时间或移动距离很短（10 米以内）的项目以磷酸原系统供能为主，而在 10～20米的短距离项目则更要求运动员的加速能力，20 米以上的短跑项目则要求运动员的最大速度能力。

（3）合理的练习顺序

练习顺序是指具体完成某项训练任务时需要遵循的训练顺序。在考虑速度训练计划的练习顺序时，教练员必须同时考虑到疲劳控制和体能的综合发展。速度训练对机体的代谢水平、神经肌肉活动以及协调性的要求较高，因此安排此类训练时应该在运动员的疲劳程度较低时进行，最理想的安排时间是在动力性的热身后运动员还未出现疲劳的情况下。有一种观点认为：为了获得最佳的速度和灵敏性训练效果，这类训练应该安排在恢复日后或轻微的技术训练后，这是由于该时运动员的疲劳程度最低。

（4）速度训练的强度

当运动员进行速度训练时，强度经常被量化为单位时间内的最大移动速度。其公式可以表现为：强度（米/秒）＝距离（米）/时间（秒）。举例来说，如果一名运动员跑 100 米用时 10 秒，则他拥有 10 米/秒的运动强度。并以此作为其最大运动强度，在训练中就可以用最大运动强度百分比计算出合适的训练指标。

（5）训练的休息间歇在速度训练计划中至关重要

当以绝对速度的提高为目标时，应施行长时间的休息间歇（训练/休息 ＝1:12～1:20），因为休息间歇保证了机体磷酸肌酸的恢复。当旨在发展高强度间歇耐力时，教练员应采用较短的间歇训练/休息 ＝1:3～1:5）。若采取短暂的间歇时间（训练/休息 ＝1:1～1:3），则针对的是有氧系统。在制定训练休息比率时，教练员可以在分析比赛中的运动与休息的比率。例如，在美式橄榄球中一般为 1:6，在足球中则为 1:7～1:8。教练员通过确定训练与休息的合理比例，以此让运动员在发展比赛所需要的专项速度特征的同时，更好地适应实际比赛中的代谢需求。

4. 耐力训练计划如何制订

耐力素质是人体的重要身体素质之一，是运动员完成任何体育运动项目的重要基础能力之一。耐力可分为以下两种类型：有氧耐力，也称低强度运动耐力，是指人体长时间进行运动的能力；无氧耐力，即高强度运动耐力，指重复进行高强度耐力运动的能力。大多数的运动项目都依赖于一种或几种类型的耐力，并且不同耐力类型的发展会对运动成绩产生显著的影响。因此，教练员必须考虑运动员参加运动项目所需要的专项耐力类型，以及在训练计划中如何体现适当的耐力发展目标，并考虑到运动员在执行耐力训练计划时可能会引起的生理反应。例如，马拉松选手需要具备在长时间里持续供能的能力，而篮球运动员则需要以较高的速率重复进行长达 5～30 秒的周期性运动的能力，并且在每个周期之间穿插若干秒的恢复时间。如果运用了错误的耐力训练方法，运动员就可能因为训练中发展的耐力素质不能满足运动项目的实际要求。

有氧耐力素质主要取决于运动员的摄氧能力、乳酸阈值、技术动作的经济性及肌纤维类型等因素。而无氧耐力素质则受到包括无氧供能能力，乳酸缓冲能力、心血管系统功能以及维持运动表现相关的神经肌肉特性等能力。其中每一项因素都可以通过合理的耐力训练计划得到提高。

运动员可通过采用能够产生特有生理反应的多种方法来发展耐力。在制订训练计划时，教练员必须首先决定目标计划的耐力类型，因为发展耐力的方法在实施过程和生理表现上是截然不同的。例如，发展低强度运动耐力的传统方法要求以最大心率的 60%～100% 之间的各种强度持续进行训练。高强度间歇训练的使用被认为能够改善低强度运动耐力，从而增加了适合教练员和运动员训练的选择。但低强度运动耐力训练方法却会降低高强度运动耐力，从而导致降低运动员在比赛中进行重复高强度和高爆发力运动时的运动成绩。

制订耐力训练计划需要注意以下几点。

（1）耐力训练应符合运动员的个体特点和专项特征

各个运动项目中要求的耐力类型都不尽相同，且运动员的训练程度和机体状况等方面都存在着不同的差异。因此，在实施计划时练习的方式和手段、练习的强度、练习时间以及重复次数和间歇时间都应根据实际情况而定。

（2）注重有氧耐力练习与无氧耐力练习相配合

尽管短跑项目运动员需要重点发展无氧代谢能力，马拉松运动员必须重点发展有氧耐力，但随着竞技体育极值化的发展，短跑项目的运动员也需要一定的有氧耐力训练，以帮助恢复并打下进一步提高无氧代谢能力的基础，马拉松运动员也需要具备一定水平的冲刺能力。因此，必须注重有氧耐力练习与无氧耐力练习相互配合。但具体的练习比例还需视实际情况而定。

（3）发展耐力素质时，应严格要求技术规格

长时间进行耐力练习，运动员往往会由于疲劳导致技术发生偏差。因此必须严格要求技术，防止技术的偏移造成不必要的能量消耗，推迟疲劳地发生。

（4）耐力练习需要注重恢复和医务监督

由于耐力训练时间较长，负荷累积程度较深，因此教练员在安排耐力训练计划时必须给予足够的恢复和及时的医务监督。

5. 如何评价运动员的核心稳定性

反映核心稳定性的指标主要包括屈伸稳定性和旋转稳定性指标。一般来讲，核心稳定性评价不同于核心力量的评价。主要稳定性评价是看肢体保持动作稳定的能力，而非腰腹肌力量的大小。

（1）屈伸稳定性测试

测试目的：该测试反映在上肢对称运动时，躯干在矢状面的稳定性。

操作方法：运动员俯卧，双脚并拢，双手分开比肩略宽，躯干与膝均着地。男运动员的拇指与头顶在一条线上，女运动员拇指与下颌成一条线。从适当位置开始，运动员向上撑起，整个身体同时抬起。

评价标准：

3 分：在规定姿势下能很好的完成动作 1 次。

2 分：在降低难度的姿势下能完成动作 1 次。

1 分：在降低难度的姿势下也无法完成动作。

重复 0 分：测试过程中身体任何部位出现疼痛。

临床诊断：

完成测试动作需要在上肢对称性活动中保持躯干矢状面上的稳定性。

如果不能充分控制躯干的稳定性，运动能量就会消散，从而导致功能表现水平下降，同时运动员出现损伤的可能性也会增加。

（2）旋转稳定性测试

测试目的：反映复杂运动时躯干的旋转稳定性（需要有良好的神经协调性和较高的能量传递效率）。

操作方法：运动员四肢撑地，一侧肩与躯干上方和髋关节成 90 度，膝和躯干下方成 90 度，踝保持背屈。放置一块木板，要求双手和双膝都触及木板。运动员抬起一侧的手和腿，抬起侧的肘、手、膝应与木板呈一条直线，躯干与木板保持在同一水平面上。随后弯曲抬起侧的肩和膝，要求肘触及膝。

评价标准：

3 分：运动员进行重复动作时躯干与木板保持平行；肘和膝接触时同木板在同一线上。

2 分：运动员能够以对角的形式正确完成动作。

1 分：用对角的形式运动员也不能正确完成动作。

0 分：测试过程中身体任何部位出现疼痛。

临床诊断：完成测试动作需要在上下肢活动过程中保持躯干水平面上以及旋转时的平面上的稳定性。如果不能充分控制躯干的稳定性，就会失散动态能量，导致功能表现水平下降，同时运动员出现损伤的可能性增加。

（3）8 级腹桥测试

8 级腹桥测试也是运动实践中常用的测试运动员稳定性的方法，同时也是提高运动员稳定性的重要练习之一。（表 2 - 3）

表 2-3　8 级腹桥测试程序及评分表

测试级别得分	动作	持续时间
1 级 1 分	俯卧肘支撑	60 秒
2 级 3 分	抬右手	15 秒
3 级 5 分	抬左手	15 秒
4 级 6 分	抬右脚	15 秒
5 级 10 分	抬左脚	15 秒
6 级 15 分	抬左脚右手	15 秒
7 级 25 分	抬右脚左手	15 秒
8 级 35 分	回到 1 级姿势	30 秒

6. 如何设计核心稳定性训练计划

核心稳定性训练计划的设计和其他训练计划的制定相似，包括状态诊断、训练目标的制订、训练方法手段的选择、训练难度、训练量、动作要求六个方面去设计。

（1）状态诊断

核心稳定性状态诊断是制定训练计划的前提。为训练确定客观的出发点。前面已经论述了核心稳定性的诊断。

（2）训练目标

稳定性训练是使躯干成为坚实、稳定的整体，提高核心区的稳定，协调好核心区大小肌肉群工作。训练目标具体可以分，发展躯干力量，发展躯干屈伸稳定控制，发展躯干旋转稳定控制三个主要模块。

（3）训练手段

核心稳定性训练主要是在非稳定状态下，不断提高身体稳定肌群的能力，维持身体在不稳定状态下的姿势。在非稳定状态下的闭链式练习能够更好地激活深层的、具有特殊意义的稳定肌，这是提高神经肌肉控制力和本体感受力的有效手段。

稳定性训练的手段多样，通过非稳定的条件下，完成动力或静力性练习。稳定性训练手段一般包括各种垫上徒手练习、平衡板练习、泡沫筒练习、振动杆练习、气垫练习、滑板练习、瑞士球练习、悬吊练习、万向轮练习等。

（4）训练难度

训练难度是稳定性训练中重要的因素，它的变化反映了训练强度的变化。一般而言，稳定性训练遵循由易到难逐渐增加难度的训练原则。基本遵循由稳定到非稳定、由静态到动态、由徒手到负重的难度递增顺序。（表2-4）

表2-4　核心稳定性训练难度变化形式表

难度变换方法	示例
负重由自身到外加阻力	平衡盘上蹲起到杠铃蹲起
阻力由固定到变阻，由已知到未知	俯卧单腿拉伸瑞士球，踝关节套阻力带
力臂由短到长，关节由单关节到多关节	悬吊练习的悬吊点由近到远；跪撑到直体撑
支撑面由大到小	双腿（臂）支撑到单腿（臂）支撑
支撑面由稳定到非稳定	支撑于地上到平衡板、平衡垫或瑞士球上
解剖面由单一到多元	由屈伸到扭转屈伸
收缩形式由等长到等张	静力性到动力性
运动幅度和范围由小到大	在平衡板上蹲起由半蹲到深蹲
信息反馈机制由多到少	闭眼或不给予语言提示

另外，运动员适应一定难度后，按着渐进负荷原则，练习难度应该增加。难度变换时机很重要，因为稳定性训练也是双刃剑，合理的训练可以发展深层肌肉，如果训练不合理就会导致深层肌肉损伤。一般建议：当运动员轻松一次做起15次或静态保持90秒以上时，就该增加难度。

（5）训练量

核心稳定性训练中，动态练习一般每组重复次数在6次以上，静态练习一般在20秒以上。练习组数一般为2~3组。运动员通过多次反复地对肌肉紧张度的控制以及对多块肌肉不同紧张度的调节，逐渐体会并形成神经对肌肉的准确支配能力，以及肢体在稳定与不稳定之间快速的变换能力。

（6）动作要求

在完成动态练习时，动作时一般要求动作速度相对较慢；在静态练习时要求肢体保持合理的姿态。

首先，强调运动员肢体动作质量。运动员练习时肢体必须保持合理的身体姿态，以塑造合理的运动模式。如果肢体动作不合理，将会破坏肢体的运动模式，导致稳定性的下降。

其次，控制动作速度。动作速度要有效控制，不能因为追求速度而损失动作质量。

再次，注意与呼吸配合。稳定性练习时不要憋气，呼吸与动作配合。

注意：稳定性练习动作难度并非越难越好！动作难度选择符合运动员及专项需要。

主题三　体能训练

1. 不同抗阻力量训练手段的差异

负重抗阻力练习是发展全身爆发力、最大力量、力量耐力及增肌的主要练习手段，可作用于机体任何一个部位的肌肉群。这种练习主要依靠负荷重量和练习的重复次数刺激机体发展各种力量。负重抗阻力练习的方式多种多样，负荷的重量及练习的重复次数可随时调整，它是身体素质练习中常用的一种手段。负重抗阻练习主要可以分为两大类：组合器械练习和自由重量练习。组合器械练习按着力学原理可以分为杠杆式、绳索式。

（1）杠杆式组合器械练习

特点是技术不复杂，容易掌握；容易调节负荷和姿态；安全；动作容易控制，不需监护；适合初学者及健美者；缺乏功能性刺激。

绳索式器械练习特点是可以模仿专项动作的用力形式，肌肉的用力特点基本和专项动作的力量曲线相似，因此，具有较高的专项性。

（2）自由重量练习

特点是具有专项性刺激；增加神经肌肉协调，动员肌肉多（如稳定肌群）并且刺激本体感受功能；费时间；一些练习需要技术；一些练习需要监护；具有一定危险性。

2. 抗阻力量练习的顺序

抗阻力量训练内容的次序性是指力量训练中，合理安排不同肌肉抗阻力量训练的顺序。人是一个有机的整体，肌肉的用力存在着明显的顺序。另外，不同抗阻练习之间会相互联系，如会动用同一块肌肉，因此抗阻力量训练中也应该遵循一定的练习顺序。

（1）身体部位的顺序性

抗阻力量训练可以从上半身开始也可以从下半身开始，这取决于运动员个人的需要。但是，腰腹部练习应该在后面进行。在训练计划中，过早进行腹部练习会削弱支撑系统并容易导致腰部受伤，特别是进行力量练习时如蹲起。

另外，在开始另一项训练之间通常要完成前项所有的训练。如果想缩短训练时间，也可以进行组合训练，即休息前需要连续完成 2~3 个练习，并且需要练习不同的肌肉群。组合练习的优点可以加快肌肉收缩速度；保持相对肌肉群的平衡；提高身体机能水平；增强神经肌肉信号、提高参与收缩的肌纤维数量；加快练习不为的血液循环。

（2）力量练习时要注意大小肌肉群的顺序性

进行全身力量训练时，首先要进行大肌肉群的练习，然后再进行小肌肉群。从大肌肉群开始，例如胸部、腿部和背部，较大的组合练习对中枢神经系统影响更大且能稳定肌肉。小肌肉群容易产生疲劳，如果安排在大肌肉群训练的前面，疲劳的小肌肉群将对大肌肉群的肌纤维募集产生消极影响，再者，小肌肉群在疲劳的情况下容易导致损伤。

（3）爆发力优先，多关节其次，单关节最后

爆发力练习（抓举、高翻、挺举等）应该最先进行，之后是非爆发式的多关节练习，最后是单关节练习。或者说先大肌群练习，后小肌群练习。

爆发力练习是所有练习中最讲究技术、最需要集中注意力的练习，也最容易受到疲劳的影响。运动员在疲劳后进行爆发力练习容易以错误动作完成练习，进而容易引起损伤。爆发力的运动形式以及在爆发力练习中所动员的大量肌肉，也是最消耗能量的练习。开始时运动员精神状态较好，也是安排运动员先进行爆发力练习的又一原因。

如果没有选择爆发力练习，那么抗阻训练的顺序应该是先多关节练习，再单关节练习。

（4）主动肌与被动肌的次序

人体的直立行走和运动，使人体趋于屈的动作。加强屈肌肌群的动作有利于保持身体姿态。因此，在力量训练顺序上应该先练习屈的肌群再练习伸的肌群，例如，胸部、背部；腘绳肌和股四头肌；肱二头肌和肱三头肌，这样对身体动作和姿势不会产生负面影响。

3. 杠铃练习怎样才能更好地转化为专项力量

力量素质不仅是运动员提高其他运动素质的基础，也是掌握技战术及提高心理素质的基础。目前，力量训练朝着精细化、专项化的方向发展。将专项力量作为训练的重点已成为当前世界力量训练的一个主要发展趋势。

专项力量是指运动员完成专项技术时神经——肌肉系统表现出来的力量。即在运动员比赛动作技术和战术所要求的时空条件下，人体参与运动的肌肉或肌群收缩克服阻力的能力。不同项目、不同项群专项力量都要求都有所不同。

杠铃作为一种简易、实用、经济的力量练习器械，一直以来备受推崇。杠铃负重的力量练习是力量训练的主要手段。这种类型的训练对神经－肌肉系统刺激较大、训练效果较好，但是传统的杠铃练习却与专项技术不吻合，不利于专项力量的发展。所以如何将"杠铃房"的负重抗阻训练与专项结合，使神经－肌肉通过负重抗阻训练形成专项技术需要的力量体系，发展运动员的专项力量，成为所有运动项目在力量训练中最关注的问题。杠铃练习更好的转化为专项力量可以通过以下途径。

（1）力量结构专项化

不同专项和不同运动水平运动员力量结构不同。力量不仅与其他素质之间有着密切的联系，而且本身又被分为多种拥有相对独立结构的力量子能力，如快速力量和力量耐力等。任何一个专项或项群都有对各自专项起最重要的、以某种子力量素质为主的专项力量。因此，杠铃力量训练不仅只发展一般的力量素质，而且应重视向专项靠近，优先发展那些对专项成绩最具影响力的力量能力。

例如：由于专项的不同，摔跤运动员的推举次数从最大力量的90%开始明显多于举重运动员，说明摔跤运动员比举重运动员在力量耐力上具有明显的优势。所以，杠铃训练不可能精确的发展发展专项力量，但可以帮助运动员建立专项最需要的力量结构，使力量素质向专项所需的方向发展。

（2）练习形式专项化

正确的练习方式可以使对专项技术最具影响力的肌肉或肌群得到训练。例如：杠铃训练中的深蹲和半蹲的主要区别在于对臀大肌的刺激程度不同，深蹲时臀大肌的参与程度较大，所以不同专项应根据下肢用力的发力角确定练习手段。像速度滑冰等项目中运用臀大肌较多，腿部力量训练应以深蹲为主；而诸如跳远和三级跳远等跳跃性项目，则应以与起跳角相适应的半蹲练习作为发展腿部力量的主要手段。

（3）训练负荷专项化

负荷的各构成因素（练习重量、速度、次数和间歇时间）直接影响专项力量的形成。例如：同样完成100次负重半蹲练习，间歇时间和练习组数不同，受试者的血乳酸平均值在练习过程中和练习结束后均有明显不同。

（4）练习"力度"专项化

杠铃负重练习形式和负荷上均不可能完全与专项技术一致，所以开始从肌肉工作的力度上寻求力量与专项技术的衔接。例如：未接受过训练的普通儿童少年和女子少年运动员相比，力——时间曲线和肌电图均显示出不平滑流畅的走势，表明参与工作的各肌群之间缺乏协调配合，没有形成正确的用力顺序。所以，力量的优劣不仅取决于肌肉收缩能力的大小，而且还取决于参与运动肌肉之间的协调水平。尽管简单的杠铃负重训练不能模拟由多块肌肉和肌群参加并以多种收缩方式工作的专项技术动作，但是通过强化力量训练中肌纤维之间和肌肉、肌群之间的协调性，使整个神经——肌肉系统形成正确"用力链"，使肌肉的收缩与放松的交替更加合理，在改善运动神经对肌肉的精确支配能力的意义上提高专项力量。

（5）结合功能性力量训练

功能性力量训练突出训练过程中的不稳定性和平衡性，注重人体运动的整体性，更加强调训练过程的动态性以及多关节的参与。在杠铃训练过程中还需要增加功能性力量训练，以模拟真实的体育动作。而增加不稳定因素就自然会提高练习的目的性，同时提高练习时的功能性效果。因此，可将传统的硬拉改造为单腿硬拉，站在平衡板上的双腿硬拉，站在瑞士球上的硬拉等形式，或者站在振动训练仪上在不同的振动条件（频率、时间、振幅等）刺激的同时进行传统杠铃练习。

综上所述，专项力量的训练是当代力量训练的核心，发展专项力量不仅应采用负重的专项技术练习，而且更重要的是改进"力量房"的训练：将传统杠铃训练与功能性力量训练相结合，使其在练习形式、负荷和力度上尽可能接近专项。同时，只有提高力量练习动作过程中的控制，更多的关注训练细节，不断改进练习手段，模拟更加真实的运动条件，才能最大限度的挖掘运动员的潜力，使杠铃力量训练的效果更好的向专项技术迁移。

4. 再生训练与传统恢复训练有何区别

当今的竞技体育领域内竞争激烈，持续的训练与频繁的比赛对运动员的竞技能力提出了严格的要求。当运动员长期进行大运动量或高强度的训练和比赛，而得不到及时的恢复时，机体的疲劳程度就会日益加重，影响竞技能力并极易导致伤病出现。因此，在运动训练中，如何平衡好疲劳与恢复的关系显得尤为重要。现代体能训练非常重视运动与比赛后的恢复放松，"训练＋恢复＝成功"已经成为竞技体育一条颠簸不破的真理。

恢复是指通过适当的身体活动和适宜的补给，帮助运动员在生理和心理上解决大量训练和比赛所导致的生理疲劳和心理疲劳。包括营养的恢复，能量的储备，恢复到正常的生理机能，减轻肌肉酸痛，以及与疲劳相关的心理症状的消失。恢复分为被动恢复和主动恢复，被动恢复主要是指通过按摩、睡眠休息、冷水浴和热水浴等温度变化疗法、营养的补给、心理放松等比较简单的物理恢复手段；主动恢复主要是指通过一些器械辅助或徒手进行负荷强度较小的身体活动。长期以来，我国的许多运动项目大都采取被动恢复的方式对运动员进行放松恢复训练，外加慢跑和简单的拉伸和按摩等手段。事实证明，这些简单的恢复训练对于承受大负荷训练和高强度比赛的职业运动员来说，恢复效果并不如人意，过度训练和运动伤病的发生率一直居高不下。

为备战 2012 年伦敦奥运会，实现建设"体育强国"的战略目标，国家体育总局和美国 AP 功能训练团队签订了合作协议，AP 功能团队的教练员将为多个项目的国家队运动员进行系统的功能性训练，其中，恢复性再生训练是训练的一个重要内容。

再生训练是指在训练中通过按摩、转换运动模式、理疗、营养等一系列加快机体恢复的方法手段的实施。再生训练主要是通过刺激神经肌肉系统，特别是刺激痛点、放松梳理筋膜和软组织等手段，促进血液和淋巴系统的循环，加快新陈代谢、营养物质的输送和细胞代谢废物的清除，而且对某些局部肌肉的酸痛和损伤有一定的缓解作用。再生恢复方式有两种：主动再生和被动再生。主动再生主要是通过转换运动方式，保持机体细胞的活力，但是要避免大的冲击力及能量的过量消耗。包括简单的有氧活动，例如骑单车，跑步，或者简单的器材练习；被动再生主要包括按摩，冷热水交替浴等。训练后的恢复再生训练主要借助按摩棒、TP 球、泡沫轴等进行肌肉筋膜等的按摩放松。再生训练始于我们如何安排训练，需要我们转变思维模式，将再生训练恰当地融入到我们日常训练中。

（1）再生训练的基本理念

再生训练允许训练计划建立在各个运动员适应的训练强度的基础上。它考虑到运动员个体的基因不同（如快肌和慢肌），根据他们不同的恢复能力而设计不同的训练负荷。所设计的训练计划围绕着运动员的恢复能力展开；进行有效的再生训练的运动员实际上训练的更刻苦、更经常，直到运动能力得到提高；在恢复再生训练中，与专项竞技能力相关的变量的提高要经常出现在训练计划里，这样能够最大限度的避免技术训练和恢复训练的冲突。再生训练要求教练制定出适合运动员在各时期的运动负荷，并且要根据运动员在不同时期的情况进行适当的调整。换句话说，再生训练是让运动员在个人可以承受的训练负荷下让个体的竞技能力得到最大限度的发挥。

（2）再生训练的设计原理

再生训练是一个多因素作用的过程。运动时的再生恢复产生于运动期间，与所从事的项目的生物能量代谢有关；运动后的再生恢复发生于运动终止之后，与代谢产物的消除、能源贮备补给、组织修复相关；长期的再生恢复是周期训练计划的一部分，恢复训练安排合理则会产生超量恢复的效果。运动员训练中的恢复再生能力对训练负荷刺激的反应主要受年龄、训练状态、时差和营养等因素的影响。对恢复再生训练课的设计，会根据运动员专项的特点和运动员的 FMS 测试结果，进行针对性的训练设计，以达到缓解运动伤痛，加强运动员身体功能性动作模式的训练，进而优化技术动作，提高竞技能力。

（3）再生训练的恢复目标

再生训练的恢复目标主要包括：恢复肝糖原的水平，最大程度减少肌肉损伤，恢复耗竭的电解质，补充碳水化合物和补液，消除自由基的影响，减少炎症，减少肌肉酸痛，增强免疫力。

目前，恢复再生训练已经比较系统化，从理论上的原理解释到具体实施的方案计划等都已形成比较成熟的专门性的训练系统，再生训练的效果已经被美国国家篮球队和职业网球队等多个项目的教练员和运动员认同。

5. 功能训练的核心思想

近年来，我国体能训练理论和方法取得了重大突破，"功能训练"——"Functional Training – Preparing Like You Play" 从康复训练与大众健身领域引入到运动训练中以提高竞技表现。

"功能训练"由美国提出，它的理念类似于中国的"一切从实战出发"，就是像比赛那样准备训练，通过提高训练手段的专项化、个体化，缩小训练与比赛的差距，有利于运动员获得最佳竞技状态。功能训练体系包括：动作模式，动力链，脊柱功能，核心力量，能量再生训练，本体感觉训练，功能动作筛查。功能训练按照部位、运动链来分，按照动作模式进行训练，重视整体训练，重视多方位训练，强调身体姿态控制，强调肌肉整体平衡，强调肌肉功能最优化，强调神经控制训练，重视拉伸—缩短模式训练。功能训练在传统结构性力量、耐力和素质等训练基础上，创新设计了动作模式训练、核心柱力量训练、平衡训练、协调性训练、悬吊训练、振动训练、瑞士球训练、本体感觉训练等多种方法。

功能训练的内涵包括以下几个方面。

（1）功能训练的根本目的是塑造专项能力

功能训练强调运动项目特有动作和动作模式的专项化。首先，功能训练重视对项目共性动作模式的训练。诸如橄榄球和篮球运动对速度训练的要求有相似性；高尔夫、网球和曲棍球对身体躯干的训练也有相似性。功能训练强调运动项目之间的共性并强化共同体现的素质，目的在于强调通过改善完成普遍性运动模式的效果和经济性来提高竞技表现。其次，功能训练强调专项差异。例如，在坐位姿态下进行的力量训练对划船运动员有很强的针对性；依赖于场地的许多运动项目，运动员需要通过自身努力而不能通过外部环境的协助来保持身体躯干的稳定性。由于负荷的固定和练习动作幅度的局限，许多依靠固定的训练系统进行的训练不能体现出较好的功能性，固定训练系统造成的本体感受的训练（内部感受器对身体姿态、方位和运动的反馈）和稳定性训练的缺失将导致运动员在竞技比赛中发生更多的损伤。

（2）功能训练重视训练中的平衡——重心控制

功能训练将人体的运动整体上看成是人体通过身体活动将生物能转化为动能，以动能作用于地面或者借助比赛的器械作为动能作用的支点来完成预定动作的过程。人体对自身平衡——重心的控制伴随着整个运动过程。功能训练是通过将自身体重作为阻力进行训练，通过在不稳定性状态下的练习加强身体控制能力，使运动员在身体不稳定时获得更好的调控身体以保持动态稳定的能力。从有器械辅助下的训练逐步进入需要保持平衡的单腿运动和不稳定性状态增加的运动模式是训练功能性的增强的表现。此外，功能训练强调运动员在各个方位控制身体的能力。通过在训练中变换不同体位强化运动员的体位控制能力。

（3）功能训练重视运动过程中多关节的联动作用

功能训练强调运动过程中关节和肌肉的协同工作。以下肢接触地面的运动为例：当脚接触到地面，肢体以下的肌肉发挥着阻止脚踝、膝盖和髋关节弯曲以防止跌倒的功能。同时，所有的肌肉协同发挥着减速和降低踝关节、膝盖和髋关节伸展的作用。在这一动作中，股四头肌不仅要发挥伸膝还要发挥协助踝关节足底伸展以及髋关节伸展的作用。两位公认的功能训练专家 Vern Gam – betta 和 Gary Gary 认为，远离特定肌肉的单关节运动不能体现出功能性。融合肌肉群和运动模式的多关节的运动生动地体现出功能性。他们认为功能性力量训练应强调多关节的运动形式。功能性力量训练理念的就是要突破传统的单关节力量训练的模式，强调关节之间力量的协调发挥，从而增加力量的训练效果。

　　与传统体能训练相比，功能训练对提高人体运动能力和预防运动损伤、对将一般身体素质转化为专项素质有积极的效果，但是不能否定传统体能训练的价值。功能训练和传统的体能训练应当优势互补，共同促进专项素质的提高。功能训练与传统体能训练的差异所在也就是两种训练应具体进行互为补充或完善的环节，两者差异如表 2 – 5 所示。

表 2 – 5　传统训练与功能训练的区别

传统训练	功能训练
追求单块肌肉的力量和体积	追求功能结构优化、动作模式的整体表现
主要以开链式运动为主	强调以闭链式运动为主
对身体动力链关注不够（动作易僵化）	强化身体动力链（注重动作协调性）
单关节、单肌群参与为主	强调多关节、多肌群运动
注重四肢肌群训练	注重核心柱（包括小肌群）训练
强调大运动量	强调动作质量
多以额外负重进行抗阻训练	多以克服自身体重进行抗阻训练
忽视神经肌肉系统的整合	重视神经肌肉系统的整合
脱离专项实战的训练	服从于比赛需要，促进专项素质的形成

　　注：引自于 Athlete performance 专家来华讲座。

6. 核心柱力量训练方法

核心稳定性、核心力量被引入竞技运动训练领域之后，引起了学者们的巨大关注和热烈讨论。目前，在核心稳定和核心力量问题上仍然存在争议，其焦点主要集中在对"核心"的定位上，到底是核心训练？还是核心区训练？核心区的范围到底在哪里？近期，美国著名体能训练团队 AP 提出了"核心柱"的概念。核心柱包括肩关节以下，大腿中部以上，包括骨盆、髋关节和脊柱，以及附着在他们周围的肌肉软组织和韧带等。所谓核心柱力量训练，就是针对身体核心柱表层肌群及其深层小肌肉群进行的稳定、平衡、爆发力等能力的训练。"核心柱"将之前"核心"的概念引申到肩部以及大腿，训练的范围和意义更加宽泛。

核心柱力量训练以发展完成比赛技术动作的专门性力量为目的，强调的是核心稳定性的训练，使核心区域成为一个"类刚体"，有利于力和能量传递，核心部位既是力的产生部位也是力的传递部位，更有利于力的传递。核心柱力量训练的主要功能之一就是提高身体对重心的控制能力，此外，加强核心柱力量还可以提高运动员在完成专项技术动作时的稳定性，有利于力和能量的传递，减少运动损伤的发生。

核心柱力量训练方法和手段繁多，总体上可以从以下几个方面分为几种不同的类型：①在训练的外部环境上可以分为稳定和非稳定两种条件；②在负荷上可以分为徒手和负重两种类型；③在运动方向上，不仅进行一维的运动，而且重视两维的和三维的运动；④在用力方式上，可以分为静力性、动力性和静力——动力交替变换等三种方式。在训练实践中，这些不同的训练条件、负荷和用力方式又可以依次为基础，形成多种不同的训练方法。例如，采用平衡盘、平衡板、小蹦床、瑞士球、振动训练器、悬吊绳索等训练方式进行非稳态下的徒手练习，不仅可以提高肌肉的活化水平，募集更多的运动单元参与工作，提升肌肉力量，同时也增加了对运动本体感的刺激，提高了核心区的稳定性，使所获得的力量能够有效地转换到运动技术动作中。又如，结合无固定轨迹的运动器械，如杠铃、弹力带、哑铃、壶铃、沙护腿等训练器材，在支点相对稳定的状态下进行的近端固定的稳态下的自由力量练习，这类练习也是目前我国体育界在体能训练中使用最多的核心力量练习方式，如负重仰卧起坐、负重俯卧背起、半仰卧屈髋抬腿拉弹力带等。在不稳定的条件下使用无固定轨迹的运动器械进行练习，如运动员单、双足站立于平衡球上做各种上肢持轻器械举、推、拉、下蹲、躯干旋转等多种形式的练习，仰、俯卧或坐于瑞士球上做各种动作形式的肢体练习等则属于非稳态下的自由重量练习。

核心柱力量训练的负荷一般以克服自身体重和轻负重为主，其原因主要在于：首先，为上下肢肌肉力量的传递和衔接创造条件和搭建平台是核心力量训练的重要任务，完成该任务的主要途径是提高神经对多块肌肉在时间和空间上募集和协作和控制能力，这种能力的训练手段应突出协调、平衡以及稳定与不稳定、平衡与不平衡之间的快速和精确地转换为主，不负重和轻负重的训练是完成这种类型训练任务的必要手段。其次，核心部位是人体肌肉力量的薄弱环节，参与工作的肌肉相当一部分是位于机体深层的小肌肉群，这些肌肉不可能承受大的负荷重量。第三，非稳定支撑是核心力量训练的主要形式，尤其对于竞技体育来说，不稳定的支撑条件本身加大了训练的难度，不仅提高了参与工作肌肉的力量投入（相当于增加了负重重量），也增加了肌肉损伤的风险，所以，核心力量的训练不宜于采用与发展四肢力量一样的大负重训练方法和手段。其负荷的改变方式主要有：①改变阻力矩；②改变支撑面的大小；③限制一个或几个反馈刺激；④改变支撑面的稳定性；⑤施加未预期的外力；⑥以上途径的组合。

7. 爆发力训练为什么要强调动作速度

（1）定　义

爆发力是指在最短时间内使器械（或人体本身）移动到尽量远的距离的力。顾名思义，这种力就像火药爆炸一样，能在一瞬间崩发出巨大的能量。爆发力实质是指不同的肌肉间的相互协调能力，力量素质以及速度素质相结合的一项人体体能素质。爆发力由两个有机组成部分确定，即速度与力量。

动作速度是指速度素质的一种表现形式。是指在进行力量训练时，完成单个动作或成套动作时间的长短。如投掷出器械的速度，跳跃运动员的踏跳速度，体操好武术运动员完成成套练习的速度等。动作速度也可以理解为在进行力量训练时，单位时间内完成动作的数量。单位时间内完成动作数量多则动作速度快，否则为慢。

（2）爆发力训练要强调动作速度的原因

在训练中如何调节好力量与速度这两个因素是提高爆发力的关键。所以在进行爆发力训练时，应该特别注意动作速度。必须了解速度、最大力量对爆发力的作用，才能调节安排好训练。绝对力量是发展爆发力的基础，完成动作的速度则是精髓。

在最大力量训练中，采用大阻力训练时，大阻力的爆发力训练可以提高收缩速度。然而，这对提高比赛对抗有一定阻力的快速收缩速度没有产生直接的影响。最关键的是结合项目本身的发力特点，更多地关注完成动作的动作速度和效果，从而使训练更有针对性。

在重视发展最大力量的同时，更要注意动作速度和效果。两者在一定程度上和范围内，既互相制约又互相促进。所以在训练时要善于观察和发现问题，及时调整某一时期发展大力量和要求快速完成力量练习的比例，制订出有针对性的训练计划。

（3）训练要点

在进行爆发力训练时，可以有两种思路。

① 对抗大阻力的极限发力训练。这种训练可以更深层次地刺激大脑皮层发出神经冲动，激发更多的运动单位，更好地调动每一块肌肉。但在进行这样的训练时，要特别注意结合项目本身的发力特点，强调发力的速度，不能片面地追求最大力量的提高。

② 小负荷快速力量训练。在爆发力训练中，小负荷快速力量训练更应该得到提倡。它强调运动员在做爆发力练习时，所用的力量小并且所用的时间是最短的。例如可以用30%强度的负重或克服自身的体重进行练习，练习速度越快越好，练习的数量以不降低速度为原则。

快速小负荷力量训练对神经系统刺激不是很强烈，中枢神经系统输入的刺激可能还不足以诱发高的冲动发放频率完成动作单位激活，肌肉运动单位募集的数量也不如大负荷力量训练所激活和募集的多，但它却可以通过加快刺激神经系统的信号频率，支配肌肉神经运动单位的运动频率，使肌肉协调用力和运动单位快速收缩。因此，这种训练是发展运动员爆发力中的速度因素最好的练习手段。

快速小负荷力量训练可以提高肌肉的协调用力，使肌肉中的主动肌和对抗肌协调发展，充分发挥肌肉的速度能力。快速小负荷力量训练在爆发力训练中的意义在于它可以提高影响爆发力因素中的速度因素，提高肌间和肌内的协调程度，刺激加快肌肉运动单位的收缩速度，从而达到缩短发挥最大力量时间的目的。小负荷练习理论一直被广大的教练员运用，它强调的是在小负荷或在克服自身体重的情况下，快速练习，主要是"快"，并且快速完成中、小负荷的力量训练，能使肌纤维增粗，肌肉体积增大，参与运动的肌纤维数量增加，从而保证肌肉在收缩过程中的最大收缩力量。

8. 快速伸缩性（超等长）练习的要点

快速伸缩性练习是指对肌肉进行快速动力性负荷牵拉，产生爆发性肌肉收缩的一种练习。再具体点讲就是：肌肉的工作是以预先被强制性拉长，随即再进行快速缩短的方式。这样的肌肉工作能够产生超常态的爆发力，利用肌肉的这一特性来提高爆发力为主的训练就称之为超等长训练。目的是利用肌肉和肌腱的弹性成分以及拉伸反射作用，使接着进行的运动更加有力，输出功率更大，爆发力更大。

（1）快速伸缩性练习的要素

到目前为止，快速伸缩性练习的主要要素包括以下几个方面。

① 练习的方式

快速伸缩性练习的方式主要是按照需要训练的身体部位来确定的，主要可以分为下肢超等张训练、下肢超等长训练和躯干超等张训练。

② 训练强度

快速伸缩性练习的强度是指施加于参与肌群、结缔组织、关节的总压力，主要受训练方式的控制。除了受动作的形式外，其他的影响因素也硬下瘠快速伸缩性练习的强度，如接触点、速度、高度以及体重等。

③ 频 率

频率是指快速伸缩性练习每周的训练次数，基本上依据运动项目与运动季节而定，每周的训练次数从 1～3 次不等，目前关于快速伸缩性练习频率的研究比较少，无法提供最适当的训练频率，主要是根据两次训练课之间的休息时间（48～72小时）与实践经验来决定训练频率。

④ 间歇时间

因为快速伸缩性练习是以最大的强度改善无氧爆发力，需要完全足够的休息（反复之间、组间和训练课之间）。跳深的休息时间，在两次反复之间是5～10秒。两组之间是2～3分钟。组间的休息时间是由适当的训练/休息比（亦即1:5～1:10）、训练量与训练动作所决定。

⑤ 训练量

快速伸缩性练习的训练量基本上用某次训练课所操作的反复次数与组数来表示。下肢的训练量通常是以一次训练课中脚一地面接触的次数来计算，但蹦跳可以采用距离表示。上肢的训练量，基本上是以每次训练课投掷或接的次数来表示的。

⑥ 练习周期

迄今尚无研究可提供决定快速伸缩性练习计划的时间跨度。目前，大部分计划采用6～10周。但是，开始实施超等长训练4周后，垂直跳高度就很快有改善。一般而言，快速伸缩性练习计划应与抗阻训练和有氧训练相似。对于动作需要快速有力的运动项目，整个训练周期都进行快速伸缩性练习是有益的，运动强度和量的安排可根据项目和所处的训练周期而定。

⑦ 负荷渐进性

快速伸缩性练习是抗阻训练的一种形式，因此必须遵守渐进负荷原则，渐增负荷是系统地增加训练频率、训练量和训练强度的方法。基本上，强度的增加，量就减少。运动项目、训练所处阶段、体能训练计划等规定了训练的进程，也决定了训练的渐进方法。

（2）进行快速伸缩性练习的条件

为了减少损伤的危险，更好的完成快速伸缩性练习，在快速伸缩性练习之前还应该对运动员的技术动作、力量、速度、平衡、身体特点等进行评价，主要包括以下几个方面。

① 快速伸缩性练习技巧

在增加任何新的超等长练习的动作时，教练员必须先示范、讲解，以充分发挥练习的有效性，对下肢超等长练习来说，正确的落地姿势非常重要，特别是在跳深的练习中，这点更加重要。

② 力　量

在进行超等长练习之前，一定要考虑运动员的力量发展水平，要进行下肢超等长练习，运动员的下蹲力量应达到自身体重的 1.5 倍以上；要进行上肢超等长练习，运动员的卧推力量必须达到自身体重的 1 倍或 1.5 倍，或连续能完成 5 个拍手俯卧撑。这些要求是高强度超等长训练的最低标准，如果运动员达不到上述要求，不宜开始超等长训练，要先发展基础力量。

③ 速　度

因为超等长练习中有许多快速动作，因而在进行超等长训练之前，要具备一定的快速运动能力。对于下肢超等长训练来说，运动员应该有能力以 60% 体重为负荷，在 5 秒之内完成 5 次以上下蹲。

④ 平衡能力

平衡能力是指在一定时间保持姿势不动的能力。许多下肢快速伸缩性练习进行与传统运动方式不同的运动。在这些练习运动员必须具备很好的支撑能力才能完成。

⑤ 身体特点

运动员体重超过 100 公斤，进行拉长收缩性练习损伤的机率增加，增加了拉长收缩练习对关节的挤压力，容易时这些关节受伤，因此，体重超过 100 公斤的运动员，应避免大训练量、大强度的快速伸缩性练习。

快速伸缩性练习与其它体能训练相结合。

在一个训练周期中，快速伸缩性练习应与所有体能训练结合在一起，可以与抗组练习结合起来，也可以与有氧练习结合在一起，以达到最佳的训练效果，获得生理能力方面的提高。

将下肢抗组练习与上肢快速伸缩性练习结合一起，将上肢抗组练习与下肢快速伸缩性练习结合一起。

通常不要将高强度抗组训练与快速伸缩性练习在同一天练习，但可以在高强度抗组训练之后紧接着进行快速伸缩性练习，训练效果会更加有益。

将传统抗组练习方法与快速伸缩性练习相结合，增加肌肉的爆发力。

例如，以30%1RM（仅能完成一次的最大重量）进行半蹲跳，以提高运动能力。

当快速伸缩性练习与有氧练习结合一起训练时，快速伸缩性练习应安排在有氧练习之前进行。

9. 如何进行静态拉伸

静态拉伸是在一定时间里，缓慢地将肌肉、肌腱、韧带拉伸到一定活动范围内的伸展活动。静态拉伸是目前较理想的提高运动员柔韧性的方法。静态拉伸有两种形式，即主动性和被动性拉伸。主动性伸展要求队员始终依靠自身力量完成练习，并保持15～30秒钟。被动性伸展要求队员开始自己练习，在练习的最后部分再借助外力。

在进行静态拉伸时注意以下几点。

（1）练习的动作缓慢

运动员在开始做动作时缓慢地把肌肉、肌腱、韧带拉伸到一定范围。与动力性拉伸练习相反，静态拉伸练习四肢缓慢伸展，着重让队员体会肌肉被拉长的过程。这种方法可减少或消除超过关节伸展能力的危险性，防止拉伤，由于拉伸缓慢不会激发牵张反射。

（2）每一个动作停顿15～30秒

对于静态拉伸中间停顿的时间没有统一的规定。但是训练实践及文献主要限定在15～30秒之间，既可以保障运动员柔性的提高，又不失运动员的韧性。

（3）重复动作两次

一般一个练习可以重复2次。

（4）每周练习5～7次

静态拉伸练习可以放在放松练习中进行，在提高柔韧性的同时还可以促进机体恢复。

（5）做全身性的拉伸运动要注意拉伸的顺序

伸展运动的顺序通常情况下先从中心部位开始，即背部、臀部和大腿后肌群。通过先拉伸这些肌肉能够影响身体其他部位的肌肉群，使全身的灵活性得以发挥到极致。首先拉伸大的肌肉群可以使相对较小的肌肉群灵活性发挥出更大的潜能。大多数的运动源于身体重心的中心部位（腰和臀部），大腿后群肌也是直接由臀部和腰作用的。在拉伸这些肌肉群之后，就可以进行身体其他部位的伸展运动了。具体练习顺序如下。

● 躯干和下肢

① 背部（躯干）；② 臀部（骨盆部位）；③ 大腿后肌群；④ 腹股沟（内收肌）；⑤ 股四头肌；⑥ 腓肠肌及踝、脚。

● 颈部和上肢

① 肩部肌群；② 手臂、手腕、手；③ 颈部。

需要注意的是拉伸时要顺应身体状况。如果感到疼痛，立刻停止练习，因为疼痛感是身体在发出停止的信号。做拉伸运动时，会有肌肉的被牵拉感，但不是疼痛感或不适感。

10. 如何进行动态拉伸练习

动态拉伸是一种功能性的拉伸练习，运用专项化的动作为身体做好准备活动。动态拉伸强调的是多关节多肌肉参与的与专项动作相似的动作，而不是某快肌肉。动态拉伸的优势在于改善动态柔韧性，模仿专项动作，提供专项所需的活动范围。动态拉伸与弹性拉伸有着明显的区别。弹性拉伸是指利用肌肉和韧带的弹性完成拉伸动作，动作有力、猛烈，容易伤害肌肉或结缔组织。静态拉伸时肌肉是放松的，而动态拉伸时肌肉积极地进行运动，更具有专项性。

动力性伸展运动由一整套大幅度动作组成，比静力性伸展运动强度要大，一般放在静力性伸展运动之后，可为训练或比赛做准备。动力性伸展运动能够刺激某些特殊关节神经系统的活动，通过这些活动，使肌肉和关节为接下来的激烈运动做好热身准备。动力性伸展运动的主要特征是动作剧烈。

动力性伸展运动的目的，是通过完成某些特定运动来增加肢体的活动范围。它是介于静力性伸展运动和竞赛之间的过度阶段。

进行动态拉伸时要注意以下问题。

（1）练习的选择设计

在进行动态拉伸时练习的选择和设计应注意练习的功能性。即采用多关节、多肌肉参与的练习，而不是一些单关节的练习。

（2）练习动作不宜过猛

练习时，动作幅度一定要有所控制，由小到大，先做几次小幅度的预备拉长，然后加大幅度，从而避免拉伤。

（3）练习的次数

一般原地练习重复 8～10 次（如 10 次弓箭步）。行进间练习可以用一定距离限定（如 15 米弓箭步）。

尽管动态拉伸并不能完全符合该伸展运动的严格定义，但在准备活动时进行练习是十分有益的。

1. 赛前训练内容安排有何特点

经过多年来赛前训练内容安排的运动实践，对运动员的跟踪分析与总结，从而更好地指导训练与竞赛，安排与实施，有效地提高运动员的成才率和运动成绩。

（1）体能训练

力量训练强调，最大力量向爆发力和专项力量转化。抗阻力量训练减少，爆发力及专项力量训练逐渐增加。移动速度训练强调一般移动速度向专项速度转化。田径场上一般移动速度训练减少，场地专项速度训练增加。耐力训练强调一般耐力向专项耐力转化。一般耐力训练减少，场地专项耐力增加。归纳之，练习内容的选择更具专项性，更接近比赛。同时强调练习的强度和质量。

（2）技术训练

分解练习的比例减少，完整练习的比例增大。在训练过程中，技术训练基本按照比赛的要求或者说以完整技术为主。这期间的技术训练，应以稳定性、成功率、自动化为基本要求。一般不再学习新动作或改变运动员已形成和巩固了的技术动作，因为在较为短促的时间里，改变技术的训练破坏了原有的动力定型，而新的动力定型又没建立或虽建立了但还未巩固时，势必会影响比赛成绩。

（3）战术训练

个人项目应以完成个人战术计划为主，常规战术训练比例应减小。对集体项目来说，小组战术、全队战术的比例应占主导地位，而个人战术比例应适当减小。这期间的战术训练，应以针对性为基本要求，即主要练习对付比赛中主要对手的战术。同时，战术训练应大量采用实战方式进行。在这里，有必要强调"特殊战术"的专门性训练。特殊战术是指针对特殊对手而专门制订的战术，"一次性效应"是这种技术显著的特征。在争夺名次、出线权等关键性比赛中，特殊战术的有效性是极为重要的。由于目前在赛前一般都会了解分组情况，故特殊战术的制订与训练就成为教练员必须且可能考虑的任务之一。

2. 如何设计赛前准备活动

大赛前，非常重视准备活动，才可能最大限度地做到防止伤害事故的发生。首先，在时间上充分保障准备活动的内容安排，每次准备活动的时间确保有 25～30 分钟。第二，准备活动的内容尽可能地新颖、多变，避免相同内容的多次重复。第三，活跃准备活动的气氛，使运动员以轻松的心情投入一堂课的训练。对于集体项目或是同属类项目可以具体组织，然后依运动员个体情况自己掌握。实际情况允许，教练员也可和运动员一起练习，以身作则，以严谨的态度，通过自身的示范效应对运动员加以影响，充分发挥教练员的导向作用。

大家知道，运动比赛的胜负，在很大程度上取决于运动员赛前、赛中的心理状态。身体素质、专项能力较优秀的运动员在正式比赛中往往输给水平较差的运动员的事例屡见不鲜，这是赛前状态不良所致。因此，在赛前充分做好身体准备的同时做好心理准备，培养赛中的应激能力，是准备活动的全部内容。

实践中经常会看到，由于对手水平、比赛任务、自身身体状况以及周围环境因素的影响，运动员往往会产生不适宜的心理状况，或极度兴奋，或萎靡不振，解决的方法是采用如自我暗示、念动训练、模拟训练、放松训练等方法进行控制，要求教练或运动员有一套完整而熟练的"控制技术"。通常人们都用 2~5 分钟的默念来达到目的，因此它必须有一套内容不尽相同的俗语。当你兴奋性过高，而出现焦躁不安、心跳加快等生理变化时，而且通过身体的准备练习以后还不能使自己平静下来，那么你就使用使自己心身安静的暗示语，如："我的身体是温暖的，我的呼吸是安静的，我的心脏跳得均匀而有力，我安静了，放松了……"相反，假如做了充分的准备练习以后，情绪仍不高昂，这就要采用完全为克服低落情绪而设计的套语，如："我的身体恢复了，力量加大了，越来越兴奋，我做好了充分准备。"即使当你准备活动之后情绪很好，你也应用几分钟时间默想即将到来的比赛过程，想象成功完成动作的全过程，以及整个比赛中各阶段的体力分配、节奏，比赛中要注意的问题，充分估计可能出现的各种情况。通过一系列的心理准备活动，不仅使运动员从机能上，而且还从思想上、心理上达到最适宜的准备状态，参加即将来临的比赛。

从人体对运动的适应过程来看，准备活动可分为一般和专项的。一般性准备活动也称"热身运动"，通常是慢跑和徒手操等身体练习，目的在于提高呼吸循环机能和代谢水平，活动各关节，在最大限度下发挥身体能力；而专项准备活动则是直接与专项有关的接近专项动作的练习，它可以进一步提高中枢神经系统的兴奋性，使各器官进入运动状态，同时在技术上、心理上为比赛作好充分的准备。如在乒乓球项目中，常采用发球、推挡、扣球、2 人对抗赛等形式进行专门性准备活动，而体操、武术、艺术体操等项目则以柔韧、垫上或器械的基本动作或小组合为主。

教练员应根据运动员准备活动的具体情况，积极主动地运用各种提示或指令，帮助运动员振奋精神，在思想上为比赛作好准备，如"今天你的状态很好，争取创造新的纪录"；"上次 xx 动作技术还存在问题""今天要……""你的××技术这阶段有明显进步，再加把劲，争取……"等。在准备活动中，给予运动员正确而恰当的指示或激励，能更好地发挥运动员的潜力。

做赛前准备活动时，应根据运动项目的特点、运动员的个性特点、比赛的时间、气候条件等，正确安排准备活动的内容、强度、运动量和时间的长短。掌握好赛前准备活动与正式开始比赛的间歇时间。例如一个易兴奋、冲动型的运动员，准备活动的运动量宜小些，强度稍大。一般气温低的情况下做的时间宜略长，相反高温则略短。目前，国外优秀运动员的准备活动一般为 40~50 分钟，准备活动应在赛前 15 分钟开始减量。

3. 赛前准备活动的一般要求

（1）在时间上充分保障准备活动的内容安排，每次准备活动的时间确保有 30~50 分钟，准备活动应具有提高体温及引起出汗的一定强度，心率控制在120~140 次/分钟，以避免产生局部疲劳。

（2）伴随着一定强度的准备活动应同时进行一些伸展和放松练习。它应包括一些模仿专项训练的动作，这样为进行专项训练或比赛的专门肌肉群做好准备，而且还加强神经对肌肉的支配。

（3）准备活动应在专项训练或比赛前 15 分钟开始减量，在赛前 5~10 分钟结束准备活动，这可以使轻度的暂时疲劳得到恢复，又不至于失去准备活动的效果。

（4）在赛前 5~10 分钟里用几分钟时间进行"默念"等想象练习或放松练习的心理准备，随后再做轻微的伸展体操一二节。

（5）整个准备活动内容的安排应针对不同神经类型的特点，适当安排练习内容、强度和时间。

（6）准备活动的内容尽可能地新颖、多变，避免相同内容的多次重复。活跃准备活动的气氛，使运动员以轻松的心情投入一堂课的训练。对于集体项目或是同属类项目可以具体组织，然后依运动员个体情况自己掌握。

（7）教练员也可和运动员一起练习，以身作则，以严谨的态度，通过自身的示范效应对运动员加以影响，充分发挥教练员的导向作用。

4. 赛前为什么要进行减量训练

赛前减量训练是指赛前在一个可变的小周期内（如 1~3 周）通过减少训练负荷，促进运动员机体和心理的迅速恢复，以期使运动员在比赛时出现最佳竞技状态并创造优异运动成绩的训练安排。赛前减量训练的目的是最大限度减少训练带来的生理和心理疲劳，同时保持运动获得的训练适应。减量训练是运动员为比赛所做准备最为关键的环节之一，赛前通过合理的减量训练安排，会引起运动员机体和心理适应，从而导致最佳竞技状态（高峰）的出现。目前有许多科学文献已证明，在减量训练期间减少疲劳积累，有利于提高体能，使运动员竞技状态得以提高，并出现明显的积极性心理变化，比如训练艰苦的感觉和疲劳感下降，情绪高涨、精力充沛等。这表明，运动员在减量训练开始时对前期训练的生理性适应就已经产生，只是这种适应很可能被累积的疲劳所掩盖，而心理性适应则在减量训练中出现。

赛前减量训练通常分为四种类型，即线性减量、慢指数减量、快指数减量和阶段减量。所谓线性减量是指在赛前减量训练期间，迅速减少训练负荷，每天以10%训练负荷减量；慢指数减量是指在赛前两周的时间内，迅速将训练负荷减少至平时训练量的30%，然后比赛前一周基本保持不变，直至比赛；快指数减量是指在赛前减量期间，每天以15%～20%快速减少训练负荷至平时训练的35%后保持至比赛；阶段减量是指比赛前两周迅速将训练负荷减少至平时训练的30%～40%后，训练负荷保持不变，持续至比赛。赛前无论选择哪一种减量方式，其关键要素都在于改变训练负荷。可以通过减少训练量、强度或频率来降低训练负荷。降低训练负荷的成效将依赖于减量训练的持续时间以及实施减量训练之前训练负荷之间的关系。如果减量训练持续时间太长，那么疲劳和体能二者都将消退，这将导致训练效果和运动员准备状态的降低，竞技状态不会提高，减量训练也将是无效的。因此，教练员必须清楚地把握训练量、训练强度、训练频率和减量训练时间的相互作用机制。

赛前减量训练的基本策略如下。

（1）赛前减量训练主要是减少负荷量，训练强度和训练频率基本保持不变。

（2）建立1～4周具有针对性的减量训练计划，大多数情况下8～14天最为理想。

（3）减量训练期间，保持适度的高强度训练，避免停止训练。

（4）将训练量减少到先前的41%～60%（依据前期训练负荷大小而定）。

（5）减量训练阶段的训练频率应至少保持在先前的80%或以上。

（6）使用循序渐进的、非线性的减量训练模式。

5. 赛前如何进行减量（以赛艇为例）

（1）次要比赛的轻微减量

对于测试选拔和诸如俱乐部选拔等不重要的比赛，采用赛前轻微减量的安排。赛前轻微减量的幅度主要依赖于平常的训练量。每周进行6～10小时训练的运动员可以在测试或比赛前用一天的时间停训休息，每周训练10～15小时的运动员可以用3天的时间进行赛前减量，而每周训练超过15小时的运动员可以用5天的时间进行赛前减量。表2-6～表2-9是一个典型的赛前轻微减量安排。

表2-6 轻微减量安排

减量时间	第一天	第二天	第三天	第四天	第五天
1天	休息				
3天	休息	5×150米，20分钟划	3×250米，20分钟划		
5天	3×1500米，略低于比赛速度	45分钟匀速划	5×10桨起航，3×500米，1×1500米，20分钟划	4×500米，30分钟划	4×250米，30分钟划

（2）大赛前的减量

由于长时间的大赛前大幅减量安排每年只能采用一次，所以主要用于每年最重要比赛前。

① 减量时间

每周训练超过6小时的优秀运动员需要根据训练量来制定减量计划。

表2-7对于赛前大幅减量的时间给了一些纲要性指导。

表2-7 主要减量期

每周训练的小时数	减量时间
6~10	7天
10~15	14天
15+	21~30天

在赛前减量期间，训练量应该逐步减少70%。假如每周训练10小时，在赛前减量的7天时间里，训练量应该逐步减少到每周3小时。训练量的减少不应该靠急剧的变化来实现，而应该循序渐进。假如制订的是一个更长时间的赛前减量计划，可以参考表2-8的循序渐进计划。

表2-8 训练量递减的百分比

每周训练的小时数	第一个减量周的训练小时数	第一个减量周的训练小时数	第一个减量周的训练小时数
6~10	减少70%	——	——
10~15	减少45%	减少70%	——
15+	减少30%	减少50%	减少70%

② 频 率

在大赛前减量期内，不应该减少每周的训练课次，而应该减少每次课的训练时间。减量的目标是促进恢复和机体再生，由于在这样短的一次训练课中没有完全耗尽体内能源，所以能够保证机体很快的得到恢复。而延长每次训练课的时间、减少训练课次的减量计划并不会使运动员对训练产生充分的恢复和适应，尤其是在这个期间训练强度的增加，会更加降低训练的效果。同时，训练课次的减少还会使运动员失去水感、破环其技术能力。

③ 强　度

随着训练量的减少，训练强度则需要增加。更大强度的间歇训练、短时间冲刺和起航训练应该逐步取代稳定状态的训练。在最后一周，所有训练内容的强度都应该高于或等于无氧阈。最后一周的训练安排见表 2 - 9。

表 2 - 9　最后一周的主要减量安排

周一	周二	周三	周四	周五	周六
40 分钟放松匀速划	4×5 分钟高于无氧阈的训练，间歇时间 10 分钟	5×2 分钟，30 分钟放松匀速划	休息	4~6×250 米速度划，每次之间 10 分钟放松划	4×2 分钟比赛速度划，每次之间 5 分钟放松划

最后两天的速度训练对运动员更多地是心理而不是生理作用。速度训练能够给运动员一种速度感、力量感和自信心，激发运动员的比赛状态。极为重要的是，最后的训练课给运动员带来的应该是一种精力充沛的感觉，而不是疲惫的感觉。理想的最后训练课程会使这样的感觉发生在真实的比赛中，用这样的课程能使运动员提前熟悉比赛中的自己。

④ 注意事项

你应该在本年度大赛之前至少进行一次赛前的减量演练。虽然在一个不太重要的比赛之前，没有必要进行 21 天的减量训练安排，但是至少还是应该安排一次一周的减量训练。这样的安排使你有机会将赛前的减量训练符合个体的需求，并且体验间歇训练和速度训练不同组合的训练效果。

赛前减量期是教练员和运动员承受高的心理压力时期。教练员会对赛季的总体训练、减量训练的时间以及大量发生在大赛之前的各种问题而忧心忡忡。就教练员而言，对赛季训练和赛前训练充满信心是非常重要的。如果教练员对运动员准备期的训练公开表示担忧，或开始不断地改变赛前训练计划，那么都会使运动员对自己的训练和以及获胜的能力产生疑问。

运动员对减量训练有着不同的反应。多数选手会享受速度、力量和能量恢复所带来的快乐，但也有部分选手则会对停训感到担忧，不知道如何处理由减量带来的多余时间。教练员应该区别对待对赛前减量的不同反应，应对和处理由此而产生的焦虑。

6. 赛前训练中为什么要多关注细节

现代运动训练实践表明，科学安排赛前训练，对于运动员能否在重大比赛中创造优异运动成绩，夺取比赛胜利，起着至关重要的作用，而运动员最佳竞技状态能否出现在比赛中则是赛前训练的关键所在。重大比赛的赛前阶段，我们不仅要根据每个项目的不同特点组织运动训练，还要密切关注赛前训练的细小环节，为获得最佳竞技状态、取得理想的运动成绩做最后的准备。在整个周期训练的过程中，关注每一阶段的每一个细节安排，才能使整个训练的效果最大化。但是，有些细节往往被教练员和运动员所忽视。

从以下几个方面关注赛前训练的细节。

（1）合理的膳食

科学地搞好运动员的膳食管理是提高训练效果和比赛成绩的重要保证。在大运动量训练和比赛以后，体力和心力消耗都很大。对于运动员来说，需要合理地补充膳食营养，能尽快地消除疲劳，恢复技术水平，达到提高竞技成绩的目的。合理营养强调的是：供给人类食用的食物中所含营养素应种类齐全、含量适度、比例适当。

① 加强饮食习惯教育，养成合理饮食的好习惯。对各运动中心的领导、教练员、领队、运动员、行政管理人员和炊事人员进行营养知识的普及和教育，提高他们的营养意识，使他们了解合理营养对运动员健康的重要意义。

② 膳食指导应当明确、简化。应从合理采购开始，改善烹调方式，合理搭配主副食，并建立切实可行的管理方式，保证科学配餐落到实处。

③ 每餐食物品种应多样化。食物要有肉类（主要挑选瘦的牛肉、羊肉、猪肉、鸡肉等）2~3 种，主食（包括米饭、馒头、面条、面包、花卷，甚至包括土豆、白薯、麦片等）3~4 种，蔬菜（主要是绿叶蔬菜）2~3 种，鱼类 1~2 种，水果及果汁（酱）2~3 种，豆制品 1~2 种，奶制1~2 种。并且，炒菜时尽量少放植物油，更不能用动物油。绿叶蔬菜尽量生食，以增加饮食中营养的合理性。每天应少吃多餐，如有可能每天用餐

6 次，每次少进食，而且要食用高价值蛋白质以满足人体的需要。每天至少饮用 2~3 升水。

（2）科学的作息时间，保证良好的睡眠质量

"练兵千日，用兵一时。"经过长期刻苦的训练，合理安排好赛前的睡眠，将对运动员充分发挥运动水平，起到保证和促进作用。专家们对运动员赛前的睡眠时间及与运动成绩的关系进行了调查，结果发现，每个优秀运动员的睡眠时间有较大差异。为此，专家们认为赛前的睡眠时间要因人而异。

① 要理智地对待自己

应该学会理智地对待自己，不要过高要求自己，主要精力应放在如何发挥自己的技术水平与运动水平上面。

② 应尽量想美好的境界

躺在床上，积极地想一些美妙的事情。比如运动员想象自己的技术动作很成功、博得喝采声等。

③ 放松才易入睡

当运动员难以入睡时，首先从思想上要放松，然后全身肌肉逐渐放松。把注意力放在每块该放松的肌肉上去，从头部、颈部、肩胸至下肢，这样会感到十分舒服，会使运动员逐渐进入睡眠状态。

④ 默念"我已准备好"

赛前，运动员的心理要有"我一切已准备好"的感觉，睡眠时不断默念，这对克服恐惧和紧张的心理很有效。当然，在实际工作中，从战术、技术乃至服装、器材等一切用品，都要做好充分的准备，才能使运动员心理真正踏实下来，真正做到"我已准备好"。

⑤ 影响睡眠的其它因素

● 室内要通风，这样可以提高睡眠质量。

● 下午或傍晚进行一些小型活动，例如轻松偷快的散步，听音乐跳舞等。

● 比赛前一天，最好白天不睡觉，以使晚上睡得更香些。

● 注意睡前的饮食安排，如睡前喝杯牛奶、晚餐不要过饱等。

（3）保持良好的心理和情绪状态

运动员在赛前训练阶段会因为一系列原因产生一些心理问题和障碍，

教练员要根据情况进行心理辅导并进行相关训练，使运动员克服心理障碍，保持良好的情绪状态参加训练。

① 对于赛前导向引起的心理障碍，可以采取以下心理训练对策

比赛的目标定位要切合实际，不宜定得过高而成为运动员的精神负担。

引导运动员不要过多地考虑名次和别人期望与期望的结果，应把精力集中在如何使技、战术全面发挥上来。

帮助运动员，暂时从思想上进行有效地转移或回避，如通过音乐或其他娱乐活动，使情绪状态稳定，排除心烦、焦虑等消极影响。

② 对于注意力无法集中的心理障碍，可以采取以下心理训练对策

● 回忆训练法。引导运动员把注意力引向他们最有把握完成的某一动作上，以快速实现注意定向，找回日常训练的感觉，实现注意力的集中与自信心的加强。

● 意念训练法。通过做深呼吸，入静，默念动作要领、数字，闭目沉思，意念中想像动作过程，肌肉用力感觉等方式完成注意力的集中。

● 抗干扰训练法。通过模拟比赛训练，培养运动员的抗干扰能力。如排除观众的噪音与喝倒彩的干扰，排除对手的出色表现与裁判因素对自己的影响。

③ 对于紧张情绪的心理训练

利用模拟比赛消除紧张情绪。模拟比赛就是练习性比赛，是教师或教练员有意识地控制某些运动条件引起运动员的情绪变化，并在此过程中使他们增加经验提高适应比赛的能力和尝试调节自己的情绪，掌握自我调节手段。

竞赛中的转移训练。紧张情绪的转移是让运动员的注意力暂时离开过分紧张的竞赛环境，诱导他们想一些轻松愉快的事情，待情绪趋于稳定后，再使注意力回到现场的竞赛中去。训练方法可利用赛前或赛中的间隙采取语言暗示，诱导运动员将注意力转移到与当前运动竞赛无直接关系的事情或完成技术动作上来。如谈话、看看书报或听音乐等。

情绪对比的心理训练。情绪对比训练方法是要运动员回忆紧张的竞赛场面，十分困难、复杂的技术动作以引起消极的紧张情绪，经过不断重

复，使这种紧张情绪达到一定强度时，再回忆竞赛中获胜后的欢愉情景，用积极的情绪抵消极的情绪。同时还要与放松性练习、注意力集中于放松部位的语言暗示等手段配合进行练习。

④ 增强竞赛信心的心理训练

● 情感训练。注意培养队友之间的友谊，使之互相配合、互相鼓励，从中吸取巨大精神力量。

● 结合赛前测验进行信心训练。通过赛前测验的分析，可以改变期望过高或信心不足的非良性心理状态，使运动员准确了解自己的实际技术水平和自己的优势所在，建立坚定的信心。在此基础上，同时进行某些方面的补充训练，在心理上做好调整，使自己对竞赛的估计切合实际。

● 增强信心的自我训练。即借助于自身内部力量激励信心的方法。就是使运动员处于自然放松状态，在恢复身心力量的基础上诱导他们回忆最佳比赛情景，使他们在回忆中重新认识有利的各方面因素，找出自己潜在的优势，达到增强竞赛信心的目的。

7. 赛前如何更好地发挥复合型团队功能

随着竞技体育竞争的日趋激烈，现代竞技体育已成为立体化竞争，仅仅依靠有限的知识和单一手段已不能达到更高、更快、更强的目标，夺取竞技优胜也决非单一学科和人员所能胜任。因此，建设复合型教练团队已成为竞技体育可持续发展的核心竞争力之一。

复合型教练团队是一种新型、有效的优秀运动队管理模式，其特点在于多学科、多层次、多成员的集体攻关，形成"训练、科研、医疗、教育、管理一体化"和"集体决策"的工作局面，实现运动训练管理目的。

研究与实践表明，要想更好地发挥复合型教练团队的功能，提高训练的效益和质量需要注意以下几点。

（1）配齐配强人才结构，明确管理体制

复合型训练团队应包括以下人才结构：咨询顾问型人才，管理决策型人才，训练主导型人才，训练支持型教练，科技支撑型人才，训练保障型人才，项目发展型人才。

复合型教练团队应实行在运动中心（训练单位）的领导下，由运动中心（训练单位）领导协调、主（总）教练计划实施、科研人员和队医监控与服务、外聘专家提供咨询的管理体制。对在训练过程中涉及的相关问题实行分类提案、集体研究和论证、集中决策、分类实施的运行机制。复合型教练团队各组成部分的主要分工内容及结构如图 2 – 2 所示。

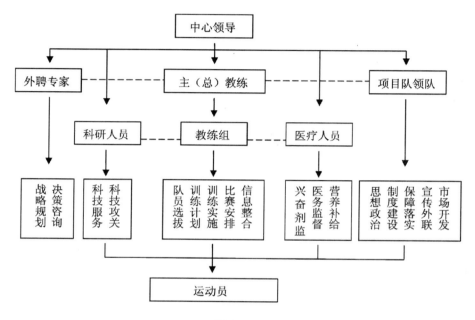

图 2 – 2

（2）明确工作任务和职能

复合型教练团队的主要工作任务和职能包括以下几个方面。

① 集体研究、论证和制订本训练单位周期发展战略规划和具体实施方案。

② 负责运动队有关规章制度的制订和检查。

③ 对本训练单位金牌任务指标进行分解，确定重点项目和尖子运动员及教练员，选拔和配备领队、科研人员和医疗人员，聘任专家组。

④ 对教练组提交的运动队（尖子运动员）周期、年度、阶段训练和竞赛计划和任务指标、参赛方案进行集体论证，并对执行和完成情况进行监督、检查和调控。

⑤ 共同查找、研究运动队（尖子运动员）急需解决的主要问题，有针对地采取相应的措施及时予以解决。

⑥ 共同研究、制订尖子运动员的技术诊断、机能检测、伤病治疗、营养恢复、思想教育等方面的方案，并监督实施。

⑦ 组织运动队业务教研活动，对主管教练训练计划的制订和实施情况进行解析和点评等。

复合型团队在要求各类人员认真履行各自岗位职责的基础上，应更多地强调和突出"集体"、"共同"的特色，追求强烈而鲜明的"合成"的团队形式和"合力"的效能。

（3）保障复合型团队的有效运行

复合型教练团队运行中，需要加强团队领导者影响力管理，加强沟通与协调、解决团队冲突问题，优化团队绩效考核体系和注重团队的可持续发展问题。建议结合运动项目特点、具体训练目标、人才资源状况等因素，综合考虑，选择性地推行复合型教练团队管理模式。

加强团队成员思想建设，培养团队精神。首先要强化团队成员的五种意识：责任使命意识，学习研究意识，挖掘创新意识，敬业履责意识和团结协作意识。另外，必须努力培养精诚团结，敬业创新，密切协作，共攀高峰的团队精神。要求团队成员对团队具有强烈的归属感，把自己的前途与团队的命运系在一起，愿意为团队的利益与目标而奋斗；要求成员彼此间利益共享，相互宽容，彼此信任，在工作上互相协作，在生活上彼此关怀；要求团队成员在工作中始终坚持目标一致原则、民主和谐原则与坚持求真务实原则。

为了备战伦敦奥运会，我国许多项目如篮球、足球、自行车、网球、排球、田径等都在继续加强复合型训练团队的建设，不断完善复合型团队的工作模式、攻关方法和人才结构。下面以中国男篮为例，总结一些宝贵的实践经验。

中国男子篮球队的复合型训练模式要追溯到雅典和北京奥运会备战期间，从那时起，篮管中心先后聘请了美国职业篮球联赛（NBA）名帅哈里斯、欧洲冠军教练尤纳斯、美国职业篮球联赛（NBA）助教邓华德担任中国男篮主教练。在团队人员的专业化和细致分工方面，近年来中国队已取得从理念到投入上的跨越式进步。过去每支球队最多是 1 名主教练，配 2 名副手，外加 1 名队医。而如今国家队教练团队已发展到 12 人，即 1 名主教练，3 名技战术教练，队医 2 人，体能教练 3 人，球探、视频分析师、科研教练等各 1 名。为了让复合型团队最大限度地发挥作用，篮管中心研究了一系列措施：①让主教练的执行力在组织上得到保障。成立了由篮管中心主要领导任队委会主任、副主任的管理体制，并特别选派事业心足、协调能力强、服务意识好的工作人员担任领队。他们和中方教练组成员一起 24 小时全程监控队伍，为主教练集中精力训练提供了良好的服务与保障。②篮管中心从制度上要求教练组的中方工作人员全力配合主教练，如有人破坏制度，将被调整出教练团队，以此在严格的管理制度下，教练组人员各尽其责，有条不紊，确了保教练团队的工作顺利和效率。③注重人性化管理，在生活上关心照顾团队中远离家乡的这些外国专家，赢得他们的真心和归属感。④当管理或训练工作中遇到中外观念和方式的冲突、矛盾时，双方不断进行交锋和沟通，并采用实事求是和科学务实的态度，对问题和方法进行探讨，最终从探索和磨合中慢慢走来。

在以外教为主的复合型教练团队的打造下，中国男篮在近 6 年多的历程中取得了许多可喜的成果。实践证明，构建复合型教练团队既是适应当今竞技体育竞争技术、管理更为复杂的需要，也是我国竞技体育整体水平不断提高的必由之路。

8. 如何安排赛间训练

随着我国竞技体育的不断发展，运动员参赛任务越来越重：一方面，比赛次数增多，例如田径、自行车等项目每年举办各种分站赛、锦标赛，大部分球类项目都启动了主客场赛季制度或积分赛制度；另一方面，参赛项目增多，例如一名游泳运动员经常需要在某届大赛上同时参加几个项目的角逐。于是，运动员常常处于频繁的参赛与训练的转换之中，这给赛间训练带来了新的挑战。

赛间训练是指在重大比赛中运动员在兼项情况下，每两个比赛项目之间间歇日的训练，或赛季制度下，两场比赛之间的训练。赛间训练的特点是：在短时间内对运动员的竞技状态进行积极的调节，使运动员从上一场比赛的疲劳状态下恢复过来，重新聚集力量，以理想的竞技状态投入到下场比赛；同时对上一场比赛中所发现的问题进行分析，充分利用赛间训练时间进行有效的改善；针对参赛对手的情况，在赛间训练中安排克敌技术、战术的练习，为下一场比赛做好充分的心理、身体、智力上的准备。

安排赛间训练，首先要从观念和认识上改变，把训练、比赛、恢复视为一个有机的整体，相互补充、相互促进。其次，要深刻理解运动员竞技能力的发展规律，以使运动员在比赛日达到竞技状态高峰为目标进行赛间训练。第三，要灵活运用周期训练理论，结合实际情况设计赛间小周期训练，调整运动员的心理、体能、技战术能力。安排好赛间训练，需要注意以下几点。

（1）根据比赛的情况，教练员需要对训练手段、方法进行调整，以提高机能、改变战术、克制对手、适应比赛环境，达到预定目标为主要目的。

（2）教练员制订的赛间训练计划应随实际情况的变化加以变更和调整；分析其不能全部实施而加以变更的原因，引起重视和事前加以预防。

（3）赛间训练必须制订周密的计划，在原计划的基础上，根据训练过程运动负荷的实际情况，增补或减少一些内容。

（4）制订全队总计划，其中要有对每个运动员的要求，重点队员单独制订计划。

（5）制订赛间训练计划最关键的是安排和调整好运动负荷，要特别注意防止不适度的加大负荷和运动员伤病的发生。

（6）根据赛前训练的任务、专项特点和运动员的训练水平合理安排身体、技术、战术、心理等训练内容的比例。

（7）赛间训练的方法手段与平时训练有较大区别，变动的人数多。变动主要考虑的因素是达到预定的强度，提高运动员的机体机能和使其适应比赛环境。

例1 高水平游泳运动员的赛间训练

（1）赛间训练计划的制订与实施

目前大多数教练将赛间计划内容分为三部分：赛后放松、体力保持和临赛前的准备活动，并对这三部分分别制定和实施不同计划。赛间训练实施的内容随赛间间歇时间的长短不同而有所侧重，2 天以内以恢复调整为主，3 天以上以身体训练为主，以保持体力。

大多数教练实施赛间训练的指导思想如下。

① "补弱稳强"。即根据赛间运动员的具体情况，针对薄弱环节进行训练。

② 沿用平时的训练方法和手段。

③ 依据运动员、对手及场地设施等主客观情况，随时调整赛间训练。

(2) 赛间训练的内容安排

赛间训练的内容包含恢复、心理训练、技战术训练及身体训练。这与平时训练的内容从形式上看是一致的，但由于赛间训练需要运动员在短时间内迅速恢复，做好连续参加比赛的准备，因而各有其特点。

① 赛间恢复

可以选择的恢复手段很多，但受到比赛间歇时间短的影响，一些恢复手段不易实现；在赛间恢复方法选择上要注意采用经平时训练、比赛检验较为实用、可靠的方法以保证后续比赛的顺利进行。

② 赛间心理训练

教练员对过于兴奋的运动员常采用心理暗示、放松性慢游和分散注意力、按摩、做深呼吸等方法；当运动员过于淡漠时，心理调节通常是采用教练员的语言激励、短冲练习及间歇游、陆上力量训练等手段。

③ 赛间身体训练

赛间每 1～2 天可以安排少量轻力量练习。赛间安排力量训练的原因主要是：平时经常性的力量训练已成习惯，赛间的轻力量训练可以通过对平时训练内容的复习，维持心理平衡，增强运动员的自信心；另外，运动员在赛间感到肌肉松弛，情绪低落时，加一些力量训练刺激一下，有利于提高肌肉紧张度、划水力量和水感，提高兴奋性，尽快进入比赛状态。

④ 赛间技战术训练

赛间训练的目的决定了赛间技术训练的任务是体会比赛动作的节奏和速度，找到过去训练或比赛的最佳感觉。通常不对技术结构进行改进，因此在手段的使用上应尽量接近比赛的要求，运用熟练的技术方法。赛间训练的目的也决定了赛间战术训练的任务是扬长避短，使我方在实力强大时保持优势，在实力相当甚至略弱的情况下也能取胜。

（3）赛间的负荷安排

赛间训练的负荷安排以中小量为主，间隔3天以上负荷量明显增加，负荷强度以有氧训练为主，附以少量有氧、无氧混合训练，基本上不安排无氧乳酸供能的训练。

例2 中国职业篮球联赛（CBA）主客场赛季制竞赛期训练

主客场赛季训练最大的特点是每次的训练完全围绕周日、周三和周五的比赛来进行，因此针对性、实践性、对抗性及战术演练性很强。

（1）竞赛期训练的内容安排

① 身体训练

主要以专项身体训练为主，重点抓力量训练。赛季中进行力量训练的目的主要是维持运动员力量素质，消除由于长时间比赛造成身体发软和没劲的现象，防止受伤。美国职业篮球联赛的做法是在激烈的赛季里，减少力量训练的频率和强度，在赛季中多数时间里，力量训练每次练习一个肌肉群，两场比赛之间若只有一天间隔时间，单项负重要稍轻，避免用强度大或时间长的力量训练，以预防引起肌肉僵硬和疲劳，从而影响技术动作的发挥，尤其是投篮的命中率。在力量训练的时间安排上要注意训练与比赛的时间间隔，尽可能使运动员在比赛时出现力量超量恢复，这样运动员在场上的技战术水平就会在较好的力量训练基础上更好地发挥。

② 技战术训练

主要是强调提高整体攻守效能，注重攻守训练内容的同步化，提高对抗能力及在激烈对抗条件下技术的准确性，提高在不同比赛条件下运用技能技巧的应变能力。战术训练上要提高全队战术配合质量，使整体攻防战术以及个人、组合与全队战术协调发展，训练内容以实战演练为主，针对性要强。值得注意的是赛季中加强战术训练无疑是非常必要的，但任何战术配合的成功运用都必须以全面、熟练的基本技术为基础，因此必须重视个人技术的训练，合理安排技术训练的比重。

③ 心理训练

赛季期间运动员心理状态起伏较大，特别是客场作战，天时、地利、人和均与我不利，心理状态的变化更大。因此这一阶段进行心理调控十分重要，它对最佳竞技状态有着直接的影响。赛季期间心理调控重点主要放在树立必胜的信心和提高自制能力上，要让队员明确比赛任务，确定良好的比赛动机，同时要及时改善运动员的焦虑水平，形成最适宜的情绪状态，要使队员对具体的比赛有充分的精神准备，洞悉比赛中可能遇到的一切问题，既要有争取胜利的必胜信心，又要有对付可能失败的正确态度，并始终具备积极的情绪。

④ 竞赛期训练负荷

训练的负荷量和强度，应小于赛季前训练阶段，以中低强度为主。同时要安排好赛间恢复训练，使运动员迅速从比赛疲劳状态中恢复。根据不同训练负荷后完全恢复所需的时间不同，应把无氧代谢训练、速度训练、力量训练、高强度专项训练等安排在赛前 3~5 天的训练中，而把恢复性的有氧代谢训练，中低强度的一般训练安排在赛前 1~3 天进行。中国职业篮球联赛主客场赛季训练负荷的安排，全部都要围绕着使机体在比赛日处于最佳状态来进行。

必须注意的是，赛季间训练内容和负荷的安排，还必须要考虑全队队员的实际情况，应对主力、替补队员分别对待，主力减点量，而替补必须加量、上强度、增加训练时间，以保持他们原有的技战术水平或有所提高。

9. 如何安排赛间间歇

按淘汰制进行的比赛，对手的水平一般来讲是越来越高。因此，凡是争取进入前几名的运动员和队不仅每场比赛都要取得优异成绩，而且竞技能力还必须一场比一场好。如何做到这一点，这是比赛和比赛间歇时教练员所面对的重要难题，下列两个任务尤为重要。

(1) 比赛后的恢复

主要方法如下。

① 通过短暂的注意力转移（如听音乐、看电影、看书或做其它爱好的事）做各种形式的心理放松活动。

② 通过相应的、强调趣味性的整理和恢复训练以及放松浴、按摩等理疗措施来加速心理恢复。

③ 对运动外伤进行治疗。

（2）为下一次比赛做专门准备

这项任务在内容上和其它赛前准备没有什么差别，所不同的一是时间较短，二是以提高心理负荷能力为重点，主要措施有以下几个。

① 针对下一个对手进行战术调适。其基础是自己的比赛方案和通过观察以及影片和录像分析所获得的对手的特征。最终一定要形成一个详细、精确的战术方案。在任何情况下这一方案必须既有理论，又有演示，并且在训练中予以实际练习和深化。

② 对运动员进行心理——情绪动员。这项工作应和战术调适密切配合进行。

③ 进行保持竞技状态的训练。如果比赛间歇时间有 2 ~ 3 天，那么就必须做保持竞技状态的训练。内容主要为一般和专项身体素质练习和战术练习。这一训练也必须兼顾提高运动员的情绪。

教练员是运动员比赛期间与外部世界的直接联系人。他在领导运动员参加重大比赛时责任重大，这类比赛对他在教育学和心理学方面的学识也提出了较高的要求。他必须能对赛势以及自己的战术方案做出明确的分析，并且以此为据，为下一步的比赛进行必要的指导。他指导必须简单、明晰、准确，并且富有激情，能煽动运动员的积极情绪。同时，他本人也必须最大限度地克制自己的情绪，特别是当比赛进入白热化的生死关头时更应如此。运动实践表明，目前还没有一个这方面的教练员理想模式。实践表明，成功地完成上述任务的可能性是很大的。重要的是：每个教练员必须身体力行，凡是他要求运动员做到的那些教育学——心理学的方法和手段，他本人首先都应做到，并且不断地完善之。

主题五 参赛设计

1. 怎样制订参赛计划

现代体育比赛的竞技激烈，参与比赛的人员多，影响比赛进程的因素多，使得比赛错综复杂，容易出现各种变化。为了更好地控制参赛过程，保证取得良好的运动成绩，参加比赛的运动队必须构建复合型的参赛团队，同时确保团队成员在比赛过程中要协同配合，紧密合作。为此，需要在赛前制订详细的参赛计划，明确参加比赛的主要任务和关键要素，统一全队的参赛思想。

参赛计划是对比赛过程中运动队各项工作的整体规划和详细设计，要保证计划的有效性，必须保证参赛计划的全面性和科学性。首先，要深入分析专项比赛的特点，结合专项实际情况确定参赛计划的细节，个人项目和集体项目、直接对抗类项目和非直接对抗类项目等，比赛中需要运动员完成的任务不同，需要区别对待。其次，注意赛制的不同，尤其是奥运会与常规赛事在竞赛规则和组织流程等方面都可能有所差别，由此直接影响比赛的进程，在制订参赛计划时必须加以重视。再次，要特别关注参赛运动员的特点，年轻运动员和有经验的运动员、一般运动员和重点运动员、夺金运动员和担负"保驾护航"任务的运动员等，在比赛中的角色和任务不同，参赛计划也各有区别。最后，要根据不同赛次的具体情况加以特别设计，预赛、半决赛、决赛的参赛目标不同，参赛策略各异，参赛计划也必须加以相应的调整。

在制订参赛计划时，要全面设计，明确下列主要事项。

（1）根据比赛性质确定参赛目标和参赛任务。

（2）根据实际情况确立参赛策略与指导原则。

（3）比赛中采用的主要技战术方案。

（4）根据参赛目标确立参赛工作重点及其基本要求。

（5）按照时间序列确定各项工作的关键环节与操作流程，结合实际情况设计具体的工作措施。

（6）明确各项工作的主要负责人员与协作人员，明确工作职责，明确信息沟通方式与决策机制。

2. 程序化参赛包括哪些要素

现代体育比赛的复杂程度很高，涉及因素很多，运动队参赛必须进行有效的组织管理，才能取得好成绩。程序化参赛方案是为了保证运动员顺利参加比赛，避免出现各种意外和遗漏情况，采用程序性安排的方式，把比赛过程中需要完成的各项工作内容、相互配合的人员、每个岗位的职责等进行整体设计，按照时间序列的方式进行详细的列举。换句话讲，就是把比赛过程中的活动进行程序化设计，明确什么时候、什么人、在什么地方、与谁合作、采用什么方式和手段完成哪些具体的比赛任务，比如说比赛前的什么时候应该做什么、准备热身的时候应该注意什么问题、进入竞赛区域的时候应该携带哪些物品等。

通过程序化的参赛方案设计，可以保证参加比赛的运动队成员能够明确参赛安排与工作计划，随时注意并互相提醒比赛的注意事项，形成强大的全队参赛心理；使得运动队在比赛过程中能够尽可能保持平稳的心态，全身心投入比赛，时刻清楚自己要完成的关键工作，以便集中精力完成主要比赛任务，尽可能避免运动员在比赛中因大赛紧张而遗漏一些比赛环节；便于在团队成员之间形成默契的配合，以更好地协同完成各项比赛任务，更加充分地发挥水平。

程序化参赛方案的科学设计与有效运行，可以保证运动员在比赛中稳定的发挥能力，降低参赛风险，有利于取得优异的运动成绩。一般情况下，程序化参赛方案主要包括下列内容。

（1）比赛的性质、类型、赛次。

（2）比赛的时间、地点、场馆特点以及相关的周边环境情况。

（3）从驻地出发到赛场的交通工具、出发时间、乘车地点、行车路线、所需时间、出现交通意外情况时的备选方案等。

（4）比赛中使用的服装以及主要器材和设备清单。

（5）比赛中的热身安排，包括开始时间、热身地点、使用器具等。

（6）比赛中营养补充方案及药品清单。

（7）运动队各个成员在比赛中职责与主要任务。

（8）运动员和教练员等主要团队成员需要完成的各项具体工作。

（9）按照时间序列列举各项工作的详细内容，重点在于关键的时间点和关键事件，明确主要负责人和配合人员的具体职责。

（10）比赛中对手的主要情况。

（11）团队成员之间协同配合以及信息沟通的方式。

（12）比赛中可能出现的问题以及相应的应对方式。

（13）赛后总结与评估方案等。

3. 怎样才能合理地制订参赛目标

（1）何谓参赛目标

参赛目标就是参加比赛的目标，是指运动竞赛的参加者所追求的最终成果和奋力争取达到的所希望的未来状况。作为一项目标，参赛目标既要有目标内容，又要有达到标准，即：参赛目标 = 目标内容 + 达到标准。目标内容是指需要完成那些方面的任务，而达到标准是指所要完成的成果。制定合理的参赛目标，会使运动员、教练员明确方向，因而振奋精神、激发斗志。在参赛目标执行过程中，参赛目标的先进性和挑战性将有利于激发人们的积极性和创造性；另外，参赛目标实现后，运动员、教练员在心理上会产生一种满足感和自豪感，进而激励他们以更大的热情和信心去承担新的任务，达到新的目标。

（2）参赛目标的种类和特征

参赛目标通常分为以下种类：从参赛者角度出发，参赛目标可以分为个人目标与集体目标。从参赛目标的内容出发，参赛目标可以分为运动成绩目标和精神与作风目标。从参赛目标的层级出发，参赛目标可以分为总体目标与具体目标。

参赛目标的特征：参赛目标是体育领域的一种目标形式，既有与其它领域一般目标所具有的明确性、导向性、可分性、相对稳定性、可检验性等共性特征，还具有明显的个性特征：①目标精确设立的局限性。影响运动员比赛结果的因素很多，除了自身的竞技能力和比赛发挥程度以外，还有对手的竞技水平和比赛结果的评定行为等；②参赛目标的时限性。运动竞赛有着相对精确的竞赛时间，尤其是大型运动竞赛，往往在比赛前几年就已经确定；③参赛目标是竞技体育组织的核心目标；④参赛目标作用的二律背反。参赛目标既有激励、导向、评价等积极作用，同时，它也会对备战和参赛产生一定的消极作用。

（3）如何制订参赛目标

参赛目标制订的基本程序：一般有两种程序，一个是"自上而下"

（Top Down），另一个是"自下而上"（Bottom Up）。

一般情况下组织设定目标的过程是"自上而下"的，即由上层主管们制订好组织的总体目标，然后再层层分解给各部门、单位和个人。而"自下而上"的目标设定程序系指以个人为中心的目标管理制度，强调目标在制订、实施及检讨等的过程中，由部属以自我管理的方式保持完全的自主性，在这种制度下没有"共同目标"的存在。这种"自下而上"的目标设定程序，固然能激发员工的创造力，使其获得工作上的满足感与挑战性；但因缺乏总目标的指引，个人随心所欲自订目标，无法结合群力，达到更高更远的长期目标。

目前，出现了一种双向沟通式的目标设定程序，即先"自上而下"将总目标分派成负担执行责任的单位目标及个别目标；然后再"自下而上'，从个别目标的达成开始，逐级累积为单位目标与总目标的预期成果。这种双向沟通的目标设立程序避免了单向设立程序的缺点和局限，已经被广泛地应用在管理实践之中。就各项目中心奥运会参赛目标而言，应采取双向沟通式的目标设立程序为宜。即先由中心领导根据国际、国内大环境拟定一个总体目标草案，然后各项目结合自身的情况制订自己项目的目标，后汇总到中心领导层面，经过权衡、比较，最终形成中心的总体目标。总体目标形成后，再自上而下将目标分解和细化到各个项目，直至个人。在目标汇总及分解过程中，双方可以就某些分歧进行反复的沟通、讨论、协商，直至达成一致。经过如此几个循环，最终达成各中心的目标体系。这种双向沟通式的程序既有利于中心领导宏观把控目标的制订，又能充分尊重运动员、教练员的个人意愿，使上下同心、形成合力，共同实现奥运参赛目标。

合理制订参赛目标必须广视角、多层面地考察和研究新时期发生深刻变化的外部环境对运动成绩的影响和要求，用历史的、发展的观点从我国体育事业发展的目标、竞技体育的现有条件、世界竞技体育的发展格局和趋势以及未来社会发展要求等多方面把握竞技体育竞争的整体脉络，以此为依据，制订参赛目标才会更加科学、合理。如党和国家的重视程度、国家体育的长远规划及发展战略、主要对手的竞技实力、主办方（国）优势、自身的实力、国际舆论及国民的期望值等。除了以上主要影响因素需要重点考虑以外，还有一些因素也是目标制订者不可忽视的，比如竞赛举办地的气候、地理、人文环境，国际的政治环境，地区冲突，自然灾害、不可预测的突发事件等。

4. 怎样制订比赛的战术方案

战术方案是对比赛中运动队战术的整体设计，是运动队为了取得理想的比赛结果，根据比赛的各个关键要素而制订的，主要包括战术思想、战术任务、战术手段、战术措施等内容。

在比赛中，良好的战术设计可以保证运动员有效地发挥自己的竞技能力，同时限制对手的发挥，从而有效地控制比赛的节奏和进程，在竞争中取得有利的地位。所以说，比赛战术方案的制订与实施对比赛结果具有重要的影响，是运动队参赛工作的重要因素之一。

随着现代体育比赛竞争的日益激烈，运动队参赛过程中对于战术方案的要求日益提高，专项化程度增强。在制订战术方案时，需要紧密结合专项比赛的各种需求，细致分析比赛特点，系统设定参赛目标，全面分析对手能力，科学设计有针对性的战术方案。

（1）要确立明确的参赛目标

根据比赛的性质和进程，明确参加比赛的成绩目标，建立有层次的参赛目标体系，确立鲜明的战术指导思想与基本原则，明确具体的参赛任务。

（2）要始终贯彻正确的战术思想

战术思想是战术行动的基本准则，决定着运动队在比赛中具体战术的选择与运用成效，对比赛的胜负起着重要的指导作用，也是整个战术体系的核心内容。在制订比赛的战术方案时，特别要明确并始终坚持科学的指导思想不动摇。

（3）要紧密结合专项特点

深入分析各个专项的竞技特点，确定战术在本专项比赛中的地位和作用。结合比赛的实际需要，从个人战术、小组战术、全队战术的角度，分层次制订本队的战术体系，详细设定每个团队成员的战术职责，系统规划全队的战术行动。

（4）要紧密结合赛制特点

根据不同赛次的进程安排，科学安排比赛战术；对于多赛次的比赛，要从全局出发，系统设定每场比赛的战术方案，还要注意协调好一场比赛的战术设计与整个比赛的战略安排之间的关系，规划好赛前有针对性的战术训练安排。

（5）要重视对对手的分析

在熟知自身竞技能力特点的基础上，要全面搜集对手信息，深入分析对手技战术特点，预测对手的战术意图以及在比赛中可能采取的战术行动，在此基础上制订有针对性的战术方案。

（6）要做好战术应对和调整预案

竞技体育的比赛总是处在变化之中的，运动员在比赛中就要面对可能出现的各种变化，实力的对比、态势的发展都有可能超乎赛前的基本预期。所以，在制订战术方案时，要依据对于比赛情报的全面分析，科学预测比赛过程中可能出现的各种情况，结合比赛环境确定具体的应对措施；还要注意本方战术方案的赛前保密和隐蔽工作，避免对手获知本队的战术信息、人员配置与阵容选择等，做到知己知彼，有备参赛。

5. 运动员如何在比赛中利用搜寻、制造、回避信息为自己创造有利条件

（1）搜寻竞技信息

运动员在获得一个信息之后，不要急于做出决策和反应，而是要积极搜寻更多的信息。例如，划船运动员在比赛中"看到对手追上来"时，先"看对方的呼吸急不急，急的话，就加几浆拉开他"。再如，运动员听到教练说："你跟某某分到一组，要小心他"时，不要被对方吓倒，而是采用"了解他，分析他，抓住对方弱点，扬长避短"的对策。

收集竞技信息也是教练员的重要工作内容之一。前中国国家射击队总教练许海峰曾说："在亚运会射击准备工作中，为了准确地进行心理定位，教练员搜寻并向运动员强调以下信息：① 从前赛前两个月开始分析对手，3~4 次动员会，向运动员强调对手的实力。② 分析具体的比赛条件：气候，风，场地条件。③ 了解比赛结果的判定方式：裁判情况、机械靶还是

电子靶。"

根据必要信息来决策下一步的行动,是优秀运动员与一般运动员的区别之一。在研究羽毛球运动员对模拟比赛情境的问题表征中发现,优秀运动员具有更多的条件概念,其数量是一般运动员的两倍以上。拥有充足的信息是选择正确行动方案的前提。

(2)创建和制造必要的竞技信息

有一些运动员所需要的竞技信息原本是不存在的,但教练为了满足运动员的需要,特意制造有关的信息。例如,中国国家田径队总教练冯树勇、中国国家游泳队前总教练陈运鹏都曾经采用这样方法:"赛前训练中以表扬鼓励为主,说话要有艺术性。如果赛前状态不好,可以说'假话',提高运动员的信心,秒表和皮尺在教练手中。""在比赛的前一天,发现杨文意的成绩不太好。为了让杨文意稳定情绪、保持自信心,陈教练隐瞒了这次的真实成绩,告诉杨文意游得不错。结果杨文意的竞技状态没有受到成绩的影响。"

中国国家射击队总教练许海峰的经验是:"教练给运动员透露的消息是有计划的,教练要给运动员需要的信息,有利的或不利的;在分析的基础上制造"谎言";信息是否有利,靠教练员把握。"

缺少了某种信息,运动员心中可能忐忑不安。竞技信息能够减少运动员心中的不确定性。

(3)转移回避和阻挡回避

回避消极信息是运动员常用的处理方式:一方面是"转移回避",即运动员可以事先设法使自己避开信息源,避免接触到有害竞技信息。

另一方面是"阻挡回避",即运动员强调关注自己、漠视外界。也就是运动员虽然面对竞技信息,却不受竞技信息的干扰。例如,中国国家皮划艇队在雅典奥运会赛前准备中采用的程序化参赛方法:模拟比赛程序,我做我自己的比赛动作,关注自身内在过程,自己的动作、自己的技术、自己的战术、自己的感觉,而不去过多地关注外界。

这样使运动员事先强化了自身的注意方向,对干扰信息不那么敏感,有效地提高了运动员感受信息的门槛。不够强烈的信息,就进不来。从而将有害信息阻挡在个体之外。

6. 临赛前教练团队应如何协作

现代体育比赛竞争激烈，影响因素多，运动队的参赛任务重，使得以往由一名教练员负责的工作需要由多人来共同完成。因此，近年来各个项目的运动队都日益重视教练员团队的全面建设，把它作为有效提高运动队战斗力的一个重要的途径。

根据专项竞赛的特点不同，教练员团队一般包括主（总）教练、专项体能教练、科研教练、医生、营养师、管理人员等。这种体系完整、功能齐备、多学科参与的执教团队，可以通过分工合作的模式，保证各项训练和参赛工作都能实现高水平的操作。与此同时，在比赛中团队成员各司其职，彼此之间的协作就显得更加重要。在这种情况下，要保证教练员团队各项工作的顺畅进行，需要注意以下几个主要问题。

（1）根据比赛的性质和重要性，确立明确的参赛目标与参赛策略，通过科学设定的序列参赛目标，整合、引导教练员团队的赛中共同执法。在此基础上，确定参赛的指导工作方针与基本原则，统一教练员团队的参赛思想，统一参赛过程中的指导行动。

（2）根据比赛的特点，赛前制订完整的比赛指导方案，教练员团队的各个人员都要有明确的工作职责和工作区域。在此基础上，制订每项工作的具体操作流程，做到整个团队的全体人员都要非常清晰各项工作的实际情况，确保心中有数。

（3）比赛过程中，教练员团队的各个成员要始终坚持各守其岗，各司其职，按照既定参赛方针与工作计划分头完成各项参赛指导任务，不能有所遗漏，避免出现工作失误。

（4）比赛过程中，竞技形势千变万化，工作错综复杂。作为教练员团队的成员，彼此之间的信息沟通最重要，是有效解决各种困难的关键环节。为此，赛前要确定具体的信息传递路径和沟通方式，比赛时要根据比赛进程保持彼此的信息联络，保证各种信息的顺畅传递，保证整个教练员团队的紧密协同与快速反应，以便及时有效地解决各种问题，取得比赛的胜利。

（5）对于更有可能发生裁判员误判等突发事件的项目，要根据竞赛规则和竞赛规程的要求，制订解决相应问题的应急预案，明确每名教练员团队成员的主要职责。在加强赛前演练的基础上，比赛过程中团队成员要随时注意观察比赛场内和场外发生的各种情况，遇事及时沟通联络，共同确定并启动应急方案，尽快解决问题，弥补损失，尽可能争取更好的比赛成绩。

（6）对于比赛中出现抗议和申诉的情况，在领队或主（总）教练向裁判员和仲裁提出申诉过程中，团队成员要分工合作，共同准备申诉文件、申诉证据，争取本队的利益。

主题六　　参赛策略

1. 临场指挥应注意的问题

临场指挥是教练员在竞赛中的主要活动之一，教练员的临场指挥能力是构成运动集体整体战斗力的重要因素。在一定条件下，教练员的指挥是否得当，将直接左右比赛的胜负。因此，临场指挥能力是衡量教练员水平高低的重要标志。教练员的临场指挥其实质是一种决策活动。运动竞赛，尤其是像篮球、排球等直接对抗及使用战术繁多的项目，临场指挥这种决策活动有如下几个需要注意问题。

（1）临场指挥前，要做到知己知彼，摸清敌情

教练员要深入了解己方与对方运动员的各方面情况，指挥工作才有预见性。教练员于临场前最重要的工作即是掌握"资讯"，教练员所掌握的"资讯"有本身选手的发展状况、本身团队的危机与优势、团队的战斗力，目前对手的状况、对手的训练情况、对手教练团队的水平与阵容。"资讯"取得越完备对于教练员训练计划的拟定与实际现场的比赛意义越大。为了使教练员更好的临场指挥，教练员应当具备心理训练的技能，所谓心理训练就是针对比赛中可能出现的情况或问题对运动员进行实战的反复练习，为运动员参加比赛作好心理上的适应性准备，以免被意外情况弄得心麻意乱或焦虑不安，使运动员习惯于比赛的特定条件。

（2）临场指挥要当机立断，把握对抗中的快速性与瞬时性

现代运动竞赛是在激烈的对抗中进行的。这种对抗具有一个很明显的特点，就是对时间的严格要求，"时间就是机会、时间就是胜利"这句话在竞赛中往往得到最为充分的体现。教练员面对的竞赛活动是一种千变万化、难以捉摸的运动活动，这种活动要求教练员在极短的时间内对一些至关胜负的紧迫问题做出决断。否则，稍有迟缓，就可能错过机会，造成失误乃至影响全局。因而，我们将临场指挥这种决策活动称之为"瞬时决策"，这种瞬时决策的核心是"及时"，前提是"极速"。

（3）掌握好临场指挥中的定性与可变性

如果说在比赛前教练员对"敌"情的分析与对策的制订，还可以采用一些定量的方法，那么，在竞赛中的临场指挥则基本是一种定性的决策活动。这种情况是由比赛发展的急迫性带来了决策活动来不及量化所造成的。例如，在篮球比赛中，教练员指示运动员"加快进攻速度"或"迅速回防"等，此类决策就属于定性决策。而定性的往往就是模糊的。此外，教练员的临场指挥活动在很多情况下凭借其丰富的经验而得以进行的，有时甚至是凭借敏锐的直觉完成的。这些是使临场指挥这种决策活动带有可变性的重要原因。

（4）提高应对临场指挥中巨大压力的能力

随着现代竞赛激烈程度及其对社会、对教练员、运动员自身影响的加深，竞赛过程及结果不仅对运动员，而且也对教练员产生了极大的负荷。这种负荷的强度和量度直接影响到教练员的临场指挥。在这些负荷（或称刺激、压力）面前，教练员如何保持清醒的头脑，将在很大程度上决定临场指挥的有效性。临场指挥是一种风险决策。一次决策活动，一次换人或暂停，可能会带来积极的后果，也可能使战局更趋困难，甚至导致失败，并由此产生许多对教练员不利的影响。在这些有形和无形的压力面前，教练员如果缺乏足够的抗负荷能力，患得患失，则很有可能错失战机甚至做出错误的决策。

综上所述，临场指挥的快速性与瞬时性、定性与可变性都要求教练员不仅要在赛前做好充分的准备，尽可能多的搜集相关信息和资料，还要求教练员具有丰富的经验和果断的性格以及敏锐的洞察力，根据场上的具体情况及时作出调整。但是多人对抗的比赛过程并不是一成不变的，这种时刻变化的状态又给教练员提出了更高的要求。所以，教练员还要不断提高自己应对压力的能力，以便作出最为合理和正确的决断。

2. 赛前准备活动怎样才能做到激活和动员

现代体育比赛水平更高，要求运动员具备全面的竞技能力，并且能够在比赛中充分发挥，才能取得优异的运动成绩。随着比赛竞争激烈程度的不断提高，要求运动员在比赛中迅速进入状态，在比赛开始阶段就要占得比赛的先机，抓住对手立足未稳的状态抢分夺权。而这需要运动员通过专门设计的热身活动实现身心的全面激发，使得比赛开始时身体的运动系统、能量系统、神经系统等即刻达到适度的兴奋状态，更好地适应比赛的需求。

近年来，运动队越来越重视设计本专项专门的热身活动，关键要点主要包括下列几个方面。

（1）根据专项比赛特点，加强专项动作分析，尤其是根据比赛过程中运动员需要完成的主要动作，确定完成专项比赛的重点部位以及主要的供能系统，设计有针对性的热身方式和身体动作序列。

（2）要加强赛制分析，对于那些采取多赛次方式的项目，要根据比赛的不同性质和重要程度，结合赛制特点和后续赛次的比赛安排，确定具体的热身方式。要特别关注进行赛前热身的适宜地点，注意热身地点与竞赛区域之间的距离、连接路径、通道设计等，保证在热身后能够按照时间日程安排，顺利进入比赛区域。

（3）对于短时间内要完成多场比赛的项目，要注意在充分热身的前提下尽量减小热身过程中能量的损耗，保证两个赛次之间的有效休息与快速动员和激发，保证运动员在连续比赛中，能够始终保持良好的状态。

（4）要时刻关注竞赛日程安排，注意日程在比赛过程中可能进行的调整，由此安排比赛过程中运动员开始进行热身的时间，要保证热身时间与具体竞赛日程安排相适应。

（5）在完成物理热身、实现运动系统有效激发的基础上，要特别注意保证神经系统通过热身得到有效的合理激发，达到适宜的兴奋水平，从而可以更好的控制运动系统和能量系统，为更好的投身比赛提供充足的神经动能与身体准备。

3. 比赛中如何激励运动员

（1）教练员对运动员的激励

"冠军运动员的背后是冠军教练"。教练员是竞技场上的导演，他们对运动员竞技能力的形成、运动员竞技场上的表现，起着其他人无法替代的重要作用，特别是在运动员的心理调节和激励方面。

激励的实质就是根据运动员的需要设置目标，通过目标导向，使运动员产生有利于组织目标的优势动机，并按所需要的方式，参加训练和比赛。一个优秀的教练员能够及时和准确地了解运动员的需要、兴趣、动机，利用激励策略，不失时机地调节运动员的动机强度水平，解决各种动机之间的矛盾，调动运动员的积极性，使运动员心理活动的方向与比赛保持一致，并采用多种训练方法来加强运动员的心理品质，培养运动员的兴趣，调整运动员的心理定向，激发运动员战胜困难的信心。运动员良好的比赛心理状态与教练员在日常训练和比赛中有效的心理调控有着密切的关系。

（2）教练员的领导方式与心理调节效果

教练员的不同做法，对运动员的心理调节有不同的作用。教练员如果仅仅是"纪律的监督和执行者、替罪羊"，那么对运动员往往产生消极作用；如果教练员扮演的角色是"家长代理人、知识的传授者、集体的领导者或模范公仆"，他将对运动员形成"权威者"的作用；如果教练员还能够成为运动员的"心理治疗者、朋友与知己"，那么他就能对运动员起到支持的作用。

著名女排教练袁伟民在训练中，对运动员既严格要求，又循循善诱，体贴关心。既是运动员的严师，又是他们的好朋友。在关键时刻，他的要求和激励对运动员起了巨大的作用。1981年世界杯排球赛，中国女队连胜6场后进入与日本队的最后一战。中国队先胜第一、二局，已稳获世界杯冠军，接着却连输了第三、四局。第五局比分落后时，教练袁伟民用非常严肃、沉重的语气对女排队员说："要知道，我们是中国人，你们代表的是中华民族，祖国人民在电视机前看着你们……这场球你们拿不下来，你们要后悔一辈子！"这几句话极大地震撼着女排队员的心，她们顽强拼搏，终于结束了比赛，以全胜的战绩取得了世界冠军。

（3）教练员的自身素质与心理调节效果

教练员是教育者、管理者，一身多职，不仅对运动员的训练比赛负责，还要管理运动员的生活、文化教育等。教练员的人格不但可影响运动员的现在，还会影响运动员的未来，其渗透影响力甚至超过运动员的父母。在运动员成长、发展、完善的整个人生旅途中，可能在教练员自己完全没有意识到的情况下，仍在极大地影响着运动员，使一些运动员感到没有什么人能像自己的教练员那样深深地介入到自己的生活中。"身教胜于言教"，教练员积极完善自己的人格，将成为运动员学习的榜样。

教练员并非每时每刻都能意识到自己言谈举止的重要意义，教练员也有冲动的时候，特别是在胜败一锤定音的关键时刻。因此，教练员应当加强比赛中的自我意识性和心理调控能力，使"我是全场、全队的指挥者"这样的思想铭刻在心，做到临危不乱，遇难不畏。正如袁伟民所讲："教练员自己首先骨头要硬，要顶住！""内心的苦涩、焦虑和不安，丝毫不能溢于言表，还要显得乐观、自信，用自己的情绪去感染队员。"一个教练员具有过硬的心理素质，在生活和训练中面对各种问题，才能应付裕如；在激烈的比赛中，面对巨大的压力，才能镇定自若。

（4）教练员对运动员的了解与心理调节效果

理解运动员真正需要什么，是一个教练员激励运动员的秘诀。因为运动员未满足的需要会成为他们参加训练和比赛的目标，帮助运动员实现这些目标，就给教练员提供了一把通往运动员的动机的钥匙。

教练员必须努力通过各种渠道了解运动员。这些渠道包括仔细观察运动员的一举一动，有计划地与运动员进行话题广泛的交谈，以及通过队医、队友和其他有关人士了解。在赛前训练阶段，了解的内容包括运动员的具体的需要、动机强度水平，特别是各个动机之间的矛盾。比如，面对企业家以重金相许，运动员是否能够解决沉重的"金砣"与"轻装前进"之间的矛盾？面对记者的预测和评论，运动员是否能够产生了"头脑发热"与"冷静思考"之间的矛盾？面对观众、教练和领导的期望，运动员是否感到了"现实"与"理想"之间的矛盾或压力？比赛之前，教练员要随时了解运动员处于什么样的赛前状态，是否出现赛前过度紧张、赛前淡漠、或盲目自信？只有这样，才能适时地采取有效的激励措施，帮助运动员调节各个动机之间的矛盾，调整动机的强度，将赛前状态调整到最佳水平。

（5）教练员与运动员的沟通方式与心理调节效果

为了使运动员迅速、准确、完整地接受和理解教练员所发出的信息，教练员在沟通技巧上，应注意以下几个方面。

① 沟通要有明确的目的。

② 沟通前，教练员对内容的概念十分清楚。

③ 沟通前，应对发出的信息做必要的计划、组织和安排。

④ 发出的信息中，如果有些概念是对方不懂或不清楚的，应先予以阐明。

⑤ 沟通时，注意态度和语调，包括表情、手势、语速的快慢、停顿、省略、轻重等。

⑥ 语言表达时，注视运动员的表情反馈。如果运动员有发言的表示，应停下来让他说。

⑦ 在接受运动员的信息时，应尽快理出运动员的思路和表达方式特点。

⑧ 沟通时的环境因素。

⑨ 其它，如：与运动员之间的地位、年龄的差异，运动员的个性特征，运动员此时可能存在的各种心理障碍、情绪状态等。

在用词上，注意用肯定的语言表达对运动员的期望和评价。教练员每天都要在训练中和训练以外的时间里与自己的运动员接触，对运动员的期望与评价，肯定会以某种形式流露出来，势必会对运动员的自我意识与自我评价产生极大的影响。教练员应该重视这一效应，避免在无意中伤害了运动员，或使他们丧失信心，放弃努力。运动员一打不好，教练员就翻脸，甚至训斥队员，这只能说是教练员的无能。好的教练员善于发现运动员的长处和优点，及时予以表扬。而对他们的缺点和不足，则在指出问题的同时，通过鼓励、诱导，激发出运动员更强烈的训练动机。

4. 比赛前情绪过度紧张如何调节

（1）运动员的心理压力

当运动员正在紧张地备战大赛的时候，诸家报刊的编辑们用连篇的预测、评论充塞版面，而运动员有些正在利用这种舆论工具打竞技场外的心理战，有些却在为避免干扰进行"封闭式训练"。

当运动员准备启程出征、大显身手的时候，各路财神忙着瞄准夺冠呼声最高的运动员，以重金相许，而运动员们却在设法甩掉这一块不期而至的沉重的"金砣"，轻装前进。

当运动员在比赛之前专心致志地酝酿着赛前状态的时候，体育记者们把镜头、话筒对准了他们，而这些镜头、话筒可能正破坏了运动员刚刚培养好的情绪。

当一位众人喜爱的运动员出场准备比赛的时候，爆满全场的观众欢呼雀跃，呐喊助威；而运动员此刻正在努力使自己排除环境的干扰，集中注意，默诵着动作要领。

在瞬息万变的球场上，当一个机会就要来到的时候，焦急的观众大喊"射门"、"抢点"，不顾一切地出谋划策；而运动员在这一瞬间，正面对着多种可能发生的情况、可能选择的方法，大脑高速运转，冷静、迅速地进行着观察、判断、选择和最后的决策等一系列的复杂的思维活动。

体育比赛以各种形式牵动着社会，社会对体育形形色色的反响，以及体育比赛本身，给参加比赛的运动员带来各种各样不同程度的心理负荷，却是人们所难以想象的。

（2）努力提高运动员的参赛能力

临场良好的心理状态，是所有竞争者获胜的法宝。近年来，对于运动员心理素质的剖析，越来越频繁地见于专家或百姓的体育评论，心理素质的优劣越来越明确地成为衡量运动员竞技能力的标准之一，临赛前心理状态控制的好与坏，越来越多地被运动员归咎为成败的重要原因之一。

每一位优秀运动员在这方面都有自己独特的方法，教练员也在训练中设法培养运动员自我控制的能力。

在以多学科参与训练为特点的当代竞技运动中，提高心理素质已经被越来越多的教练员和运动员自觉或不自觉地列为运动训练的一个重要内容，或借鉴前人，或应运而生，或取于经验，或来自书本，赛场内外，五花八门、名目繁多的训练方法正层出不穷，各显神通，女飞人乔伊纳的"魔幻训练"，韩国射箭队的"梦幻训练"，加拿大花样游泳队和冰球队的"动作视觉化训练"，中国队传统的"封闭式训练"、"模拟训练"、"过电影"，还有"愤怒训练"、"逆向训练"、"表象训练"等，这些已不足为奇，共同迎接着竞技场上一个新的挑战——心理素质。

5. 比赛中如何应对突发事件

现代体育比赛的竞争日益激烈，影响比赛进程的因素比以往更多，比赛中可能出现各种各样的变化。比赛过程中，瞬间出现的特殊情况，以及突然发生的意外事件，都可能出乎运动队赛前的预期，进而打乱运动队的参赛部署，影响比赛的结果。为此，运动队必须特别重视应对突发事件，通过长期而有针对性的训练，培养运动员的抗干扰能力，通过科学细致的参赛计划，保证运动员在比赛中能够冷静地解决突发事件，尽可能地做到有备无患。

（1）运动队需要清晰的了解本专项比赛中可能出现哪些突发事件，根据专项比赛的特点，全面分析比赛中可能出现的各种特殊情况。有的问题可能发生于队伍内部，比如参赛器械的损坏、运动员参赛证件的丢失、比赛文件在赛中的填写错误、运动员意外的受伤等；有的问题出现于运动队外，比如说天气变化导致的竞赛日程调整，去赛场路上出现的交通拥堵，裁判员水平问题导致的错误判罚，由于比赛组织问题而导致的观众起哄，对抗类项目比赛中对手可能出现的挑衅行为等。通过赛前的全面分析，要做到运动队的成员了然于胸，比赛中胸有成竹。

（2）针对各种突发事件，运动队要制订相应的应对方案。各种问题的出现，看似偶然，其实总有缘由。因此，通过赛前全面的分析，可以理清各种可能出现问题的主要影响因素，据此提出有针对性的应对措施。比如，比赛中使用的重要器材，要在队内准备好备用器材；随队医生要随时关注运动员的身体变化，通过适当的保护措施尽可能防止突发伤病的出现，在偶然发生时要及时按照既定程序进行治疗等。这样，通过科学制定的应对方案，把运动队在比赛中要完成的各项参赛工作具体到点，落实到人，保证有章可循，有条不紊。

在此基础上，根据比赛的性质以及赛程安排的特点，运动队在赛前要组织有针对性的应急演练。结合特定比赛中可能出现的问题，根据参赛计划组织比赛中应对突发事件的流程，在实际操作过程中提高参赛团队解决问题的协同配合能力。

这样，运动队能够清晰地了解本专项比赛的突发特点，具备科学的团队组织能力和高水平的应对能力，全队心中有底，有备而来，信心更足。比赛中，运动员、教练员、管理人员等可以按照赛前制订的应对方案冷静对待，严格按照应对计划各司其职，配合解决相应问题。即便是比赛中出现赛前没有预料到的问题，由于运动队具备了很强的随机应变能力，可以最大程度地保证运动员在比赛中保持冷静，从而尽可能避免受到消极影响；甚至审时度势地采取有针对性地措施，从突发事件中受益，取得比赛的胜利。

6. 比赛中如何处理裁判员错判和漏判的问题

竞技体育比赛中，影响比赛结果的因素很多，而裁判员是其中最直接的因素之一。一方面，裁判员在比赛中的判罚直接影响最后的成绩和名次，是比赛的核心要素之一；另一方面，裁判员的判罚会对运动员产生心理上的影响，可能导致运动员的情绪在其后比赛中发生变化，从而间接影响比赛进程，最终导致比赛结果发生变化。

运动员在比赛中，都可能会感觉到裁判员的判罚有问题，不管是否对自己有利，都可能受其影响而产生心理波动。为了保证运动员的比赛成功，需要明确两件事情：第一，为什么裁判员会在本专项的比赛中出现错判？第二，比赛中裁判员出现错判后自己该如何应对。

首先，裁判员出现错判的原因是多方面的。在比赛中，他们需要全面观察场上情况，根据竞赛规则与裁判法的要求，在有限的时间内对比赛的进程做出各种判断并进行公示。可以说，比赛中留给裁判员做出判罚的时间是非常有限的，由于对规则的理解问题、判罚的位置和视角问题等，都可能导致裁判员的判罚出现偏差。另外，随着现代体育比赛竞技水平的提高，运动员之间对抗的激烈程度不断提高，裁判员的工作难度随之增大。尤其是在奥运会赛场上，比赛万众瞩目，结果牵动人心，裁判员的每个判罚都可能会影响比赛的结果，这也使得裁判员更有可能出现紧张情绪，进而作出错误的判罚。当然，个别裁判也可能因为场外因素的影响，在比赛中出现思想波动，失去公正执法的基本原则，进而做出错误的判罚。

针对这种情况，运动队在参加比赛时要针对裁判员可能出现的问题做好相应的应对方案，需要重点考虑以下问题。

（1）全队要牢固树立"以我为主"的参赛思想，不管裁判员是否出现错误判罚，不管判罚对己方是否有利，都要把自己的精力全程投入到比赛本身上去；尤其是运动员绝对不能为此分心，要保证不因为裁判员的判罚问题而受到干扰。

（2）运动队在赛前制订参赛方案时，要紧密结合专项的比赛特点，全面细致地分析竞赛规则和组织流程，聘请具有丰富国际比赛执法经验的裁判员讲解最新的竞赛规则和裁判方法，保证全队熟知比赛过程中裁判员可能做出的各种判罚，预先了解裁判员可能出现的各种错误判罚，做到心中有数。

（3）运动队在参赛方案中，要根据专项比赛的特点做好分工；对于可以进行抗议和申诉的项目，如果判罚对本方利益和比赛的全局发展产生不利影响，要严格按照竞赛文件的相关规定和工作流程，确定具体的人负责相关的申诉工作，保证在规则规定的时限内、采用官方方式对相关错误判罚进行申诉，争取己方的应有利益。

7. 比赛中如何利用规则反败为胜

竞赛规则是体育比赛组织运行的基本法规，详细规定了各个项目比赛的主要内容、基本方法、场地器材、成绩计算以及名次判定等各种核心要素的具体细节，全面决定着运动员在比赛中可能的竞技地位。因此，熟知专项竞赛规则是运动队参加体育比赛、取得竞技优胜的基本条件。

在比赛过程中，运动员必须全面遵守竞赛规则的相关规定，严格按照规则要求进行竞技展示，不能超越竞赛规则规定的范畴，否则将受到相应的处罚；与此同时，运动队也可以充分利用竞赛规则的相应规定，提出有利于本方的质询与申诉，有理有据地争取本方的合法利益，有针对性地扭转不利的比赛形势，争取更好的比赛成绩。为此，要特别重视几个方面的问题。

（1）运动队的全体成员要精通本专项的竞赛规则。全队人员要全面学习和解析专项竞赛规则，深刻地梳理专项比赛的竞技特点，确定比赛最重要的关键环节，把握竞赛规则的基本要点，明确比赛中裁判员的执法依据。必要时，应该在赛前聘请具有丰富国际大赛执法工作的裁判员，为全队进行竞赛规格和裁判法的具体讲解，引导大家深刻的理解和把握竞赛规则的具体细节，为在比赛中用好规则打下良好的基础。

（2）运动队在制订参赛方案时，要严格根据竞赛规则的相关规定，针对各项具体的参赛工作，制订有针对性的具体措施，各种战术行动都要依据竞赛规则来科学设定，避免出现违背规则要求的事项。同时，要考虑对手可能在相关的问题上存在哪些问题，以作不时之需。

（3）运动队要紧密结合专项比赛的特点，针对比赛中可能出现的各种具体情况，严格根据专项竞赛规则的规定，系统制订详细的阻止应急预案，对于各种可能出现的突发事件逐一进行详细的应对安排，提前设定积极的应对方法，保证在比赛中出现相关情况时，可以依据规则条款启动解决方案，利用规则的明文规定解决现实中的困境问题。

（4）要根据奥运会等世界重大比赛的竞赛安排，详细分析竞赛规则中规定的抗议和申诉工作流程，制订详细的申诉工作方案；教练员团队的各个成员要各领其责，各司其职，团结协作，共同面对，以备比赛中出现相关抗议和申诉情况时，可以做到全队联动，全员参与，及时、有效地提出官方的申诉，争取本方合理的利益。

8. 比赛期间如何应对运动员的不适反应

（1）帮助运动员处理"既兴奋又害怕"的矛盾心理

经历了漫长的赛前训练和充分的准备之后，由于各种不同的原因，运动员往往仍然不能控制内心的不安。教练员不妨给运动员解释下面的道理："不能控制的事情担心也没有用，因为它毕竟超出了你的控制范围；

能够控制的事情也不必去担心，因为它早已在你的控制之内。"

（2）精心呵护"脾气大"的运动员

面对严峻的比赛、巨大的心理压力，运动员最常见的表现就是"脾气越来越大了"，对自己和身边的事物更敏感、更在意、要求也更高。在这种情况下，教练员要十分小心，注意与运动员交往的方式方法，以免引起运动员的反感，造成隔阂。一般而言，以下几点应引起注意：①对运动员表现出充分的信任感，不对他们的能力有任何怀疑的表示。②鼓励运动员坦诚地谈出实际想法，指出如何对待消极想法和比赛困难的具体办法。③赛前，和运动员保持适量的交往，不对他们表示过多的、过细的关注和提醒。④尽量给运动员创造良好的赛前环境，不要让无关的事情干扰他们。

（3）正确对待"尖子"运动员

首先，"尖子运动员在实践中积累的经验是一笔宝贵的财富，把这笔宝贵的财富挖掘出来，不仅是培养人的需要，也是实践的需要。""对待高水平的尖子运动员，教练员应当像教授带研究生那样，采取以辅导为主的教学方法（袁伟民，1988）。"要认真地对待、研究和分析它，客观地利用它，使尖子队员发挥其主观能动作用。其次，对尖子队员要以诚相待，一视同仁，该肯定的肯定，该批评的批评，既信任，又不迷信。第三，给予尖子队员以热心的帮助：帮助他们了解自己；帮助他们对自己所取得的成绩进行正确的归因；帮助他们设置更高的目标；帮助他们学会与人相处。

（4）重要比赛前如何对待运动员

① 对运动员表现出充分的信任感，不对他们的能力有任何怀疑的表示。

② 鼓励运动员坦诚谈出实际想法，指出如何克服消极想法和比赛困难的具体办法。

③ 和运动员保持适当的交往，不对他们表示过多的、过细的关注和提醒。

④ 尽量给运动员创造良好的赛前环境，不要让无关的事情干扰他们。

（5）帮助运动员保持赛中的"流畅状态"

运动员的"运动流畅状态"指的是他们在运动训练和比赛中技术发挥达到了出神入化、恰到好处、毫不费力的状态。他们全神贯注地投入到了比赛之中，自身之外的一切似乎都已不再存在，俗称"打疯了"。

教练员可以通过自己的领导和交往技能，帮助运动员维持这一状态。

① 在训练或比赛期间，不过多地与运动员谈话，避免阻碍运动员将注意力集中于他们的活动上。

② 运动员正在比赛时，不要频繁地对运动员的表现进行评论。

③ 不要主动控制运动员的流畅状态，让运动员尽量感到自己在自我控制之中。

④ 给运动员的指示或反馈注意前后一致，以免使运动员感到混乱，引起心理上的不确定性。

⑤ 尽量少给运动员暗示比赛获胜的结果，使他们完全专注于比赛过程。

（6）帮助运动员迅速摆脱失利后的消极心态

人们在面临不如意的事或受到挫折和打击时，除了努力地采取积极的态度去处理以外，有时也会不知不觉地选择较容易、消极的方法躲避问题，以免引起个人情绪上太大的困扰。这种心理自我保护、自我解脱的方法，在心理学上称为"心理防御机制"。

运动员常用的心理防御机制如下。

① 合理化。运动员为自己的过失找理由、辩解，即使这种理由经不起推敲，但能够冲淡运动员内心的不安。

② 投射。有些运动员在赛前向教练员反映，某某运动员易紧张，实际上是他们自己紧张，又不愿让教练员发现。

③ 反向。有些运动员表现出来的行为与他的内在动机恰好相反。比如，有些运动员很在意的事物，但在外部言行上却表现出不在意的样子。

④ 解脱。运动员在感到不安、内疚和自责时，用象征式的方式抵消已经发生的不愉快，补救自己心理上的不舒服感。如，嚼口香糖、用器具敲击、喊叫等。

⑤ 转移作用。即在被人激怒和受欺压时，往往想作出报复，但有时，由于地位和社会规范的限制，使得不可能直接向当事人发泄内心的不满，结果就在适当的时间，选择一个适当的人，作为情绪发泄的对象。例如，运动员在比赛场上受到委屈，下场后将不满情绪发泄在教练员身上等。

教练员要认识到心理防御机制可以在短时间内对运动员的心理状态有积极的调节作用，应当对使用心理防御机制的运动员，先采取容忍的态度，待运动员的情绪稳定后，再用合理的手段进行教育。

游泳运动员蒋承稷取得奥运会 50 米自由泳第 4 名后，记者现场采访他："这次你拿了 50 米自由泳第 4 名，你怎么看？"他以辩证的心态回答道："在比赛前，我不信命，我只管按我的方向、我的能力去努力，比赛结果出来后，我认命，这是一个现实，我必须接受它。"这是对待比赛的正确态度，也反映了一个运动员良好的心理素质。

（7）对待节节获胜，进入决赛的运动员

节节获胜，逼近决赛的运动员不仅面临更为强劲的对手，而且面临着自身有意无意产生的强大心理压力。一路"过五关、斩六将"的辉煌战绩，会让运动员兴奋得睡不着觉；对比赛胜利、美好未来的憧憬，更让他们辗转反侧。有一位运动员就是因此在第二天的比赛中，体力不支，比赛败北。教练员要随时预测、了解运动员的想法，及时调整运动员的心理定向，与比赛保持一致。

（8）对待在重大比赛获胜的运动员

围绕认知、情感和行为这三方面，对运动员施加积极影响。

① 正确的归因。

② 以理智感染运动员，一切要重新开始，目标是将来。

③ 适度的行为反应与策略，既不顺从、放任，也不有意识地去严厉批评。

（9）正确对待提出问题的运动员

教练员对运动员的问题的理解也有出现偏差的时候，还可能遇到自己不曾遇到的问题。教练员应当认识到自己的这种局限性，充分运用自己的观察能力、思维能力去注意听取、认真分析和系统总结运动员的实际体会。当运动员提出自己也不了解或无把握的问题时，应告诉运动员：这个问题我还要再考虑、研究一下才能回答你。有时，也不一定对运动员有问必答，可用反问来启发和鼓励运动员的积极思维，并给你自己留下思考的时间，如反问运动员：你觉得应该怎么办？你是怎么看这个问题的？在和运动员聊天时，容许他们坚持己见，甚至发发牢骚。

（10）及时协调队内的矛盾

培养和发展运动集体内良好的心理气氛应从以下几个方面努力。

① 全队统一的目标。

② 队员的动机与全队活动的目的符合。

③ 队内有良好的道德准则和健全的规章制度。

④ 健康的队内竞争与合作的氛围。

⑤ 良好的人际关系环境。

⑥ 领导成员以身作则。

⑦ 运动集体的效绩。

在制订全队目标时应注意以下几点。

① 全队目标最大限度地与个人目标相结合，不要使之相互矛盾。

② 要求运动员对全队目标承担责任。

③ 尽量设法包括一些技术完成的目标，少一些结果性目标。如："进入比赛的前 8 名"是一个结果目标，"发动快攻次数平均在 25 次以上，成功率在 50% 以上"是技术性目标。

④ 考虑设置的目标是否在可控制的范围内，可控制的程度越高越易于实现。

9. 优势项目参赛怎样规避参赛风险

运动员参赛风险应对是指采取各种措施与方法，消除或减少运动员参赛风险事件发生的各种可能性，或是降低这些参赛风险事件发生时造成的损失。

参加运动竞赛是一项具有高度风险性的不确定性活动，既存在成功的机会，也有失败的可能。随着竞技体育的发展，运动员参赛风险问题逐步显现出来。

运动员参赛风险是指在运动竞赛中发生各种干扰运动员比赛发挥或导致运动员比赛成绩降低事件的可能性。运动竞赛这一特定社会活动中出现的风险，是运动员在参加运动竞赛活动的各个阶段或环节可能遇到的风险，也就是从运动员赛前准备阶段开始，就充满着各种不同的参赛风险及不同参赛风险的组合，它们出现的概率和所造成的影响也各不相同。

　　我国优势项目高水平运动员在世界大赛中经常遇到各种参赛风险的影响，那么，哪些风险是运动员主要参赛风险？它们的影响有多大？为此，在进行运动员参赛风险识别的基础上，需要了解我国这些优势项目运动员参赛风险的具体情况，这就要对我国优势项目高水平运动员参赛风险进行评估。准确的运动员参赛风险评估可以为运动员的赛前准备或赛前训练提供帮助，更为重要的是，可以为运动员训练水平的提高和比赛能力的培养提供依据和参考。及时准确的运动员参赛风险评估结果可以有利于我国优势项目应对运动员参赛风险策略与方法的个性化，也可以使每一个优秀运动员应对参赛风险的个性化。

　　根据直接对抗与间接对抗的特征，可以将我国的优势项目分为两大类：间接对抗性项群与直接对抗性项群。间接对抗性项群包括射击、体操、跳水、举重这4个项目，其中射击是技心能主导类表现准确性项群，体操、跳水是技能主导类表现难美性项群，举重是体能类快速力量性项群；直接对抗性项群包括乒乓球、羽毛球、短道速滑这3个项目，其中，乒乓球、羽毛球是技战能主导类隔网对抗性项群，短道速滑是体能主导类速度性项群。

　　作为技能主导类表现难美性项群的体操、跳水项目，裁判员风险、心理风险、场地器材风险、技术风险、伤病风险是运动员参赛的主要风险。另外，比赛经验风险、气候地理风险、规则规程风险也是需要采取措施加以防范的运动员参赛风险。

　　作为体能类快速力量性项群的举重项目，伤病风险、心理风险、生活交通风险、技术风险是运动员参赛的主要风险。另外，裁判员风险、教练员风险也是应该重点防范的主要风险。

　　作为技战能主导类隔网对抗性项群的乒乓球、羽毛球项目，裁判员风险、心理风险是最主要的运动员参赛风险。对手技术风险、对手战术风险、对手心理风险、对手经验风险、规则规程风险、体能风险、比赛经验风险、场地器材风险也是应该重点防范的运动员参赛风险。

　　作为体能主导类速度性项群的短道速滑项目，技术风险、场地器材风险、伤病风险、心理风险是运动员参赛的最为重要的风险。另外，对手战术风险、裁判员风险也是应该重视防范的运动员参赛风险。

我国优势项目高水平运动员参赛风险应对方法主要有风险回避、风险降低、风险自留和风险转移。其中，风险降低是应用最多的运动员参赛风险应对策略。

（1）风险回避

当运动员参赛风险发生的可能性太大，不利后果也太严重，又没有其它策略或别的方法来应对这样的风险时，就需要考虑主动放弃参加比赛或改变参赛目标。例如，运动员在赛前或赛中受伤或患病，就需要考虑放弃参赛或终止继续比赛。虽然它最彻底地回避了运动员参赛风险，但是也丢掉了取胜的机会。不参加比赛，就没有参赛风险了，但是没有冒险，也就没有成功。在运动竞赛中，我们也看到了有一些运动员忍着伤病坚持比赛最后取得成功的事例。需要说明的是，采用运动员参赛风险回避策略是没有办法的办法，是无奈之举，也是一种暂时的退却。

（2）风险降低

这是一种积极的风险应对手段，是运动员参赛风险应对的主要策略，也是应用最多的方法。它包括风险防范与风险减轻两类方法。风险防范是指事前采取一定措施降低不利事件发生的可能性（概率）；风险减轻是指不利事件发生时采取措施减少其不良后果。运动员参赛风险防范措施主要有：周密细致的大赛前准备工作、科学的参赛风险决策等。在风险防范时，最好将每一个具体风险因素都识别出来，采取不同手段、措施对这些因素进行隔离，从而把风险减轻到可接受的水平。尽管我们采取了很多措施来防范运动员参赛风险，但是比赛过程中还是会发生这样或那样的参赛风险事件，在这种情况下可以采取一些办法（如运动员受伤的救治、自我管理问题的补救措施等）来降低其危害性，尽一切可能减少由此带来的损失（即对运动员竞赛成绩的不利影响）。在实施风险减轻时，应设法将已识别的那些可预测或不可预测的风险变成已知风险，这样就可以动用资源来减轻风险。

（3）风险自留

风险自留是指运动员将参赛的风险留给自己承担，分为主动的和被动的风险自留两种。主动的风险自留是在识别和衡量风险基础上，对各种可能的风险处理方式进行比较，权衡利弊后决定将风险留置内部，自己承担风险损失的全部或部分。主动的风险自留是一种有周密计划、有充分准备的风险处理方式。被动的风险自留是对于风险的存在和严重程度认识不足，没有对风险进行处理，而最终自己承担风险损失。有时对于某种风险不能防范，回避不得，并且无处可以转移，没有别的选择，只能自留风险。

（4）风险转移

风险转移又叫合伙分担风险，其目的不是降低风险发生的概率和不利后果的大小，而是借用合同或协议，在风险事故一旦发生时将损失的一部分转移到项目以外的第三方身上，如为运动员投保人身意外伤残险。在应对运动员参赛风险中，应坚持"谨慎性原则"和"程序化原则"。在运动员参赛风险应对过程中，应遵循"谨慎性原则"。也就是说，对参赛风险不作乐观估计，但要对比赛中运动员可能遇到的参赛风险进行充分评估，不高估自己，不低估对手和比赛环境状况。谨慎不等于保守，在应对运动员参赛风险问题上，小心谨慎是非常必要的，但这并不意味着"我们什么事都不能或不做了"。

没有规矩，难成方圆。为了有效地应对运动员参赛风险，我们有必要坚持"程序化原则"，就是要以制度化的方式来参加运动竞赛。从形式上讲，比赛是训练的继续与延伸。平时训练的严格要求和科学训练可以使运动员建立良好的行为（比赛行为与生活行为）程序与心理程序。这对运动员出色完成参赛任务将会起到至关重要的作用。从一些优秀教练员应对运动员参赛风险的作法中就能看到这一点。那种为了参加比赛另搞一套或是平时不要求比赛时再要求的作法是非常危险的，这种破坏"规矩"的作法可能会带来更多、更严重的运动员参赛风险，直接危及运动员比赛发挥。

10. 怎样调节异地参赛环境中的不利因素

（1）逆向（异向）思维

运动员接收竞技信息后，虽然没有否认信息内容，但也没有按照该竞技信息所提供的内容做出同一方向的反应，而是以所接收的信息为参照或起点，另辟蹊径，沿着其它方向，甚至相反的方向去思考。例如，划船运动员觉得自己"在比赛中刚起航没有划好"时，并没有去想没有划好会怎样，反而对自己说"要有信心，相信自己有实力赶上去"；当"比赛中突然起风，对自己不利"时，不去过多地想不利的一面，而是想"我在风浪里划艇划得可以"；当看到"对方的艇很先进，配合很好"时，不是埋怨自己的器材不如人家，而是想"实力不取决于艇的好坏"；当"看到所有的运动员都精神百倍、友状态好"时，转而去想"我的精神比他们还好"；当看到"对手比我强"时，却从反面去想"对手有可能会失误"；当得知自己"与几个国家队实力强的队员分在一组"时，并不因对手实力强而惧怕，反而去想"我知道他们的弱点"；甚至在看到"对手赶上来"时，去想"他只能坚持一会儿"。

如此逆向（异向）思维使运动员在接收消极信息后，以该信息为参照，设法从多种角度、多种方向，甚至相反的方向去考虑，使所接收信息的消极意义失去作用，从而将消极信息转化为有益竞技信息。也正如如毛主席所说："我们的同志在困难的时候，要看到成绩，要看到光明，要提高我们的勇气。"

（2）泛化思维

运动员接收竞技信息后，将该信息内容原样或加强效果后，转移到其他人或事情上，从而减轻信息对自己的作用。

① 从对手心态泛化到自己的心态，或从自己泛化到对方。例如，运动员在"比赛前遇到常年的对手精神旺盛"时，由此联想到自己"没什么，他好，我更好"；或者在"感觉自己最近身体不好"时，联想到对方"都一样，他们也不行"；当"快到终点体力不好，而对手正在超越"时，"对自己说他比我更累"。

② 比赛情景与训练情景之间的泛化。例如，想到"比赛奖金丰厚"时，去想"无所谓，当作一般比赛"。

③ 比赛条件对自身或对方的影响。例如，划艇运动员遇到"比赛时对自己不利的风浪"，想到"有没有浪都一样划"；遇到"裁判啰唆"时，想到"大家同等"。泛化思维可以减轻信息对自身的影响，从而将消极信息转化为有益竞技信息。

（3）抗性思维

运动员接收竞技信息后，以该信息为"导火索"，表达并提升自己的原有的求胜愿望。例如，遇到"在比赛中对手比我强"时，对自己说"在信心上要战胜对手"；"看到和自己同一时出发的运动员"时，说"和她拼到底"；看到"看台上有很多给对手助威的人"时，暗下决心"我偏要赢你"；"看到所有的运动员都精神百倍"，心里想"我就是不好也不会怕他们"；"决赛时突然被换道次"，想"即使换了航道，我还是尽力划出最好的成绩和名次"。

运动员所接收的信息再次引发出他们获胜的愿望，运动员倒强烈要求自己不退让、不妥协。这时，运动员在表达求胜愿望时，可能用词极端：如"见谁灭谁"、"心狠手辣"、"死拼"、"提刀杀人"等。这种表达强化了运动员求胜的目标，从而将消极竞技信息转化为有益竞技信息。

（4）创新思维

有时运动员在接收消极信息后，以该信息为"导火索"，努力暗想克敌制胜的招数，寻求解决问题的新办法，从而把消极信息转化为有益竞技信息。例如，当"遇到对手比我强"时，"想想怎样用更好的战术，才能战胜对方"；当看到自己"比赛中落后对手"时，开动脑筋，"在后程寻找机会，冲击体力消耗过大的对手"；遇到"正确运用战术但是失败"后，"立刻变换战术"；"比赛时看到风向不利于自己"时，"考虑一下怎么划"。创新思维往往更能出奇制胜。

第三部分

心理调控

主题一 动 机

1. 如何解决比赛前动机水平很低、求胜欲望不强的问题

"奥运会是自己的梦想，有了梦就要去竞争，只有去争取了才会不留遗憾地退役。"

——奥运会皮划艇冠军孟关良

比赛前动机水平低可能由于各种原因引起，如害怕失败而为自己留下退路，或对于比赛的意义不清晰，或不够相信队友而信心不足，或与对手相比，实力相差较大等。如果教练员能够了解到运动员动机水平不强的原因，可以进行针对性的调节和刺激。

在原因不明的情况下，运动员仍可以使用各种手段对动机水平进行调节，包括：

珍惜比赛的机会，运动员训练的目的就在于在比赛场上展现自己的风采，一定不要因为自己的原因错过比赛中尽情展现自我的机会。

进行积极的表象训练，内容可以是曾经的成功或想象未来的成功，尤其是想象未来的成功可能带给自己的荣誉与利益，在脑中对自己进行强化。

独自或在队友和教练的帮助下，回顾本次比赛的目标和最近训练中的点滴进步，阅读比赛预案，将注意力集中到比赛过程中，忽略自己求胜动机不强的状态。

在热身或准备活动过程中要求自己出声，主动带动其他人热身或让用主动的小动作如原地跳步等，让自己感到蓄势待发。

准备一些自己喜欢或能让自己兴奋的格言、音乐或短片，存储在手机或随身携带的其他设备上，需要提高动机水平的时候拿出来阅读或者观看。

2. 运动员训练动机不足的原因

"坚持！很多事情就是在不停地重复做同一件事，也会有一个过程，慢慢会往下走，会有起伏的，有时候就很难过，怎么会变成这样，但是那时候就会告诉自己，没关系，坚持顶过去就会好了。"

——奥运跳水冠军郭晶晶

训练动机不足通常有以下几个原因：长时间封闭训练，生活单调；训练未能取得期望效果；教训关系紧张，教练员批评多，表扬少，训练满意度低；训练中上量或者上强度带来的身心不适感较强；由训练负荷引起身心疲劳积累未能及时缓解和消除；训练过程中缺乏对训练效果的阶段性评估和与之适当对应的奖惩措施等。

3. 运动员如何设定合理目标来提高训练和比赛动机

"日子一年年的过去，一天天的在训练中度过，只要有热情、有激情就没问题！"

——奥运会乒乓冠军张怡宁

训练和比赛动机的保持是高质量完成训练计划和取得训练效果的重要影响因素，合理设定目标对于保持、激发训练动机有着十分重要的意义。

从时间阶段来看，目标可以划分为长期目标和短期目标。对运动员而言，长期目标如"获得奥运会冠军"，可以使他们产生动力，但是如果不划分为容易实现的一系列分解目标，则动力难以持久。合理的目标应该包括长远规划，但更需包括时间阶段划分清楚的短期目标及强化措施，如：长远规划为 2012 年伦敦奥运会冠军——年度计划为参加 3 站国际比赛，全部进入决赛并获得至少两次金牌；本月目标为控制体重在某个水平以确保顺利参赛；本周目标为在有氧跑步训练中达到目标，奖励是周末可以去看电影。

从内容来看，目标可以划分为针对结果的目标与针对过程的目标。针对运动员个人的训练和比赛过程的目标更容易客观评价，进行量化，因此如果与结果目标相结合，将更有助于运动员察觉到自身的进步，可以建议运动员在训练日记中记录自己在各个领域的点滴进步，不仅有助于提高训练和比赛动机，也有助于提高运动员的自信心。

4. 运动员的最高目标

运动员的最高目标是什么？最直接的回答或许是：奥运会冠军！但拿了奥运会冠军之后呢？退役之后呢？所以，许多运动员领悟到，最高目标或许是"自我超越"，是"没有最好，只有更好"。这种目标，用另一个词来概括，就是"止于至善"！

中华民族有五千年文明史，先辈给我们留下了丰厚的文化遗产。《礼记·大学》中有"大学之道，在明明德，在亲民，在止于至善"的至理名言。中国许多大学都用"止于至善"作为校训。它告诉我们：人不可满足于现状，要不断追求，使自己至善至美。"止于至善"是一种以卓越为核心要义的至高境界的追求。"止于至善"，上升到人性的层面来说就是大真、大爱、大诚、大智的体现。至善难以达到，所以永远追求。

主题二　自　信

1. 哪些因素会影响运动员的自信心

"人年轻的时候可以张狂一点，因为年轻人不怕犯错误，错了还有机会重来。老了就不行，错了就是错了，再也没有机会。"

——篮球明星姚明

（1）以往的成败经验

过去成功的经验是产生自信心的最有力的因素，过去失败的教训是自信心的"杀手"。从建立自信心的角度来看，成功是成功之母，成功是产生和培养自信心的"沃土"。那些通过自己的不懈努力而取得成功的深刻经验对提升自信心有巨大的作用。

（2）自身的思维方式

运动员每个人的思维方式不同。遇到同样的一件事情，如天气变化、临时更换场地、裁判员误判等，或者是身体突然有所不适、比赛前一天晚上失眠等，运动员会有不同的认识。有的运动员倾向于积极地去思考问题，他们认为变化对任何人都是均等的，相信自己能够应对所面临的挑战。也有运动员更多是消极的思维方式，总想着可能失败，内心总是会留有一些不利于发挥的阴影。积极思维会提升运动员的自信心，而消极思维则可能会让运动员自信心降低。运动员要养成积极思维的习惯，控制或减少消极思维的出现。

（3）成败归因

归因是把他人或自己的行为加以解释和推断的过程，归因在很大程度上会影响运动员的自信心。不管是成功还是失败，运动员都会做出一定的解释。教练员应该引导运动员运用合理归因，在不利中看到有利，化消极为积极。

（4）社会支持

社会支持是运动员感受到的来自他人的关心与帮助。比如，领导的关照、教练员的指导、队友的帮助、家人的鼓励、媒体的宣传等。来自他人尤其是重要他人的社会支持会在很大程度上增强运动员的自信心。作为教练员，应该在多方面给予运动员充分的指导。比如当运动员遇到挫折时，能够充分理解运动员的心情，给以关切、贴心的问候和有效的建议。作为运动员，则应该通过多种途径寻求足够的社会支持，以更有效地提升自信心。

2. 如何增强自信心

"实现明天理想的唯一障碍是今天的疑虑。"

——美国前总统罗斯福. F

自信心是运动员对自己的能力和所能达到目标的一种认识和确信。以下方法可以帮助运动员增强自信心。

（1）再现成功经验

当运动员在训练或比赛中状态不佳而消沉、沮丧、身处低谷时，想象自己打得最好的那场比赛，感受自己完美的动作表现、比赛情景及愉悦的心情，有助于运动员稳定情绪，增强信心。

（2）积极的自我暗示

经常列举自己的优点可以促使运动员认识到自身的优势。肯定性的语言如"相信我能做到"、"加油"、"相信我能赢"等，可以强化运动员的自信心。

（3）关注可控因素

训练比赛中，关注可以控制的因素，如自身的动作、情绪、饮食等，可以提高运动员的掌控感，增强自信心，把精力集中在过程上，心态从容平和地进行比赛。

（4）教练积极的反馈

教练积极的反馈可以让运动员进一步认识到自身的优势，且获得重要的社会支持，提升自信。

（5）抓好基本功的训练

信心来自于实力，因此，自信心是建立在运动员的能力范围之内和个人成功运动经验积累的基础上，这种能力和经验的积累是靠日常训练获得的。只有高标准，严要求，把自己掌握的技术动作做得更加准确、扎实，才能够在关键时候心中有数。

（6）强化自身优势

自信心很大程度上来源于运动员对自身技术特点和优势的认知和把握。在训练中，运动员应结合自身特点，不断强化技术特长；在比赛中，充分发挥技术特长。强化和发挥特长往往是弥补特短的最佳方式。

3. 为什么信心的树立须立足于自己

"一个人的特色就是他存在的价值，不要勉强自己去学别人，而要发挥自己的特长。这样不但自己觉得快乐，对社会人群也更容易有真正的贡献。"

——法国思想家罗曼·罗兰

如果丧失了信心，那么你已经输掉了比赛。自信是运动员迈向比赛成功的第一步，也是运动员在比赛中实现出色发挥的必要心理条件。要真正做到自信，首先应正确地理解自信。

自信是运动员对自己胜任比赛任务、实现比赛目标的能力的确认程度。自信最主要的内涵是运动员要相信自己的技战术实力，相信自己在困难条件下仍能做到正常或出色发挥的能力，相信自己能够有效的掌控自己，相信自己能认真的准备工作，而不是将自信单纯指向未来的比赛胜负或结果。

射箭奥运会冠军尹美进曾说道："和取胜的自信相比，我对自己有把握的、完美无缺的发射更有自信。对于比赛的胜负我不过多考虑，我只是考虑自己完善的、可靠的发射，比赛的结果是由这种完美、可靠的发射来决定的。"

所以，真正的信心的建立必须立足自己，只有形成正确的自我认知，有效的自我调控，进行扎实的技战术训练，细致的赛前准备，才能树立真正的自信，在挑战并战胜自我的基础上，充分发挥自己的水平，进而超越对手，取得比赛的胜利。

在正确理解自信的基础上，为了更好地确立自信，需做好以下几点。

（1）进行深入的自我分析，形成积极的自我评价，充分列举自己的长处，并与对手进行客观比较。

（2）开展细致、针对性的赛前心理准备工作，制订出遇到困难时的应对策略。

（3）表象过往成功的比赛动作和情景，亦可对即将开始的比赛进行想象练习。

（5）采用积极的、肯定性的言语，进行积极的自我暗示。

5. 遇到强手不自信怎么办

"我可以接受任何失败，但无法接受放弃。"

——美国篮球明星迈克尔·乔丹

运动员在比赛中往往会遇到比自己强的对手。所谓强手，或是自己的克星，或是知名度很高的大牌，或是实力雄厚的夺冠热门。遇到强手时，运动员最容易出现的心理反应就是惧怕。但仔细分析起来，其实是强中有弱，弱中有强。

（1）强手可能比你负担更重。因为强手夺冠呼声越高，社会压力越大；强手过去胜你次数越多，他就越可能担心这一次出现"例外"。相比之下，你的负担比强手更轻。因为你处在下风，人们不会对你产生过高期望，输了很自然，并不难堪；但赢了则属于超常发挥，应当大喜。

（2）训练水平与比赛水平是两回事。强手对强弱判断的依据可能会更多地依赖于对训练水平的分析结果，认为训练水平与比赛成绩具有较大一致性。因此，比赛准备工作往往比较简单。不能否认训练水平敌强我弱的客观情况。但训练水平与比赛成绩的关系不是稳定的关系，训练水平更高不代表强手在本次比赛中一定获胜，因为训练水平和比赛成绩的关系受比赛发挥的极大影响。双方都正常发挥，两者关系是正比，即训练水平越高，比赛成绩越好。但一旦双方比赛发挥水平产生变化，训练水平和比赛成绩就有可能变成反比关系，即训练水平高者，比赛成绩不好。你对强弱的判断应当更多地放在比赛发挥上。只要你的比赛准备周到细致，就可能在比赛中有出色发挥，从而改变训练水平与比赛成绩的关系，取得以弱胜强的结果。李婷、孙甜甜在雅典奥运会上第一轮战胜大威、鲁宾，进而越战越勇，最终一举夺冠，就是以弱胜强的经典实例。

（3）比赛中往往是强手得到的观众支持较少，弱手得到的观众支持较多。因为观众往往有两种倾向：一是支持弱者，二是期待比赛出现意想不到的结果，从而获得一种新异刺激。

（4）比赛结果总是具有某种不确定性，这正是体育竞赛之所以能够吸引万千观众的重要原因。1988 年汉城奥运会，加拿大短跑名将约翰逊跑出 9 秒 83 的好成绩，不但取得第一名，而且破世界纪录。但没过多久，由于被查处服用违禁药物而被取消成绩，短跑名将刘易斯等选手的排名依次递增，奥运会金牌易主。这些戏剧性的事例提示运动员，只要有 1% 的希望，就要作 100% 的努力。在比赛进程的最后 1 秒，最后 0.5 秒，都可能出现转机；甚至比赛结束，都可能有令人震惊的改变。运动场上，机会永运存在；只要以永不言败和永不放弃的精神坚持下去，就可能产生弱手后来居上的结果。

主题三　　情绪控制

1. 教练员应如何调节自己的赛间情绪

"将帅的坚强意志，就像城市主要街道汇集点上的方尖碑一样，在军事艺术中占有十分突出的地位。"

——德国军事理论家冯·克劳塞维茨

情绪具有传递性。作为对运动员具有重要影响的人，教练员的情绪对运动员会产生重要的影响，而且会影响教练员的决策和判断。因此，在比赛过程中，教练员应该学会调节好自己的情绪。建议根据个人情况，选用如下方法。

（1）阅读赛前制定的比赛准备手册和计划，记录进入赛区后的情况，对预案进行必要的调整和完善，并及时与运动员进行沟通，提高对比赛的可控性。

（2）通过积极的语言提示，引导自己关注可以控制的积极因素，鼓励运动员在比赛过程中的出色表现或正确决策，并在心中默默的肯定自己的付出，获得自信，降低焦虑。

（3）与团队保持良好的沟通，相信团队的力量，对于领导观战抱有积极的态度"来是因为关心，走是因为放心"，不将外围压力转嫁给运动员。

（4）在房间可以播放一些舒缓的音乐，有喝茶等爱好的教练员可以随身携带一些茶叶，帮助自己在工作之后获得片刻宁静，减缓大赛带来的压力。

（5）摆正心态。教练员心态好，运动员心态就好。比赛时，运动员的敏感性通常会提高，教练员的一言一行随时会被运动员觉察。因此，教练员要随时调整自己的心态，还要用积极心态影响和感染运动员。

2. 赛场紧张的积极作用和消极作用

"我喜欢兴奋起来，感受肾上腺素的流动，那时我才打得最好！"

——美国网球明星克里斯·埃弗特

赛场紧张的积极作用是：第一，使注意的范围缩小、注意的时间延长；第二，有助于全身能量的动员，使血流更快更多地流向四肢肌肉；第三，会增强力量，提高速度，提升耐力；第四，使人处于更加机警的状态；第五，会使疼痛感、疲劳感减轻。

当然，赛场紧张也会产生消极效应：第一，使注意方向的调整和转变出现困难，导致思维的灵活性和变通性下降；第二，使精细肌肉控制能力下降；第三，紧张程度过高时会造成注意范围过窄，思维短路，因而出现"发懵"的情况。

总之，赛场紧张是正常现象，具有积极和消极两种作用。太紧张和不紧张都不利于达到最佳竞技状态。适度的紧张则有利于运动员的比赛发挥。

3. 赛前如何快速调动情绪到最佳状态

"我喜欢紧握拳头，在大力击球时猛挥胳膊，但这种方式不一定适合每个人。这种方式适合我，但你不应该仿效其他人的情绪反应模式，除非适合你。"

——世界网球明星吉米·康纳斯

最佳竞技状态是每一位运动员和教练员都渴望和追求的一种参赛心理状态，也是运动员技战术水平在比赛中充分发挥和创造优异成绩的最佳保证。情绪的最佳状态表现为大脑处于适宜的激活水平，运动员有高昂而稳定的竞争状态，感到积极振奋，无紧张焦虑感。能够充分认识到潜在的困难和复杂严峻的比赛形势，同时又感受到自己已经准备充分。最佳情绪状态不是自然而然的产生，但也不是可望而不可及的。可以采用如下方法将情绪调到最佳状态。

（1）了解自身的情绪特点

日常训练中运动员要认真感受和体会自己的情绪，比如自己紧张时会有什么表现，自己状态好时又是什么感觉，这样在比赛场上才能够准确把握自身的情绪。

（2）做好赛前准备

比赛前认真做好比赛方案，包括比赛程序和突发事件对策库，这样，在比赛中能够迅速将自己的思想集中起来，而不会过于紧张。

（3）专注于当前动作

将注意力集中在当前的事情，如自身动作、对手反应上，而排除无关信息的干扰。

4. 上场后发现情绪紧张怎么办

"我从其他人那里学到的是：如果你对每个人都担心，担心不能获胜，并希望成为美国下一位伟大的运动员，就会扰乱你的比赛。人一定要考虑自己所做的事情。我只是按照我想打的方式去打球。我不害怕输掉比赛，如果我开始担心输掉比赛，我肯定不会赢。"

——世界网球明星安德烈·阿加西

紧张是一种人在应激情况下的正常反应，包括主观体验、生理反应、表情三个方面。人在受到刺激后，自主神经系统活动会诱发紧张的各种生理反应，我们可以解释为紧张的主观体验，并且通常以面部和身体的各种表情表现出来。

上场后发现情绪紧张可采用四步调节法。

（1）立即回顾紧张可能带给自己的各种积极作用，如能够动员全身能量，提高兴奋水平；提高血糖含量和力量、耐力；集中注意于当前任务以及镇痛等。

（2）注意观察对手的面部表情和语言，告诉自己："紧张是一种正常的反应，对手比我还要紧张。"

（3）通过深呼吸，听舒缓音乐，看冷色调广告板等方法，帮助自己减缓紧张的生理反应，逐步降低紧张的水平。

（4）通过在脑中回忆或阅读赛前预案，并采用积极、具体的语言提示如"抓紧器械腿并拢"等，帮助自己把注意力集中到比赛的过程上、当前的任务上和自己可以控制的因素上。

5. 为什么提示"别紧张"效果不好

"成功的秘诀就是让正面的语言和文字时刻包围着你，修正着你，让你时刻充满正面的能量！生活永远不像我们想像得那样好，但也不会像我们想像得那样糟。"

——法国小说家居伊·德·莫泊桑

因为这样反而容易引起自己或他人的紧张情绪，心理学将这种效应称作"逆效应"。有一个心理学的实验，告诉 A 组研究参与者看澳式足球比赛录像，然后讨论；告诉 B 组研究参与者看澳式足球比赛录像，然后讨论，并嘱咐：别去看裁判。结果发现，B 组研究参与者反而用更多时间看了裁判。你自己可以试试看：别看裁判！结果如何？像"别紧张"、"别想输赢"、"千万别失误"这类自我提示或他人提示，均会产生逆效应。产生逆效应的原因是：人进行思维抑制时（如别想裁判），关注点会无意识地、自动化地落在自我提示的消极线索上（裁判）。而且，压力越大，逆效应就会越明显。

那么，如何控制比赛关键时刻可能产生的逆效应呢？解决方法很简单，就是提示自己应该做什么，不要提醒自己不该做什么，如表3－1所示。

表3－1 控制逆效应的方法

产生逆效应的消极提示	控制逆效应的积极提示
别想输赢！	盯住他反手打！
别紧张！	放松！镇静！
千万别失误！	紧住！顺出去！果断！

6. 遇到挫折和失败时如何寻求情绪解脱

"千万不要对自己持消极的态度。也许你面临的对手十分的强大，在上一次比赛中他曾经把你打得一败涂地，这也许是你没有充分发挥出你的潜能造成的。当顾及这些经历时，你在场上就会失去活力。因此，我在参加每一场比赛的时候，都抱着必胜的信念，除此之外，别无他物。"

——美国网球明星吉米·康纳斯

胜败不但是兵家常事，更是运动员的不断经历。遇到挫折和失败时，至少有两种应对方法可供运动员选择，即适当宣泄和自我调节。

适当宣泄是指遇到挫折和失败后，以适当的方式排遣心中的郁闷与不快。有学者认为，控制和调节情绪的最好方法就是以适当的方式，及时和充分地宣泄自己内心的痛苦、忧愁、委屈、遗憾等情绪。宣泄有多种方式，如哭泣、写日记和找人倾诉等。

（1）虽然"男儿有泪不轻弹"，但哭泣并不一定是软弱的表现。哭泣往往是真情流露的一种形式，可以缓解由于挫折和失败带来的即刻紧张和沮丧。如果你在寄予厚望的一场必胜之战中不幸失败了，那种痛苦的感觉是人人都能理解的，如果你想哭，就让泪水流出来吧，因为你需要让泪水带走过去，然后再整装待发，以新的面貌迎接今后的挑战。

（2）写日记实际上是书面自我谈话，人们在将情绪感受落于笔尖纸上的时候，往往是比较冷静的时候。书面语言的参与和使用可使情绪感受条理化和逻辑化，这显然有助于分析情绪和控制情绪。

（3）找人倾诉也是宣泄的一种形式。可以向自己信任的朋友、教练员、老师或父母倾诉心中的不快和忧愁。俗话说："一个篱笆三根桩，一个好汉三个帮。"当一个人感到有人在关心、照顾、尊重、理解和爱护自己时，会减轻对挫折和失败的反应强度，增强对挫折和失败的承受力和适应性。正如培根所说，如果你把快乐告诉朋友，你会得到两份快乐；如果你把忧愁告诉朋友，你将减少一半忧愁。倾诉具有重要的情绪调节作用。倾诉过程中，倾诉者往往可以从倾诉对象关切的目光、体贴的动作和明智的建议中得到安慰、鼓励和启示，也可以在交流中清理自己的思绪。有时，即便倾诉对象不能提出任何有价值的建议，但倾诉过程本身已经足以缓解倾诉者心中的郁闷、惆怅和沮丧。

（4）对待挫折和困难，最重要的还是自我调节。自我调节分认识和行为两个层面。应当认识到，挫折和失败具有两重性。失败是成功之母这句话之所以脍炙人口，是因为太多的实例印证了这个真理。还应当认识到，挫折和失败具有暂时性。所有的挫折和失败在当时看来都是那么令人痛苦甚至恐惧，但都会随着时间的推移变得微不足道，留下的只有人们不断跨越挫折和失败、追求成功和胜利的足迹。

有一部电影，描述儿子一直梦想成为一名空军飞行员。他从几百人的集训开始，在一轮接一轮的训练和筛选过程中，艰难地闯过了一关又一关。最后一次选拔集训是10选2，但他没有通过最后测试而落选。父亲专程来看望他，两人心情都十分沉重。沉默许久，父亲最后以低沉而有力的口吻深情地对儿子说："儿子，爸爸这辈子从来没有送给你什么礼物，你这次失败，算是我送的礼物吧！相信你会珍藏它，从中得到启示，并重新开始人生！"这段话颇富哲理。其实，挫折和失败是一种财富，一种潜在的力量，一种没有汽油的发动机。经过重重挫折和失败而又不断奋起的人，才是令人敬佩的人，使人放心的人，终有成就的人。历史上不乏经历挫折和失败后奋起，继而成为英雄，如司马迁、保尔·柯察金、邓小平、曼德拉。运动员也都知道，所有的世界冠军身后也都有着失败、奋斗、再失败、再奋斗、直到成功的故事。邓亚萍在训练初期就曾有过受到冷落、不被看好的凄凉时刻。但她在慧眼识真才的教练员的帮助下，以与命运抗争的拼搏精神，成为名副其实的乒坛霸主，为中国、为中国所有的女性赢得了荣誉与骄傲。因此，当挫折和失败再次降临时，运动员朋友，你应当看到：明天，希望像太阳一样，会在同样的时间和地点等待你！

7. 遇到挫折和失败后如何真正改变困境

"如果一个人看清了自身的处境，知道哪些情况是必得承受，无可避免的，就得想法子让自己承受得愉快些，有意义些。也就是说，你要支配情绪、控制情绪，不能让情绪支配、控制你，甚至摧毁你。健康愉快的生活来自勇敢进取的生活态度，只会诅咒生活的人，永远不会尝到生活的乐趣。"

——旅欧作家赵淑侠

在"遇到挫折和失败时如何寻求情绪解脱？"这一问题的讨论中，我们主要分析的是遇到挫折和失败时如何渡过情绪难关的问题，显然，这是将挫折和失败转化为胜利与成功的第一步。但渡过情绪难关以后，还有许多事情要做，才能逐步接近胜利与成功。应当使心情平静下来，避免希望立即重新参赛，急于打翻身仗，为自己确定过高目标的急躁情绪，而代之以冷静和理智的思考。

（1）应当认真分析挫折和失败的当时情景，分析造成挫折和失败的内在原因与外在原因、主要原因与次要原因、可控制原因和不可控制原因，以便确定解决问题的方法和制定今后的训练目标。例如，战术运用不当或许可以归于内部原因、主要原因和可以控制的原因，今后可以在这方面加强训练；裁判误判或许可以归于外部原因、主要或次要原因以及不可以控制的原因，没有必要对此过于较真或自责。

（2）分析已经具备的和可能具备的转变挫折与失败的内在条件和外在条件，根据内在条件和外在条件制订新的训练和比赛目标。设置目标时，应当避免不切实际地设置过高目标，因为一旦目标不能达到，会伤害自己的自信心和自尊心。同时也应当避免设置过低的目标，因为过低的目标不具挑战性，动机的促进作用不大。设置目标时，还应当注意将短期目标和长期目标结合好。长期目标使运动员今后的训练比赛有明确大方向，短期目标则具有立即动员作用，促使运动员在每天、每周和每月的训练中追求提高的效益。

（3）进行了原因分析和设置了新的目标之后，应当立即开始将计划付诸实施，而不是等待。在实施计划的过程中，应当有坚定的决心、充分的耐心和持久的恒心，沿着既定目标不懈地努力。"失败是成功之母"这句话是有条件的，只有沿着正确方向做出坚韧不拔的长期努力，失败才有可能转变为成功。

主题四　　逆境应对

1. 比分暂时落后怎么办

"让我们建议处在危机之中的人，不要把精力如此集中地放在所涉入的危险和困难上，相反而要集中在机会上——因为危机中总是存在着机会。"

——英国医生卡罗琳 S

比分暂时落后是很多运动员曾经遇到的境况，能否处理好这一境况对于比赛的最终结果至关重要。当比分暂时落后时，运动员可以从以下方面进行调整。

（1）接纳现实

不管是什么原因造成了比分落后，运动员首先应该明白这已经是事实了，不要再沉浸于对失误的回忆、反思或者是对自身的自责中。要尽快走出来，将注意力放在接下来的比赛中。过去的事情已经发生，而且无法控制，也不必再去纠结。

（2）寻找原因

找到比分暂时落后的原因，是自身技术问题、战术运用不当还是与队友配合不好，并根据场上情况找到最佳的解决方案。这一过程要尽量简短，其目的是为了尽快打好后面的比赛，而不必纠缠于如何纠正错误。

（3）坚定信念

落后是暂时的，是偶然因素或某一失误所致，战局的变化往往是迅速的，对手也可能会有失误。谁能坚持到最后，谁就是胜利者。比分落后的情况下最终实现胜利大翻盘的比赛数不胜数，相信自己能够在接下来的比赛中获得成功。

（4）调整情绪

在比赛规则允许的条件下，进行适当的调整，比如走下场地与教练员进行沟通、舒展身体、检查器械等，这样可以释放掉因为紧张而造成的能量过度聚集。

2. 比赛出现失误怎么办

"丢了一个球之后会怎样呢？我以积极的心态接受这种结果，绝不让一次失球影响整个晚上的比赛。我从不让消极的念头一点点堆积，这种时候我告诉自己：'都过去了，珍惜后面的机会！'然后，前面丢5个球，后头我会投进10个，我总是让自信贯穿比赛的始终。一个没投中，我不会担心后面的一个球可能也投不中。还没投，干嘛就担心投不中呢?！其实，这种消极的思想往往会成为所有人（不仅仅是运动员）一次失足后重振旗鼓的羁绊。"

——美国篮球明星迈克尔·乔丹

失误的出现可能与很多因素相关，如过于紧张、准备不足、害怕失误、注意分散等。

（1）做好赛前准备

比赛前做好充分的准备，比如，全面、详细地了解和分析比赛安排及环境条件，对比赛中可能遇到的突发事件都事先考虑周全，对于比赛时出现失误如何应对也有预先准备的方案。这样当出现问题时，运动员才能做到心中有数，而不会不知所措。

（2）正确的认识

出现失误，尤其是关键时刻出现问题时，运动员会感到可惜，或许还认为不应该出现失误。此时，生气、焦虑、伤心等没有丝毫的作用，而且还会影响到后面的比赛，甚至导致连连失误。要在平时的训练中树立养成正确对待失误的习惯。认识到失误仅仅是一次意外，不是正常水平的反映，不用因此而丧失自信。只有日常养成了好习惯，才不会在比赛中难以容忍自己的失误。

（3）迅速稳定情绪

失误后，应该采用一些办法尽快地稳定情绪，比如深呼吸、自我暗示、表象成功动作等，并借助于意志的力量进行调控。

（4）集中注意力

当出现失误时，很多运动员还会停留在前面的比赛中，内心还在嘀咕自己，责怪自己。此时，运动员应该立即提醒自己，将注意力从前面的比赛中回收回来，集中在下一个动作上。比如，可以通过回想赛前准备方案将注意力尽快地集中。

3. 比赛出现意外情况时如何应对

"别紧张，放松些，别让生活太难。我经常跟好朋友'老虎'伍兹说起这些。学会以高境界的态度看待生活中的喜怒哀乐，这也不失为一种超脱。我认为，年轻的球员们更应学会'为现在而生活'，让生活自然发展，遇见困难和挫折，别纳闷，你就可以这么大能耐，不必苛求生活中原本就子乌虚有的那份'完美'。你还是学会体验过程，如果不知道享受获得成功的历程，那将来的成功就不会显得那般美妙了。"

——美国篮球明星迈克尔·乔丹

即使赛前进行了周密的准备，比赛时仍难免遇到一些意外情况的发生，如比赛条件（时间、场地、对手等）的临时变更；比赛器材装备的遗失或突然损坏；场上出现意外伤害事故；不可思议的技术失误或大比分差距等……

意外情况的发生常会打破运动员现有的心理平衡，出现注意涣散，信心下降，思维混乱，情绪波动，良好动作感觉消失等不适心理反应。但如果运动员此时能拥有一些恰当的应对策略，则仍能做到保持冷静，稳定情绪，集中注意，从容镇定地进行后续的比赛。

汉城奥运会上美国跳水名将洛加尼斯在头触跳台受伤后，利用预赛人多、每轮耗时长的现场条件，在比赛间隙处理伤口的同时，以自己平时掌握的心理技能，主动调节自己的注意，默念动作要领，进行动作表象，重新找到感觉，恢复了自信，顺利完成了后面的动作，并在次日的决赛中力挫群雄，勇夺桂冠。

为了有效应对意外情况的发生，运动员应做好以下几点。

（1）清醒认识，理智面对

意外情况发生时，首要的是接受现实，避免不良情绪的持续激烈存在，尽快使自己恢复平静。

（2）保持思维的合理有序

立即停止头脑中的混乱或空白状态，坚持想当前，想要领，想准备方案、想应急措施，使思维尽量有序。

（3）主动进行自我调节

根据赛场条件选用适用的方法进行自我调节。如通过静坐、深呼吸、身体活动，使自己快速放松；通过肯定性的暗示语，如"放松"、"镇静"、"稳住"等帮助自己排除干扰，进行心理"充电"。

（4）回忆比赛方案，找回动作感觉

情绪稳定后，可设法回忆比赛方案的要点，并通过默念技术要领的提示语或对动作进行表象，恢复、强化动作感觉，重树高质量完成技术动作的信心。

4. 比赛开局不利时怎么办

比赛中运动员常会遇到开局不利、比分暂时落后的局面。此时如果不能及时稳定心态，调节好情绪，抑制住消极的想法，则会增大后面比赛的难度。那么，面对此类局面，怎样的做法会比较奏效呢？

（1）正视现实，调节情绪

开局不利可能由自己的过度紧张或某一偶然失误引起，也可能由对手的超常发挥所致。不管缘何引起，此时理智的选择是先接受现实，生气、抱怨、沮丧均于事无补，只会干扰后面的比赛。

（2）集中注意，专注当前

面对开局不利的局面，一些运动员常会将注意长时间停留在前面的比赛上，进而对后面的比赛造成很大的干扰。此时运动员必须及时提醒自己，或借助暗示语，或通过表象技术动作，或回想比赛方案，使注意重新集中于当前的比赛。

著名射箭运动员温德勒曾说过："对一些射手来说，其中一个障碍就是记分单，他们过于在意他们的环值了。一旦环值被记录在记分单上，就不要再去想它了，此时应集中精力准备下一组箭的发射，你即将发射的一组箭对你来说才是最重要的，它才是最值得你重视的……"

（3）坚定信心，不轻言放弃

开局不利时运动员更要坚信自己的技术，坚信事先制定的比赛方案。只要比赛还在继续，只要不松懈，紧紧咬住对手，落后局面就有扭转的可能。

此外，对开局不利的局面，运动员赛前制定比赛方案时应有所准备。如写下一些自己熟悉且乐于使用的积极的暗示语，用于提醒和鼓舞自己，遏制和消除不良情绪及消极思维。如：冷静、稳住、注意动作、按方案打……

5. 有效的逆境应对方法有哪些

逆境应对方法包括应对策略与应对技能。

高水平运动员常用的应对策略有四类：解决问题的应对策略；解决情绪的应对策略；回避应对策略；阿Q式应对策略。其中阿Q式应对策略表现的是一种与逆境共存的思想，如"胜败乃兵家常事"、"船到桥头自然直"等。

高水平运动员用于逆境应对的常用技能主要有：唤醒水平调节，注意力集中，表象演练，自我暗示，自我谈话，参赛行为程序和应对策略库制订等。

上述方法都有助于运动员及时调节心理压力，获得最佳比赛心理状态。但在使用时应注意以下几点。

（1）面对逆境时应尽量少采取回避问题的应对策略，而应直接面对问题。通过及时调节自己的心理状态和情绪，改变比赛策略，寻求教练或心理专家的帮助，使问题得以解决。当然，当问题难以立即解决时，如自己或队友出现失误，也不宜纠缠于问题本身，影响当前的比赛，此时可选择暂时回避。

（2）应对逆境的各种方法可单独使用，也可以综合使用。使用时要注意这些方法的合理性，要控制自己的不合理与利用对手的不合理。

（3）为使应对方法在比赛时可以灵活应用，日常或赛前进行相关的心理技能训练是必不可少的。

6. 怎样合理认识逆境

比赛逆境是指在比赛中对运动员或运动队实现比赛目标构成主要威胁的那些情境。运动员赢得比赛的过程也是他们不断应对逆境的过程。运动员如何认知逆境，将直接影响他们是否会采取应对策略或采取什么样的应对策略，进而影响他们的比赛成绩。下面列举的是几种对比赛逆境应持有的合理认知。

（1）逆境的出现是正常的。

（2）总有一些事情发生在你最不希望的时候。

（3）你认为要合在一起才能确保成功的因素总不会一起获得。

（4）没有任何预定计划能在遇到强敌对手后继续执行。

（5）临上场前觉得有什么没准备好，那你已经准备得太多。

（6）简单的事总是难以做到的。

（7）以前的成功不会如你期望般地再出现。

（8）突然的精神崩溃是由微小的负面念头积累而成。

（9）只有当下的适应合理，没有永久的完全合理。

主题五　压力应对

1. 教练员如何应对大赛压力

"压力随时都会有，不管是发生什么事情，压力总在这。如果我说没压力，那不可能，那是死要面子活受罪。我感觉关键的时候，你有这么一个机会，有这样一个险境，唯一的办法就是置之死地而后生。"

——篮球明星姚明

面对大赛压力，教练员会产生紧张等情绪，主要是由于陌生环境、较强对手、大赛特殊氛围等若干不确定因素而引起的控制感降低。要能较好的应对大赛压力，建议教练员做到以下几点。

（1）对比赛结果进行充分准备，制订较完善的比赛预案，对于成功和失败的可能性和结果进行充分估计，对于各种可能的突发情况尽量做到有所准备，所谓"有备无患"。

（2）相信科研团队的力量，寻求广泛帮助，通过在团队内清晰的分解责任来降低自身承担的压力。要求运动员在一定程度上参与预案的制定和进入赛区后的简单决策，承担任务不仅有助于提高运动员的责任感，也有助于帮助教练员减轻大赛压力感。

（3）到达赛场后主动熟悉环境，合理安排训练，在比赛期间安排难度适宜、气氛轻松的训练内容，注意语言表达的幽默性，做好运动员的情绪调节工作。

（4）平时在各类小型比赛中创造大赛氛围，以提高自身和运动员对大赛压力的适应能力。

2. 赛前为什么会失眠

运动员在重大比赛前常会面临睡眠不好的问题，如入睡困难、过早醒来等。睡眠不好主要由以下原因造成。

（1）生理原因

如因为生病、生理周期等引起的身体不适，进食刺激性食物如辣椒，引用刺激性饮料如浓茶，因时差而导致作息规律被打破等。

（2）环境因素

如温度过高、湿度过大，入住周围环境过于嘈杂，房间光线太强等。尤其是出国比赛，因为生活环境的变化，容易导致睡眠不好。

（3）心理因素

比赛之前，运动员可能会因为对比赛结果不确定而思考过度，或因为自信心不足感觉难以掌控比赛，或者是因为面临重大比赛而过度兴奋等，上述因素都会导致睡眠不好。

3. 如何应对赛前睡眠不好

（1）睡眠先睡心

俗话说："要睡眠先睡心。"心情平静不下来，又如何能睡得了觉呢？所以，睡眠时首先要做到心平气和，学会考虑并接受最坏的结果，顺其自然。可以告诫自己："能睡着就睡，即使睡不着也没有关系。"不要因睡眠不好而情绪波动或焦虑，在睡眠不好的情况下照样做事，睡眠自然就会变好。

（2）做重复性活动

重复性活动能够抑制过度活跃的思绪，使大脑产生疲倦，很自然地会进入到睡眠状态。

（3）想象美好的事物

将注意力集中于对美好事物的回忆，如想象自己做得最成功的一件事情，或自己最喜欢的一个场景，想象的过程能够让我们放松心情。

（4）听一段舒缓的音乐

音乐对人体生理功能有显著影响。音乐的节奏、旋律、音色、速度、力度等都可以干扰人的情绪变化。舒缓的民乐、轻音乐可以使情绪稳定、放松、安静，消除不安和烦躁的情绪，从而安心入眠。

4. 如何应对压力过大

"压力是一种挑战，是一种乐趣，会刺激你的肾上腺素，让你更专注，我喜欢去享受压力，并战胜压力。"

——美国高尔夫球明星艾德瑞克·泰格·伍兹

虽然适度压力可对运动员的训练与比赛产生积极的促进作用。但如果压力过大，且缺乏有效应对，就会使运动员产生一系列不良的身心反应，从而影响技战术发挥。所以，做好大赛前的压力调节是赛前准备的重要环节。下面是几种常用的压力调节方法。

（1）做好逆境应对准备，熟悉压力调节方法。运动员在训练和比赛中常会遇到各种各样对自己不利的情况。如赛前适应问题、比赛条件的突然改变、连续比赛疲劳、比赛过程中受挫等。此时运动员应理性地认识到比赛遭遇逆境是正常的，并能使用已掌握的唤醒水平调节、注意力集中、表象演练、自我暗示、自我谈话、参赛行为程序和对策库应对等方法，及时调节自己的心理状态和情绪，使压力可能带来的不良影响及时得以控制或减轻。

（2）利用身心之间的相互诱导关系，采用特定的身心互动诱导放松方法。如运动员可借助音乐辅以指导语，进行渐进放松练习。程序是：①选择一个空气清新，比较安静的环境；②选择一种自我感觉较舒适的姿势，站、坐、躺均可；③保持腹式呼吸自然、流畅；④根据指导语逐步放松身体的各个部位，认真体会各部位放松的感觉。

（3）借助仪器设备，学会对自己的身心活动进行自我监测和调控，进而提高运动员的放松、注意力集中能力，缓解赛前焦虑、心理压力和疲劳。目前，适合运动员使用的生物反馈仪器有可由运动员自行操作的皮电、心率变异等简易型仪器，也有由专业心理人员操作的可更全面、精确地进行生物反馈训练的仪器设备。

（4）使用音乐进行压力调节。现代神经心理学研究证明，音乐可对神经系统，特别是对大脑皮层状态产生直接影响，音乐的节奏还可明显地改变呼吸频率、心率等。从心理学上看，音乐能表达和影响运动员的情绪状态，缓解和消除心理压力。运动员可以根据自己的需要选择不同类型的功能性音乐，在享受音乐中实现对心理压力的有效调节。

（5）依靠社会支持系统缓解压力。运动员压力的调节不仅要靠运动员自身，也需要领导、教练员的科学指导，家人、朋友的理性关怀，以及心理、医务等专家的科学帮助，只有这样才能真正使承担奥运等重大比赛任务的运动员尽可能地预防和减轻过大的心理压力。

总之，为了有效应对压力，运动员可以通过不断地学习来提高训练、比赛和社交方面的相关技能，发展自己解决问题的策略和能力，建立和完善强大的社会支持系统，从而实现对生活、训练、比赛中各种压力的有效应对。

5. 压力对运动员有哪些消极影响

压力无处不在，作为运动员除了要经历生活压力之外，还需面对比赛带来的重大压力。竞赛心理压力是指在运动竞赛情境中，运动员受到威胁性竞赛目标的刺激而产生的一系列主观体验。适度的压力是一种愉快、满意的体验，是一种挑战，有利于竞技水平的发挥。压力的消极影响主要是针对过度压力而言。过度的压力会使个体产生不良反应，使人体过度消耗潜在的能量储备，使调节功能发生紊乱，从而影响竞技水平的发挥。具体来看，压力的消极影响主要体现在以下方面。

（1）生理上

压力过大会导致人体交感神经系统整体被激活，使肌体处于紧张和警觉状态，肌体释放的能量被抑制并积聚在体内，内脏器官也会出现过度反应。

（2）认知上

感知觉能力降低、记忆力减弱、注意力不集中、范围缩小、难以保持聚精会神、组织和长远规划能力减退、错觉和思维混乱增加。

（3）情绪情感上

情绪不稳定，紧张、悲观、无助等消极心理增加。

（4）行为上

语言问题增加、兴趣和热情减少、精力不足、睡眠紊乱、失眠等。另外，运动员在比赛场上可能会刻意关注自身动作的细节和结果，这样反而破坏成熟技术动作的流畅性，降低动作的完成质量。

6. 压力的作用并非总是不利的

感觉压力过大，担心压力会影响比赛发挥，是运动员赛前常有的一种心理状态。其实，压力不可怕，重要的是要学会很好地认识压力，用积极的心态去迎接压力和挑战。

铁人王进喜曾经说过："井无压力不出油，人无压力轻飘飘。"生命中不可能没有压力，否则是"生命中不可承受之轻"。竞技运动的对抗性使得运动员的成长势必是一个不断提高自身压力承受能力的过程。著名篮球运动员科比·布莱恩说过："压力、挑战，这一切看似消极的东西都是我能够取得成功的催化剂。"适度的压力能够锻炼运动员，提升运动员的适应能力，激发出运动员的运动潜力。所以，压力并不总是不利的，对于运动情境下的各种压力，如果能够做到合理认知，则压力对运动训练与比赛不仅无害，而且有益。

为了激发运动员的潜力，提高训练效果，促进比赛发挥，有时教练员可通过提高训练要求来激发运动员的训练动机，运动员也可通过设置具有挑战性的技术或成绩目标来激发出自己的潜力，通过"拼"来做出好的发挥，取得好的成绩。

7. 运动员如何减压

（1）积极面对压力

日常训练及比赛中，要培养运动员迎着压力而上，伴着压力成长的意识和能力。不要奢望压力会减少，生活中不会一帆风顺，应该积极面对压力。

（2）提高抗压能力

不断提高运动员承受压力的能力是运动员适应大赛压力的根本保障。平时训练中，教练员可以使运动员在不断接受压力刺激的过程中，产生生物适应，从而提高适应大赛环境和承受大赛压力的能力。同时积极理解和认识来自于周围环境、亲人们的过高期望，将对比赛结果的过高期望所带来的压力转变为动力。

（3）减少压力来源

大赛前，运动员的心理会非常敏感，某些微小的因素变化，都可能引起运动员心理活动的剧烈震荡，因此应该对运动员实行信息回避，比如让运动员不要打听比赛信息、不去看成绩、休息间隙戴上耳机或闭目养神，尽量少接触外界刺激，减少压力的外在信息来源。另外，引导运动员降低对比赛结果的期望、减少对不确定性的思考、不去想无法控制的因素等，减少内心杂念的干扰。

（4）适当宣泄

压力之下，运动员会产生消极的情绪体验。控制和调节情绪最好的方法是以适当的方式及时地和充分地宣泄内心的痛苦、忧愁、委屈等。比如写日记、找合适的人倾诉、哭泣等。

（5）建立社会支持网络

社会支持可以使运动员体验到被爱、被关心、被尊重以及被接纳。运动员得到的社会支持越多，越能更好地缓解压力。教练员可以给予技术上的指导与针对性的建议，队友可以给予精神上的鼓励，家人朋友的理解能让运动员心里更踏实，领导的切实关照可以解决运动员的后顾之忧，而媒体则会为运动员创造积极宽松的社会舆论氛围。

（6）掌握减压小技巧

采用渐进式或自生式进行放松，采用积极的自我谈话、表象训练、回忆美好的事物或比赛成功的场景、自我暗示、深呼吸等心理技巧给自己减压。

主题六 心理疲劳

1. 什么叫心理疲劳

运动训练会给运动员带来两种疲劳：生理疲劳和心理疲劳。生理疲劳的表现是想干但干不动，如跑 3 千米到最后冲刺时的精疲力竭；心理疲劳的表现则是能干却不想干，如休息了两天仍然不想进训练馆（一想训练就头疼）。心理疲劳有三个重要标志：情绪和体力的耗竭感，成就感的下降，对运动训练的消极评价。产生心理疲劳的原因主要有：长期无变化的单调训练环境和训练内容；不给运动员自主性和控制权的训练比赛安排；比赛压力；教练员的消极评价和过度批评；缺少社会支持；生理疲劳；营养问题。心理疲劳有两个消极结果：厌倦训练和运动寿命缩短。研究表明（林岭，2006），运动员有时、经常或总是出现厌倦训练症状的百分比为84%；心理疲劳常见于长时间大负荷训练的中后期（42%），封闭性训练阶段（35%）和重大比赛前、后（33%）。

2. 如何监测心理疲劳

可利用《运动员心理疲劳问卷》（ABQ）进行监测。该问卷共15个题目，5分钟内可以填写完毕。分数涉及三个不同方面：情绪和体力的耗竭感，成就感的下降，对运动训练的消极评价。也可以利用《简式心境状态量表》（POMS）进行监测。该问卷有40个题目，分数涉及7个不同方面：紧张，愤怒，疲劳，抑郁，慌乱，精力，自尊。

上述两个问卷可用于不同运动员之间的横向比较，也可用于一个运动员不同时间的自身对照，还可以用于不同运动员心理疲劳变化情况的比较。但是，由于可能产生社会赞许效应，这两个问卷不可用于选拔情境。

3. 如何控制心理疲劳

控制心理疲劳的主要方法包括以下9种。

（1）系统监测

系统监测是早期干预的前提。可利用包含15个题目的《运动员心理疲劳问卷》（ABQ）进行监测，也可以利用包含40个题目的《简式心境状态量表》（POMS）进行监测。

（2）自主决策

教练员应为运动员提供尽可能多的自主决策的机会（如让运动员决定耐力训练是长跑还是游泳，决定准备活动是采用第一套还是第二套方案），增强运动员的自控感，减少运动员的被练感。

（3）变换训练方式

如变换准备活动的音乐、身体训练的内容、技术训练的形式、训练场地的布置等，以缓解训练的单调和枯燥。

（4）变换休息方式

应当鼓励运动员发展训练以外的兴趣和爱好，鼓励他们在休息时间投入自己喜欢的课余活动（如读书、编织、上网等）。同时，也需要经常性地组织一些有益身心健康的集体休闲活动，如拓展训练活动，以丰富运动员的业余生活，防止运动员由于过度关注训练比赛而造成的心理疲劳。

（5）增加社会支持

送运动员生日贺卡，在他们失败、困难、伤病时给予更多关注，给他们的父母打电话问候等，均有助于使运动员感受到教练的关注、集体的温暖，这有助于减轻心理疲劳感。

（6）设置短期目标

训练和比赛的短期目标容易使运动员更快得到积极反馈，进而维持对训练的兴趣及提高自信。因此，应当帮助运动员设置多样化的短期目标，包括技术训练目标、身体训练目标、心理训练目标、伤病恢复目标等。这些目标应可操作，可检验，时间短（如每天的目标、每周的目标）。

（7）诚心悦纳自我

接受自己的优点与缺点，接受自己的成功与失败，保持乐观豁达的态度，有助于以良好心态应对困难，保持自信，减轻心理疲劳的感受。

（8）注意营养补充

一些食品中的营养物质（如香蕉）有助于控制心理疲劳。吃黑芝麻、核桃仁、瓜子仁，或者吃巧克力等可提高色氨酸利用率，保持5-HT的正常水平（提高则产生抑郁），提高抗抑郁的能力。

（9）放松练习

系统的放松练习有助于降低神经系统的兴奋性，使肌肉和中枢神经系统得到充分放松。放松练习中经常使用的腹式呼吸有助于改善植物性神经系统的功能，缓解由于高压力、长期单调生活以及大训练负荷带来的身心不适。

主题七   注意控制

1. 比赛时杂念多怎么办

"做自己该做的，把结果交给命运，让命运安排吧。"

——奥运会击剑亚军叶冲

运动员参加比赛，应保持心理纯净，无杂念，专注于重要的和比赛过程有关的事情。但有些运动员赛前或赛中头脑中却出现许多对比赛不利、甚至干扰赛前准备乃至无法专注比赛的想法，或曰"杂念"。其中多数杂念的内容与比赛结果或"输赢"有关，或由对"输赢"的过分忧虑派生而来。如"发挥不好怎么办"，"出现失误怎么办"，"注意不集中怎么办"，"头脑空白怎么办"等。

对比赛结果产生种种想法是正常的。如果杂念并未影响到赛前准备（包括训练、睡眠、饮食等）或比赛发挥，则无需过于关注，强加干涉，因为强行去除"杂念"的本身就是产生新的"杂念"，会分散运动员的注意力。教练员及运动员则可以尝试采取以下措施。

（1）转变认知，认识到比赛中的很多因素不在运动员的能力控制范围内，如对手、观众、裁判，甚至场地、天气等，运动员有能力控制的只是自己。我们不应去关注那些我们无法控制和改变的事情，而应当把注意和思维指向于如何更好地完成技术、战术，如何更好地控制自己的情绪与行为。

（2）弱化比赛重要性，教练等不要给运动员许诺过多的奖励与奖金，不要过多谈及比赛结果及其对运动员未来前途及生活的可能影响，短期内可对媒体和亲友等采取一定的信息阻断措施（避免他人对比赛的看法影响到运动员）。

（3）详细制定赛前行为程序，比赛前把运动员的各种活动安排得合理、丰富、充实，不仅能够调节好他们的生活，安排好他们的时间，而且有利于稳定他们的情绪，转移他们的注意力，减少对比赛结果的思虑。

2. 比赛中的信息回避为什么重要

"我所参加比赛的胜负有90%取决于心理状态的好坏。因此，为了使自己能专注比赛，我在比赛日几乎不与人联系，那样有可能分散我的注意。我不允许任何外界的因素干扰我的比赛。"

——网球明星克里斯·埃弗特

心理学的研究表明，有特殊焦虑症或恐怖症的人，往往对引起焦虑和恐惧的特殊刺激极其敏感，有注意偏向。例如，有蜘蛛恐怖症的人，总是将注意指向蜘蛛和与蜘蛛相关的刺激。这种现象提醒我们，将注意指向有害刺激，是产生焦虑和恐惧的原因。同理，将注意指向与自己比赛无关的信息尤其是消极比赛信息，也是运动员产生过度的赛前紧张和注意力不集中的原因。因此，要想控制赛前情绪包括赛前紧张，有必要屏蔽一些与自己比赛无关的信息，例如飞碟射击比赛中前一轮的排名情况，他人的靶数，媒体的报道尤其是关于自己个人的报道，或者他人对自己的评论等。这种主动的信息屏蔽有助于使自己保持心静如水的情绪状态，以不变应万变。

3. 比赛中如何应对外部干扰

"如果有一亿个人爱我，又有一亿个人恨我的话，我愿意用行动来报答前者，说服后者。"

——美国篮球明星阿伦·艾弗森

比赛中，运动员常会受到一些来自外部环境的干扰而使比赛成绩受到影响，如来自双方观众的呐喊助威声，一些不符合赛场礼仪、秩序要求甚至不友好的行为，裁判员的不当判罚等。虽然外部因素的出现难以控制，但运动员还是可通过有效应对，使比赛成绩较少或不受它们的不良影响。

对于观众的赛场行为，可采用以下几种方法。

（1）理性接受

观众均期望本土、自己喜欢的运动队或运动员取胜，这是人之常情。所以，运动员对观众的不当言辞或声音，甚至少数观众的过激行为，应理性认可，保持平常心。

（2）提前适应

在赛前训练中应有意设定赛场氛围，如安排观众故意发出呐喊声，或用语言或其它方式刺激运动员等，以此提高运动员实际比赛中对观众干扰行为的适应性。

（3）专注比赛

观众的行为难以控制与改变，运动员最好的策略是集中注意于当前赛场上的情况和比赛，控制自己的技术动作和比赛过程，因为这是运动员唯一该做的也是可以做到的。

（4）积极自我暗示

暗示自己：我可以控制我自己；我可以按计划完成好我的动作和比赛；外国观众喊什么也听不懂，权当是为我加油好了等。

（5）有"礼"有"节"

用自己的文明举止、精湛技术、拼搏精神、优异成绩和完美人格去影响观众、感染观众、征服观众，征服对手。

对于裁判的错判、漏判，判罚尺度宽严不一致等不当行为，应对的原则基本同上。由于裁判的行为亦属于难于控制和改变的外部因素，故运动员要从有益自身比赛的角度出发，理智地做出选择，即接受事实，平稳情绪，专注比赛。

4. 感到裁判判罚不公平，如何应对

各类体育项目都可能有不同程度的对于判罚公平性的质疑。

有些项目运动员几乎不能改变已成分数，如射击、体操、跳水等。此类项目的教练员在平时训练中要引导运动员形成习惯：不关注已经产生的分数或判罚，关注下一个动作、下一枪、下一套成套等，在计划和总结中应减少与运动员过多的讨论与判罚不公有关的问题，引导运动员对成功和失败进行内归因，即从自己的能力和努力上探寻原因。

部分项目的运动员可以在比赛过程中进行申诉,如网球、篮球等。此类项目应提示运动员:如出现误判或认为是误判的问题,要及时向裁判指出问题,态度要平和;指出后即便裁判没有改判,也尽快进入比赛,不要使比赛中断过长的时间;要明确裁判是不可控因素,及时调整注意力到可以控制的因素上。

此外,无论赛前还是赛后,教练员和运动员在各种场合遇到裁判和官员时要有礼貌,主动问好,展现良好的礼仪和精神风貌。

5. 关键时刻想法太多,怎么办

关键时刻的想法太多经常是由于"不知所措":面对比赛的情境,接收到过多的信息,难以进行处理而引发了注意力集中程度下降,范围变广,因而可能引发决策困难等。

要解决关键时刻想法多的问题,从根本上是要在平日养成做比赛预案的习惯,并在平时的比赛中演练思维程序。条件允许的情况下,初期教练员可以要求运动员进行出声思考,即将自己所思考的内容进行口头汇报,来帮助运动员进行关键时刻的思维专注训练。

在场上,运动员如已经出现想法,可以采用以下方法进行调节。

(1)思维阻断法:通过大吼一声或用力拍击大腿等方法,阻断自己正在进行的思维,并迅速选择一个目标重新集中注意。

(2)为自己选择更加具体可操作的注意目标,如盯紧球,看器械,数走板节奏等。

6. 如何将注意集中在比赛上

"在竞赛场上我已经学会了如何斩断所有无关比赛的思绪。我只是专注于比赛,我会把注意力集中在跑道、弯道、跑以及我必须要做的事情上。现场的观众和其他对手在我眼前似乎都不存在,赛场上只有我和跑道。"

——奥运会 *400* 米栏冠军迈克尔·约翰逊

运动员比赛过程中注意不集中,可能有如下原因:一是想着已经过去的事情，如前面的 1 分，刚才的失误等；二是过于紧张，大脑出现空白；三是出现了消极的想法。对此，可以采用以下方法进行调整。

（1）关注当前事情

比赛过程中，运动员应该将注意力集中在当时任务上，比如预测对手动向，关注球的运行、关注对手动作、关注队友的位置等，而忽略其他的无关信息。

（2）技术术语提示

注意能力的提高应该贯穿于日常的训练之中。教练员应经常通过简短的关键词提醒运动员注意的重点，进行专门化的注意集中训练。如训练运动员主动进行"打开——收缩——集中——再打开"的调节，提醒运动员"紧住！收住！"等。这样，运动员就可能在比赛中通过熟悉的关键词来引导自己的注意方向。

（3）降低紧张情绪

过于紧张时，运动员的注意范围会缩小，无法将注意集中在应该注意的事情上，注意焦点甚至可能出现空白，这就是所谓的"发懵"。对此，可以采用深呼吸、回忆成功表现、做大而慢的动作等，将紧张程度调整到适宜水平。

（4）阻断消极想法

比赛中出现了消极想法时，可通过想象一面小红旗或红色交通信号灯，及时停止消极想法；然后，迅速将注意转向积极的事情、应该做的事情和必须做的事情。可以用关键词来提示自己的注意方向。

7. 教练员临场指导原则有哪些

在比赛过程中，运动员的临场表现可以分为三种：一是运动员超水平发挥；二是运动员正常发挥；三是运动员发挥不正常。针对上述三类情况，教练员进行临场指导时要把握以下几个原则。

（1）注意力为核心原则

比赛过程中，运动员的表现不论出现何种情况，消极的影响均是对其当前注意力的破坏，故教练员临场指导时，无论是以问题为中心还是以情绪为中心处理问题，首先要让运动员静下来，然后在较短时间内将运动员的注意力引导调节至当前要做的事情上。

（2）适当调节动机水平

运动员的动机经常决定着思维和行为的方向，教练员要根据实际情况，使用熟悉和有效的方式，帮助运动员，将随比赛进程而变化的动机水平调节至适当水平。

（3）强化自信心

运动员比赛过程中，自己的发挥情况以及对手的表现随时会影响到自信心的保持，教练员可采用分析和提示运动员自身技战术特点和优势的方法，强化运动员自信心。

（4）及时果断原则

运动员比赛过程中，瞬息万变，教练员临场指导时，可根据自己判断，及时果断进行指导，不要犹豫，不做幻想，不留遗憾。

（5）简明扼要原则

教练员临场指导，通常限于时间和运动员记忆容量关系，要根据问题进行针对性指导，尽可能使用简单、积极、准确的语言进行简明扼要的指导，切记长篇大论，否则一方面运动员记不住，一方面运动员不得要领，眉毛胡子一般抓，造成运动员新的思维混乱。

（6）注意倾听原则

运动员比赛时，场上情况千变万化，情绪体验十分强烈，教练员临场指导时，要给运动员适当时间讲述自身状态和感觉，这样做一方面有利于运动员缓解压力和紧张情绪，一方面可以在倾听基础上加以指导，更有针对性。

（7）有效性原则

教练员临场指导时，要避免"说的全对，但是没效果"，要根据运动员场上表现，结合运动员性格特点，采取灵活多样的方式，以取得指导效果为目的，对运动员进行指导。

（8）以身作则原则

教练员心态好，运动员心态就好，教练员临场指导或者临场观赛时，要随时注意场上情况，始终保持镇定，避免急躁和慌乱，利用积极的情绪和身体语言对运动员施加正面影响。

主题八　　自我控制

1. 大赛中刻意努力为什么有时反而会事与愿违

在 2004 年雅典奥运会男子 50 米步枪 3×40 的决赛中，美国运动员埃蒙斯击出最后一枪，却匪夷所思地击中了旁边的运动员普拉纳尔的 3 号靶位，而不是自己的 2 号靶位。结果，到手的金牌飞走了。更不可思议的是，4 年之后，在 2008 年北京奥运会男子 50 米步枪 3×40 的决赛中，埃蒙斯在最后一枪只要打出 6.7 环就能稳夺冠军的情况下，竟然打出了 4.4 环，再次无缘奖牌。

这是为什么？

现场观察发现，埃蒙斯抬起枪瞄准后准备击发时，又抬起头看了一下靶位（担心 2004 年的悲剧重演），然后出了远弹。赛后埃蒙斯说："我想，我在打最后一枪时，使用的手法和前几枪都一样。但可能是我太用力了。我没有感觉到扳机出了问题，但一定是扳机的问题。当子弹射出去的时候，我就知道大事不妙了。"显然，他平时的射击动作程序遭到破坏。他刻意做了努力（抬起头看了一下靶位），但结果事与愿违。这提醒运动员，大赛中，刻意努力，过犹不及。而运动员的最佳竞技状态，往往是自然而然做动作的状态。

2. 如何避免比赛中"大脑空白"

"其实不着急，我们两个人上场之前做了应对很困难的准备，第一局落后了，我们该怎样去打，第二局我们还是以很平静的心态去拼，一球一球去打。"

——奥运会羽毛球冠军张洁雯

比赛中，经常会看到这样一个现象：运动员在关键时刻忘记了比赛前教练员的反复叮嘱、自己反复准备过的有效战术或者是赛前准备充分的比赛方案，大脑中一片空白，而采用了无效战术，结果导致比赛失败。大量科学研究表明，脑与情绪的关系不仅表现为脑对情绪的调控，情绪也会反过来影响脑的活动。极端情绪下出现的"大脑空白"就是情绪对脑反作用的一种表现。"大脑空白"就是在短促、强烈的情绪状态下脑活动受到抑制而引起的思维停滞、精神衰竭的现象。比赛中，之所以会出现"大脑空白"，可能由如下原因所致：赛前准备不足、情绪上过于紧张、面临突发事件等。对此，可以尝试如下方法，尽量避免在比赛中大脑一片空白。

（1）建立良好的比赛习惯

运动员要从准备活动、点名、到比赛结束的一段时间都有充分地考虑，根据个人特点建立一套比较固定的心理活动程序，而且将其熟练化。这样，运动员就能知道自己何时该考虑什么，该做什么，并学会如何排除干扰按照预定的计划参加比赛。

（2）缓解紧张情绪

上场之前可以进行深呼吸、在场地周围伸展身体、喝水、与教练员交换意见等方法缓解过于紧张的情绪。

（3）增强应对突发事件的能力

比赛前做好预发事件对策库，也就是说，面对可能遇到的突发应激事件（如天气变化、器械故障、上场时间改变等）时所采取的成套对策，如："如果发生……事，我就采取……措施。"这样可以让运动员有充分的心理准备。另外，在日常训练中，也可以进行突发事件的模拟，比如赛场突然停电，中断 40 分钟之后，再继续进行比赛。

（4）及时调控

当大脑出现瞬间的混乱或一片空白时，坚持想当前、想要领、想准备方案，促使思维向积极的方面发展。

3. 如何对待裁判员的误判

"用努力去改变你能改变的，用胸怀去接受你不能改变的。那些可控的东西，尽最大努力把它做好。"　　　　　　——奥运会跳水冠军田亮裁判员是比赛场上的执法官，裁判员的态度和判罚对比赛的胜负有很大影响。执法比赛过程中，裁判员也会犯各种各样的错误。尽管现如今很多高科技的仪器设备可以帮助裁判员对比赛做出正确的判断，但误判现象总是难以避免。

裁判员误判的原因有很多。客观来看，比赛场上竞争激烈，形势多变，裁判员的感知觉能力、思维能力、注意力等可能会发生变化。如果再加上裁判员的业务水平不是非常过硬，可能会发生误判。主观方面，因为没有建立良好的职业道德，或者是因为各种政治、经济利益的驱使，也有可能会故意"出错"。作为一名明智的运动员，对待误判可以采用如下策略。

（1）正确认识，稳定情绪

裁判员的误判是运动员和教练员都无法控制的行为。而且，如果因为误判与裁判员发生争执，那结果更多会对自身不利。教练员和运动员应该认识到，比赛中裁判员的判罚基本上是最终的判罚，运动员只能是无条件的服从。教练员和运动员尽量做到心情平静，不要对裁判员发泄怒气，否则只会使问题恶化。

（2）模拟训练，提高适应性

赛前训练中，可以有意识地设置裁判员误判的场景，让运动员感受被误判时自身的反应，了解自身的感受，这样当比赛中真正遇到类似情境时，能够更好地应对，而不至于做出过激的反应。

（3）提高自身水平，防患于未然

运动员在训练中注重细节，尽量将技术动作做到无可挑剔，减少裁判员误判的机会。

（4）了解知识，把握判罚尺度

运动员增加对项目规则的了解，了解裁判员判罚的尺度，这样就能够提前做好准备，尽量避免被裁判员误判。

4. 如何应对观众的干扰

观众的鲜明态度和立场常会通过震耳欲聋的呼喊声和激烈的表情动作表现出来，其行为会影响运动员参赛的心理状态，进而对比赛水平的发挥产生重要影响。如果运动员感受到观众的支持与鼓励，就会产生愉悦的体验，促进水平的发挥；但如果感受到不友好，比如喝倒彩、高声叫骂时，则会产生消极的体验，从而影响运动员参赛水平的正常发挥。另外，在某些项目中也可以看到，即使是观众支持与鼓励的行为，也可能对运动员产生消极的影响。观众的干扰在任何项目的比赛中都不能避免，即使是最有经验的运动员也有可能会分心或过于激动、紧张。对此，运动员可以尝试以下方法减少观众的干扰。

（1）理性认可，宽容接受

不管是观众对自己的支持，还是来自于对手观众的干扰，运动员都应该有一个正确的认识。毫无疑问，观众都会期望自己国家的运动员获得比赛的胜利，这是体育运动的进取精神和荣誉感在观众身上的表现。因此，应该平和地对待观众的干扰甚至是过激的行为。

（2）模拟训练，适应干扰

比赛前，可以有针对性地设置各种观众干扰的场景进行演练，比如现场安排观众进行干扰，有意识地给运动员制造困难，如鼓倒掌、吹口哨、为对方加油等，或者也可以播放专门录制下来的观众干扰的录音。通过多次练习，提高运动员的抗干扰能力。

（3）全身心投入比赛

将注意力放在自身技术发挥和战术应用上，尽量不去关注周围的观众。

5. 什么叫纳达尔效应

"人生是一场赌博。不管人生的财富是得是损，只要该赌的肉尚剩一磅，我就会赌它。"

——法国思想家罗曼·罗兰

纳达尔效应就是永不放弃效应，是指在极其艰难困苦的情况下仍然坚信将有转机并努力拼搏，最后如愿以偿的现象。网球高手、奥运冠军纳达尔的打法是防守型打法，旋转强，球线短，站位远，跑动大，总是被对手打得东奔西跑，满地找球。观众经常看到他在比赛中不惜体力地扑救完全无望的"死球"。在2011年12月5日举行的戴维斯杯决赛中,纳达尔代表西班牙对阵阿根廷的德尔波德罗,双方打得精疲力竭,难解难分。纳达尔像往常一样左扑右救。当时,解说员感叹了一句:"你不知道你的努力会在哪一刻起作用。"到了最后,纳达尔的努力终于起了作用:当德尔波特罗打丢一个非常容易的机会球之后,纳达尔抓住对方情绪上微微地起伏展开大反击,在第2盘第2局中的关键时刻反破,最终为西班牙队赢得了决定性的一场。这样的场面总是在纳达尔身上出现:他曾把所有顶尖高手打崩溃(费德勒、德约科维奇、穆雷等),而自己永远不放弃;他可能输球,但从不输人。他之所以能够这样,是因为从小训练时就建立了这样的理念:所有球必须去救,没有不能救的球!

6. 为什么说小不忍则乱大谋

"我不比别人聪明,但我能管住自己。我一旦设定了目标,绝不轻易放弃。也许这就是我成功的一个经验吧。"

——奥运会乒乓球冠军邓亚萍

20世纪60年代,美国斯坦福大学心理学教授沃尔特·米歇尔设计了一个著名的实验。研究人员找来数十名儿童,让他们每个人单独呆在一个只有一张桌子和一把椅子的小房间里,桌子上的托盘里有这些儿童爱吃的东西——棉花糖、曲奇或是饼干棒。研究人员告诉他们,可以马上吃掉棉花糖,或者等研究人员回来时再吃,那样还可以再得到一块棉花糖作为奖励。他们还可以按响桌子上的铃,研究人员听到铃声会马上返回。结果发现,忍不住马上吃棉花糖的孩子,无论在家里还是在学校,都更容易出现行为上的问题,成绩分数也较低。他们通常难以面对压力,注意力不集中,而且很难维持与他人的友谊。相比之下,那些可以等上15分钟再吃糖的孩子在学习成绩上比那些马上吃糖的孩子平均高出210分。后来的跟踪研究发现,当年忍不住马上吃棉花糖的孩子成年之后,有更高的体重指数并更容易产生吸毒方面的问题。这一实验后来被称为"延迟满足"实验。延迟满足是一种重要的自我控制能力,是情商的重要组成部分,也是发挥智力潜能的保证。

该实验提示运动员，竞技运动是比拼决心和耐心的事业。运动员不得不忍耐长久努力后都得不到积极反馈的考验，忍耐伤病、挫折、失败的折磨，忍耐只有付出没有回报的困扰。站在最高领奖台的人，往往是忍耐力和坚持性更强的人。

7. 习惯为什么重要

"播下一种行为，收获一种习惯；播下一种习惯，收获一种性格；播下一种性格，收获一种命运。"

——美国著名心理学家威廉·詹姆斯

习惯指积久养成的生活方式或行为方式，例如过年吃饺子，晚上睡觉前刷牙，赛前做准备活动等。对于运动员来说，训练和比赛中的习惯最省力、最可靠，也最强大。例如，世界网球高手、奥运会冠军纳达尔比赛中的局间休息后有一个习惯是跑着上场，从不走着上场。这个习惯会给自己"提气"，并给对手一种"跑不死，打不死"的印象和压力。比赛关键时刻，运动员最容易做出的行为，往往是习惯性的行为。

一个人的财富，可以用习惯来衡量。钱再多，有一个吸毒的习惯，也要用尽；钱再少，有一个拼搏的习惯，可以积少成多。好习惯越多，财富就越多。因此，养成良好的行为习惯十分重要。

8. 训练中不断重复和练习基本动作为什么必要

优秀的乒乓球运动员训练时用中等力量打正手对攻，能打多少板？可能是 1 千板，可能是 3 千板，也可能打一上午不丢球。那么，运动员掌握了这么纯熟的技能，为什么还要天天训练呢？

这是因为，运动员的技能越纯熟，做同样质量的动作，大脑的兴奋区域越小，兴奋程度越低，这种现象叫机能节省化。机能节省化的意义在于，大脑可以用更少的中枢资源（注意资源）或更小的中枢代价（注意代价）完成同样的任务，进而腾出更多的机能储备（注意资源）完成其他任务，或完成同样任务时坚持的时间更长。例如，足球明星马拉多纳的带球技能十分纯熟，保证了他可以在比赛时眼观六路、耳听八方，敏锐洞察队友和对手的不同位置和走向，并据此或个人突破，或组织队友进攻。

比赛对中枢神经系统（注意功能）的要求很高，需要有很大的注意资源储备，用于同一时间内更复杂的工作，或使同一工作坚持的时间更长。因此，基本技能越纯熟，消耗的注意资源越少，越有利于比赛时复杂任务或长时任务的完成。

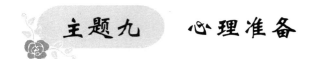

主题九　心理准备

1. 比赛预案该如何撰写

"我能够想象出自己将成为什么样的运动员。我清楚地知道我应该做什么，并且能针对性的集中精力。"

——美国篮球明星迈克尔·乔丹

比赛预案的撰写是赛前准备的一项重要工作。大量成功比赛的事实表明，预案撰写有助于理清赛前准备的各项内容，有利于赛前准备的具体落实。

比赛预案的内容通常包括：比赛指导思想，比赛目标，技战术要求，赛前训练的准备，比赛期间的准备，比赛准备的心理——行为程序，以及各种比赛中心理问题的应对策略等。

比赛预案的撰写不必求全，但务必切合个人的情况与需要，突出重点，对准备工作进行认真、细致的思考与梳理，并给出富有可操作性的对策与方法。

如在撰写比赛准备的心理——行为程序时，可给出针对比赛前一天、准备活动、检录等候时段、临赛前、比赛每轮次间可进行的心理、行为调节内容，藉此净化自己的思维，调节自己的情绪及唤醒水平，促使心理——行为状态适合比赛的要求。

如在撰写比赛中心理问题的应对方法时，可选择自身可能遇到的主要心理问题，并给出适合自己的调节策略及方法。如：过度紧张时怎么办？注意不集中时怎么办？出现失误时怎么办？

详细的、适合个人需要、切合比赛实际的比赛预案，既有助于避免问题的发生，也可使运动员在问题发生时，做出及时有效的应对，保证比赛的顺利进行及比赛目标的实现。

2. 前一天比赛表现不好时，如何进行第二天的准备

前一天的比赛表现不好可能会引发消极情绪，导致自信心有所下降，集体项目成员之间可能会出现沟通问题等。为了更好的进行接下来的比赛，需要注意以下几点。

（1）及时总结第一天比赛中出现的问题，在每个问题后都提出解决方案，并且最后以总结今天表现中的优异之处来结束第一天的总结，最大程度上的保护运动员的自信心。

（2）如有必要，及时讨论并调整比赛预案，如无需调整，则重新集体根据预案进行准备，集体项目需要鼓励大家采用各种方式沟通，解开可能出现的心结，确保较高的团队凝聚力。

（3）回顾一些本队的经典取胜战例，明确自身优势，可能的话观看经典的获胜比赛录像，或结合一些优秀运动员的比赛案例鼓舞运动员树立新的获胜信念。

3. 前一天比赛表现完美时，如何进行第二天的准备

对于比赛每一天应当做的事情和采用的思维，都应当在赛前有个性化的比赛准备程序。在常规比赛程序的基础上，还需要有一些突发情况的应对预案，前一天比赛表现完美时的准备属于其中的一种。具体而言，需要注意以下几个方面。

（1）不要对自己进行"超常发挥"一类的暗示，因为"超常发挥"其实是对所表现出来的能力的稳定性的否认，是一句不好的提示语，建议对自己说"这才是我（们）！这才像我（们）！"来暗示自己完美的表现是自己可以做到的稳定表现。

（2）在总结第一天的成功经验后，就迅速的投入到第二天比赛的准备

中去，仍然按照常规的预案完成需要完成的程序，并针对对手或第二天的比赛要求进行准备，不要由于第一天的表现而对过程目标进行过大的调整。

（3）在睡前可以重新进行一次完美表现的表象，将积极图像在脑海中加以巩固。

4. 赛前心理准备包括哪些内容

"在记忆里，我打比赛总是运用'想象战术'——想象我的成功，想象我会拿多少分，如何拿分，想象怎么才能打败对手。事先想象一场比赛的可能形势有助于我作好心理准备，有针对性地进行备战。一旦比赛开始，我就从不想着结果会怎样，只管凭着直觉打比赛，当然我的脑海里早已事先形成克敌制胜的独特打法。直到我篮坛生涯的后期，我才充分意识到这种'想象战术'的威力所在，原来我一直是在探索、实践着这种战术。其实，我认为每位球员甚至每个平常人都应当学会这一生活技巧。"

——美国篮球明星迈克尔·乔丹

预则立，不预则殆。良好的赛前心理准备是获取比赛胜利的重要条件之一。虽然不同运动项目，不同类型比赛的赛前心理准备会存在差异，但总体而言，赛前心理准备通常包括以下内容。

（1）设置合理的比赛目标

目标设置应以对自己及对手情况的深入分析为基础；应由教练员与运动员协商完成；应做到多级目标（最佳目标、现实目标）共存；目标内容以技术完成情况或成绩为主，因为它们比兑现比赛结果更可控。

（2）树立坚定的比赛信心

运动员应相信自己的技术，相信自己的比赛能力，认可自己的优势，采取积极的思维方式。

（3）调节好情绪状态

面对比赛可能带来的压力，运动员应保持适度的兴奋和紧张感，更好地动员机体能量，使精力更充沛，感觉更敏锐，思维更快速清晰，进而促使赛中有更好的发挥。

（4）保持思维清晰

理性思考有关比赛的各种问题，集中精力做好思想上的准备。

（5）建立适宜的比赛心理——行为程序

根据比赛的需要，制定出运动员在特定时段及地点应该"想"与"做"的内容及程序，帮助运动员从心理——行为上做好比赛的准备。

结合项目、比赛及个人情况，做好上述几方面工作，将有助于促成运动员良好的心理状态，继而在比赛中拥有出色的发挥。

5. 赛前准备活动做得不顺利怎么办

赛前准备活动是进入比赛之前的最后一个环节，其完成的情况对于运动员的情绪和自信心都有较大的影响，因此需要在赛前进行精心的设计，并需获得运动员的认可或由运动员根据自身的情况选择合适的赛前准备内容，一般选择难度适宜，容易确保成功率且不会引发较高疲劳程度的项目，以获得较好的效果。

如果赛前准备活动进行的不够顺利，运动员要及时与教练员沟通，如果教练员发现也可主动与运动员沟通，可以选择调整活动内容或者由教练员协助，改善准备活动的效果。

假如时间或条件不允许，建议至少以一次成功的动作结束准备活动。对于活动中不满意的环节，可以在脑中进行正确动作或技战术的表象训练，来弥补准备活动的不足，调节心态向积极方向发展。

6. 怎样使模拟训练更有效

"形成良好的注意技能并没有什么秘密可言，你只需像训练其他比赛能力一样来发展你的注意就可以了。大多数运动员犯的同一错误就是在练习击球的过程中，并没有结合必要的注意训练。如果训练中你不能集中注意，同样的情况也会出现在比赛场上。我通常在感觉到疲劳时都会强迫自己更加的专注，因为疲劳往往导致注意的下降。"

——著名网球运动员罗德·拉沃

模拟训练是针对比赛中可能出现的情况或问题进行实战模拟的反复练

习过程，目的是提高运动员对可能引起心理过度紧张或其它不适反应的各种刺激的适应性，保障比赛的顺利进行。

为使模拟训练更加有效，应注意做好以下几点。

（1）全面、深入地了解赛事信息，如赛地的自然地理条件（时差、海拔、气温等）、人文生活条件（饮食、住宿、交通等），比赛场地、器材情况，比赛日程，对手，甚至观众情况等，并在认真剖析上述条件对运动员心理可能产生的影响的基础上，制定出针对性的模拟训练计划。

（2）正确理解模拟训练的价值，在人为创设出的与比赛实际类似的情景条件下，运动员应力求以比赛时的心理（如动机状态、情绪反应、唤醒水平、努力程度等），全身心投入到模拟训练中，只有这样，才能使运动员更好地适应真实比赛时的客观环境条件。

（3）注重实景模拟与想象模拟的有机结合。实景模拟，如大赛前的热身赛，按比赛日程进行的模拟赛，模拟对手特点的"陪练赛"等，由于与真实比赛条件相似度高，运动员训练时更投入，故适应价值更大，不足是实施较为困难；想象模拟，如想象比赛情景，比赛中可能遇到的问题等，虽然逼真性上弱于实景模拟，但由于实施方便，可随时进行，故也能弥补实战模拟的某些不足。

（4）针对运动员比赛中存在的主要问题，在进行比赛全程模拟的同时，也应重视比赛中重要环节（如关键比分、决胜局、大比分落后等情形）的模拟，以及运动员个人存在的问题（如惧怕特定对手、易受干扰等）的模拟训练等，从总体——宏观和局部——微观两个层面提高运动员对实际参赛过程的适应性。

主题十　　比赛定位

1. 如何订立好的比赛目标

"我们只要正常发挥水平，打出气势，打出风格，就已经完成任务了。

我们只是上去拼她们，因为我们经过这一、两年的比赛，也了解一些他们的东西，我们只要去放开心态对待她们。"

——奥运会网球冠军李婷、孙甜甜

好的比赛目标不应当只包含比赛的结果，而应是一个以运动员综合能力提升为核心的体系。

从心理学的角度来看，好的比赛目标应当包括以下几个方面。

（1）关于结果的目标

关于结果的目标要考虑到难度。适宜难度一般指训练中可以达到的最佳水平或再略高一些的目标。对于青少年运动员而言，难度可以略低以保护运动员的自信心，对于顶级水平或具备夺冠实力的运动员，要在训练中贯彻夺冠目标，帮助运动员树立坚定的获胜信念。

（2）关于过程的目标

除了关于比赛结果的目标外，为了让目标便于操作和评价，要建立关于过程的目标，如"第一发球成功率达到70%"或"第一个托举动作，下面的人出水高度达到大腿"等。通过建立过程目标，将大的目标分解为一个个小的目标，可以提高运动员的控制感，同时帮助集中注意力。

（3）关于目标定位

比赛客观上是人与人的竞争，但本质上是自己与自己的较量。如果一个运动员在训练和比赛中不断超越自己的过去，每天进步一点点，每场比赛进步一点点，最终将是非常了不起的飞跃。

从建立比赛目标的过程来说，建议让运动员参与到比赛目标的制定过程中去，特别是要参与制定过程性目标。通过参与决策，运动员会提高完成目标的责任感和动力，同时加深对过程中注意力集中要点的领悟，有助于更好的实现比赛目标。

2. 为什么好成绩是"拼"来的，而非"保"来的

"对于每一场比赛和每一个对手而言，我始终觉得自己是一个新手，我不去多想结果，我全力以赴关注自己的每一分。"

——网球明星纳芙拉蒂诺娃

　　每名运动员都期望获得比赛的胜利，但在如何争取比赛胜利，或曰在参赛的角色定位上却可能呈现"保"与"拼"两种不同的形态。两种不同的角色定位会导致运动员出现不同的比赛心理状态，对比赛发挥发生不同的影响，并最终导致不同的比赛结果。

　　在各类重大比赛中，经常会有一些技术实力不俗，赛前被寄予厚望，自己也满怀信心的运动员，却由于参赛位置未能摆正，本应借"拼"去获取佳绩，且误以"保"的心态期待胜利，致使原有优势不再，坐失良机。

（1）为何"保"与"拼"的角色定位对比赛发挥的影响会如此不同

　　① 参赛角色定位为"保"的运动员，往往是那些过往成绩优异，或当前比赛中明显领先的运动员。过往的佳绩与目前的优势使他们获胜期望迅速升高，将注意更多地转向比赛结果，而对比赛过程关注很少。这种对难以控制的比赛结果的过多关注，致使他们在比赛进程与预期不一致时，更易呈现不良心理状态，并难以实施有效应对。

　　② 参赛角色定位为"保"的运动员，往往以先前自己及对手的战绩或技术能力来预期当前的比赛，不能、不愿或不敢正视现实的比赛形势，持有"躲"的心态，这充分体现出他们对比赛信心不足，不敢面对困难，也没有应对困难的策略准备，致使比赛完全陷于被动。而参赛角色定位为"拼"的运动员，常常对即将来临的比赛抱有强烈的参赛欲望，对自己的比赛准备、技战术能力和比赛能力等拥有信心，对比赛的困难也有较充分的准备。

（2）基于"保"与"拼"两种参赛角色定位的不同表现、影响及可能结果，欲做出合理的角色定位，应努力做到以下几点

　　① 无论比赛对手是谁，无论过往交手战绩如何，赛前均应以"夺、冲、追"的角色定位为佳。因为人的技术状态及实力对比是在动态变化中的，比赛中有许多不可控的因素，故比赛结果存在着多种可能性。定位于"夺、冲、追"有助于使名将不必背上过重的包袱，小将也不必因惧怕强手而无法展示自我。

　　② 对比赛中角色定位的不利改变进行及时调控。因为在比赛进行中，随着双方成绩对比的变化，运动员常会有意或无意地对自己的参赛角色重新调位。如在领先的形势下，一些运动员不是乘胜"追"击，而是由

"追"变"保"；当比赛表现不如预期的好或出现失误时，一些运动员易丧失比赛信心，"拼"劲大减。所以，比赛中运动员应注意提示自己始终保持"拼"的心态。

③ 不去关注比赛结果，更多关注比赛过程。坚信自己的技术能力，以比赛过程的技、战术关键性指标监控自己的比赛发挥，并对这些可控性高指标的兑现充满信心。

④ 每场比赛结束后均应对自我和全队进行重新定位。实际操作时可根据比赛胜负情况做出不同要求。如胜者应针对比赛找出几条缺点，负者应针对比赛找出几条优点，目的在于纠正运动员赛后自我形象偏差，为后面的比赛和训练奠定良好基础。

主题十一　适应能力

1. 如何处理所谓的"坏签运"

抽签是所有比赛项目都无法回避的程序，所谓的"坏签运"通常包括两种：一是通常被认为不佳的比赛出场位次，常出现在打分类项目；二是较早遇到实力强大的对手，常出现在对抗类项目。无论是哪一种"坏签运"，都表现了对于比赛结果的一种"外归因"，即将成功与失败归于自身无法控制的因素。教练员和运动员牢固树立任何事情均有利弊两个面的观念，没有绝对的好事，也没有绝对的坏事。对于抽到的坏签，要将精力和关注点放在深入挖掘其有利和积极的一面上来。

对于不理想的位次，建议教练员减少对位次的强调，引导运动员注意可以控制的因素：如积极完成热身、按照比赛程序预案进行准备等，如比赛分为若干轮次，则减少对报分的关注，将注意力集中到比赛的过程中。

对于遭遇较强的对手，建议教练员与运动员共同进行积极的准备，树立"战胜强手，你就是强手"的目标，制订积极的比赛策略。教练员和科研人员可以与运动员一起回忆一些以弱胜强的经典案例，帮助运动员树立战胜对手的信心。一旦获胜，要及时总结成功经验，将胜利转化为下一战的信心储备。

2. 如何适应比赛的赛场氛围

赛场尤其是大型比赛的赛场，不同于训练场，身在其中的运动员的心理及行为较平时会发生很大的改变。为了使运动员有效适应赛场的特殊氛围，可努力做好以下几点。

（1）强化理性认识

在特殊的赛场氛围中，运动员的身心发生一些变化是正常的，是一种适应性反应，而且有些变化是有利于运动员比赛发挥的，如适度的唤醒有利于运动员的身心调动，对比赛具有促进作用。赛场情形个人难以控制，重要的是做好自己。

（2）突出赛前模拟

赛前模拟训练应力求全面、逼真地营造出比赛中可能出现的赛场氛围，如赛场的布置、观众的反应等。运动员在模拟训练中应认真体会、感受现场气氛以及自己的身心状态，进而提高模拟训练的效果。

（3）完善比赛方案

对赛场上可能遇到的问题，如比赛中自身的唤醒及注意状态，来自观众、对手的反应，现场重要他人的出现，甚至媒体人员的"干扰"等，在比赛预案中应有针对性的应对策略。

（4）注重心理演练

通过想象即将进行的比赛情景，在心里营造并感受可能出现的赛场氛围，自己当时的行为及心理状态，以及需要采取的调控策略。

3. 如何适应陌生的对手

一般来说，非直接对抗性项目与直接对抗性项目在面对对手时有不同的适应策略。

对于非直接对抗性项目的运动员，如射击类、难美类、竞速类等，比赛的关键在于把握好自己的节奏，展现自身的特点，因此比赛中不要过多的关注对手，而要将注意力集中在如何控制自身发挥上，可以通过在赛前进行正确动作、流畅动作的表象训练来帮助自身更好的完成动作。

对于需要直接对抗的项目，要更好的适应对手，需要做到以下几点。

（1）确定对阵情况后，通过各种渠道收集信息，增加对对手的了解，并针对了解到的信息，准备比赛预案。

（2）在赛前进行自身优势技术或战术的表象训练可以帮助建立自信心，同时有助于在比赛中更好的制约对手。

（3）要做好在比赛中开局不利或有分数较大波动的准备，以保持困境中的良好心态，寻找战胜对手的机会和方法。

4. 如何适应赛地条件及比赛场馆环境

为了使运动员更加迅速地适应赛地环境及赛场氛围，避免由于适应不良而可能产生的对比赛的不利影响，赛前应尝试做好以下几方面工作。

（1）重视信息搜集，找出各种可能对运动员产生不利影响的赛地环境因素，如时差、气候、饮食、住宿、交通、语言、人文习俗、比赛场馆条件等。

（2）理性认知环境影响，充分关注和调动运动员的自身可控因素（努力、自我监控与调节等）的作用。环境的影响往往是通过个体的心理活动而发挥作用的，故借助合理的认知及心理调节，可以有效减弱环境因素可能带来的不利影响。

（3）通过模拟训练，对异地比赛面临的各种新异环境因素进行模拟，从而降低对新环境的敏感反应，提高运动员对新环境的适应性。如在赛前一段时间，可到与赛地自然地理条件（如海拔、气温、湿度、风力等）相近的地方进行适应性训练，选择或搭建与比赛场馆条件（如器械、场地硬度、场馆大小、风力机光线等）相近的环境进行赛前训练等。

（4）适应性训练的安排应注意结合项目需要，关注运动员的个体差异，关注临近比赛的时间长短等。

客观环境难以改变，但可以通过改变自身的心理和行为，从而适应陌生环境，降低陌生环境的不利影响。

5. 易地比赛有哪些"利"与"弊"

离开主场赴异地参赛，运动员常会面对地理环境（如时差、气候）、社会环境（如习俗、社会制度等）、生活训练环境（如饮食、住宿、训练及比赛场馆条件等）方面的变化。新的环境既可对运动员的心理产生积极的影响，也可能产生消极的影响。

易地参赛环境常会使赛前已集中训练较长时间的运动员，由于离开熟悉甚至"厌倦"的备战环境而产生新鲜感。赛地的比赛氛围也可使参赛运动员的情绪和动机得到有效的激发与调动。所以，易地参赛在一定程度上是有利于运动员比赛发挥的。

但易地参赛时，时差、饮食、语言等方面的变化也常使运动员在身体、生活、交流等方面产生一些适应性困难，进而对运动员的心理产生负面影响。更需关注的是，异地环境在影响运动员心理的同时，更可能对运动员的训练和比赛产生不利影响。比赛场馆空间大小的改变会影响运动员的空间知觉与运动知觉。如羽毛球运动员在空间较大又有中央空调的场馆内比赛，场馆内的风会影响对羽毛球的飞行距离和速度的判断，进而导致失误增多。比赛条件、赛场氛围的变化也会给运动员的适应带来困难。如赛场工作人员使用英语，观众的表现与主场不同等，这在一定程度上会影响运动员的情绪，使其难以专注比赛。

对于易地比赛的利与弊应理性、辩证地认知，并采取针对性的应对策略，使利的作用得以更有效地发挥，对弊的影响进行更有效的控制，甚至化弊为利。

主题十二　　团队凝聚力

1. 比赛过程中受到同伴的责怪怎么办

"高水平球员是团队的一员。在需要的时候，他们会毫不犹豫地鼓励和帮助队友，他们会尊重和欣赏不同角色的球员和那些有助于提高球队效率的事情。"

——美国篮球明星迈克尔·乔丹

集体和双人项目，特别是双人项目中，存在同伴间的沟通问题。在训练和比赛中，由于语言或行为的表现不当，可能会让同伴感受到责备。通过在训练中形成良好的沟通习惯，产生默契和信任，可以减少在压力来临时出现责怪的情况。

如果在比赛中感到同伴责怪自己，可以采用以下的方法进行处理。

（1）谅解同伴的情绪，主动承担责任。如说："对不起，这球确实是我没处理好，下一次我会尽快跟上步伐的。"大多情况下，主动的承担责任会获得更积极的反馈。

（2）如果由于同伴的责备产生了一些消极的情绪，条件允许的情况下，可以采用思维阻断法（如大吼一声）；如注意力被分散，尽快为自己寻找一个简单的任务，如做积极的表象训练，或告诉自己做好下面的任务等，尽快的引导注意力回到比赛任务上来。

（3）主动说一些积极的话或做一些积极的行为，如热身的时候大声喊拍子，带头做动作等；如有赛间休息或交流时间，要主动与对方沟通，将注意力转移到如何进行接下来的比赛上，而不要纠结于之前的错误，要明白最终共同赢得比赛才是目的。

2. 不知道如何与教练员和队友沟通怎么办

"开朗的性格不仅可以使自己经常保持心情的愉快，而且可以感染你周围的人们，使他们也觉得人生充满了和谐与光明。"

——法国思想家罗曼·罗兰

对于运动员而言，沟通是一项重要的技巧。没有良好的沟通，运动员个人难以获得足够的社会支持帮助自己渡过训练中遇到的各种困难；一个团队难以形成高度的凝聚力来解决比赛中面临的各种问题。

在与教练员和队友的沟通过程中，要谨记双方的目标是一致的，都是要提高训练水平和发挥训练水平。沟通要获得良好的效果，需要注意以下4个要点。

（1）沟通要真诚

基于事实，不道听途说，不夸大其辞，不说风凉话，尤其要避免使用各种讽刺的话语去刺激他人。

（2）沟通要积极

出于善意，重要的是诚心实意地去帮助别人，提意见时最好能同时提出解决问题的方法，对于训练、比赛相关的事宜要多说积极的话，不传递消极的言论。

（3）沟通要及时

出现问题时要第一时间与教练员和队友沟通，指出问题和赞扬别人都要及时并尽可能具体，通过沟通达成一致后，要立即行动，言行一致。

（4）沟通要平等

在沟通的过程中，要学会倾听，学会平等与对方交流，并给予别人积极的反馈。

3. 如何帮助运动员建立良好的社会支持系统

"奉承我，我会不信任你；批评我，我会不喜欢你；忽视我，我会不原谅你；鼓励我，我会永远记住你。"

——美国著名作家威廉·阿瑟·沃德

社会支持系统指以良好的人际关系表现出来的社会联系。对于运动员来说，社会支持系统包括家庭成员、管理人员、教练员、朋友、队友、科研团队、粉丝、媒体等。

人的社会支持系统对于人的心理健康和主观幸福具有重要作用。这种作用表现在：①帮助人们尽快摆脱困境；②帮助人们调整防卫机制；③帮助人们提高对挫折与失败的应对能力；④缓解不愉快事件对人们带来的情绪冲击；⑤影响人的长期的人格发展和心理健康。研究表明，当人面临陌生环境、威胁环境和挑战环境时，与人交往的倾向会变得更加强烈。这说明在遇到困境时，人们得到社会支持的愿望和需求更加强烈。

运动员往往从小就离开父母，参加集体生活，在竞争激烈的训练比赛的环境中成长。面对一个又一个的技术难题，面对一次又一次的比赛成败，面对教练的意见、舆论的评价、观众的期待，运动员所遇到的困难和承受的压力往往超过同龄人。再加上运动员的竞争对手是面对面的，比赛结果又有难以预测和立见结果的特点，这更使运动员不断受到心理冲击。因此，他们的社会支持系统就显得格外重要。为了帮助运动员建立良好的社会支持系统，教练员和管理人员可以考虑以下几点。

（1）充分理解对运动员产生最重要影响的常常是他们的家庭成员、教练员和挚友。

（2）运动员遇到挫折、困难和失败的时候，有了伤病的时候，往往是他们最需要帮助的时候。此时，一个关切的目光、一句贴心的问候、一个随便谈谈的提议，都可能对运动员具有极其重要的意义，甚至会影响他们的一生。

（3）平时可以向运动员明确承诺，在任何需要帮助的时候，我都会伸出援助之手。

（4）保持与运动员父母的联系，重要节假日向他们表示诚挚的问候。

（5）鼓励运动员结交可以信赖的挚友，同挚友一起享受成功与进步，面对困难与挫折。

（6）在运动员生日、有纪念意义的时刻，向他们表示祝贺和慰问。

4. 什么是运动中的团队精神

"潮流不一样，但是有一点是一样的，都是拼搏的精神，这是和老女排完全相同的地方，都是依靠团队的力量，依靠集体的力量。"

——奥运会女排冠军队主力冯坤

奥运竞赛场上，无论是单兵作战，抑或集体比拼，运动员均绝非一个人在"战斗"，而是双方团队的集体较量，教练、队友、管理者、队医、科研人员均从不同角度、不同层面发挥着各自的作用。

运动中的团队精神主要是指运动员在追求个人竞赛目标的过程中，能够理性地认识到个人利益和目标与集体及他人利益和目标密不可分，并能自觉地以集体利益和目标为重，求同存异，积极合作。在竞技运动情景下，尤其是在奥运会的备战及竞赛过程中，运动员只有切实做到将个体目标与团队目标协调一致、与其他成员默契配合，才能在为团队目标实现做出贡献的同时，发挥自己的才能，实现个人的价值。

5. 如何打造运动队的团队精神

"篮球作为一个团体是由许多小的、无私的和有奉献精神的个体组成的。"

——美国著名篮球教练员迪安·史密斯

为了培养和提升运动员的团队精神，应做好以下几点。

（1）创设信任氛围

教练员与运动员以及运动员彼此间的信任，能给运动员带来安全感，增强运动员对队伍的认同感、归属感及集体荣誉感。

（2）重视个性发挥

运动员在能力、个性等方面存在差异，处理好可使运动员优势互补，使整支队伍充满活力及应变能力。

（3）塑造行为习惯与规范

为促进运动队团队优势的发挥，有必要建立教练员与运动员以及运动员之间的沟通规则、领导规则、互助规则、反馈规则等，以此提高团队成员的自我管理能力和自我控制能力。

（4）保障沟通顺畅

深入、双向的有效沟通，能使运动队各成员知己知彼，及时分析自己在团队中的位置，解决彼此间可能存在的矛盾。

（5）调动运动员的主动性

运动员应主动发展个人的团队精神，如正确认识个人目标与团队目标的关系；学会与教练员进行合理沟通、有效合作；学会与队友团结协作、荣辱共担；学会对教练与队友包容差异、彼此欣赏；学会自我约束、自我管理。

（6）建立和强化团队目标

教练员和运动员应该强化这样的信念：今天的训练和付出是为了明天共同目标的实现。为了实现共同目标，需要忍受，也可以忍受；要求大同，存小异。

6. 怎样成为优秀的团队成员

著名篮球运动员迈克尔·乔丹曾说过："一名伟大球星最突出的能力就是让周围的队友变得更好。"为了使自己成为一名优秀的团队成员，运动员在训练、比赛乃至生活中应努力做好以下几个方面。

（1）遵守团队的纪律规范，采取适合团队目标实现的行为方式。

（2）正确认知个人目标与团队目标的关系，强化对团队目标的认同，增强责任感与集体荣誉感。

（3）加强与团队成员的沟通，避免并及时化解误会与矛盾。

（4）换位思考，深入、准确地理解他人的思维、情感与动机等。

（5）懂得鼓励他人，认可他人在团队成绩获得中的贡献与重要性。

7. 团体赛、集体项目要进行哪些不同于个人赛的准备

团体赛和集体比赛不同于个人项目，主要体现在成员人数增加，有较明确的责任分工，有上场队员和替补队员等。对于团体赛和集体比赛，除了与个人赛一样需要制订明确的结果目标和过程目标以外，还需要进行一些特殊的准备。

（1）所有团队成员，尤其是集体中的主力运动员和团体中担任上场任务的运动员，要服从教练员的指挥，理解教练员的技战术和出场安排是为了整个团队的胜利考虑，要避免团队内部的横向比较，将注意力集中在自身所担负的任务上。

（2）替补或本轮次无比赛任务的运动员要积极配合教练组，做好有任务队员的协助、服务和鼓舞工作，同时要时刻保持身体健康和状态良好，为随时到来的上场任务做好准备。

（3）由于涉及到的人数较多，教练组要确保信息的通畅，对于行程安排和各具体事务最好有明确的责任分工并保持联系方式的通畅，重要物品如比赛道具、音乐碟片、重要护具等要有多处备份，以避免由于出现安排上的失误而引起赛前不必要的紧张情绪，影响比赛。

主题十三　赛后恢复

1. 为什么要进行赛后心理恢复

"谁不会休息，谁就不会工作。"

——弗拉基米尔·伊里奇·列宁

一场激烈的比赛会给运动员留下深刻的印象。一般来说，不管成功与失败，运动员都会产生两种情绪体验。

如果取得了好成绩，为国家争了光，受到领导重视，媒体大力宣扬，亲朋好友的祝贺等，运动员会体验到满足感和优越感，迫切希望能够更进一步提高自己，自信心获得大力提升。但也有运动员可能会因此自觉不自觉地形成对自己的过高评价，忽视自身的不足，导致盲目自信，而对下一步的训练较少去思考。

当比赛失败后，有运动员能够照样保持信心，能够正确地分析成功和失败的原因，并认真总结经验，吸取教训，更加努力地进行训练，力争在后面的比赛中获得成功。也有运动员感受到不满、气恼或不愉快，因此产生较低的自我评价，否定自己的一切，自信心极度降低，对训练和比赛没有兴趣，甚至会想到中断运动生涯。

目前，教练员和运动员基本以比赛的结束作为心理训练的结束。但实际上，比赛对心理产生的影响不会随着比赛结束而马上消失，而是以隐蔽的方式进行着激烈的活动，这种心理活动常伴随着较多的能量消耗，达到一定程度时，可能会造成消极的影响。赛后心理恢复是心理训练的重要内容，主要目的是使运动员能尽快从兴奋状态恢复至平静状态，正确对待成功与失败，以合理归因的方式总结经验，将注意指向今后的训练或比赛。

2. 赛后心理恢复的常用方法有哪些

经过一场比赛，运动员会有很大的体能和神经能量的消耗，心理上会产生积极或消极的反应。体能和神经能量上的重要恢复手段就是充足的休息、调整、放松、按摩等。心理恢复可以关注以下几点。

（1）尊重个体差异

运动员每个人性格、经历不同，进行心理恢复的方法也有所差异。应该尊重运动员的个人需要。有的运动员喜欢独自一人安静下来，教练员就可以给予运动员独处的时间。有的运动员喜欢与他人进行沟通与交流，教练员就应该给予更多的情感支持。

（2）给予客观评价

不管运动员比赛成绩如何，教练员不要盲目赞扬或责怪，而是应该给予客观的评价，让运动员能够正视各种问题，和教练员一起分析成败的原因。同时，帮助运动员树立信心，鼓励他们争取上进。

（3）进行心理放松

音乐能影响人的大脑和身体。比赛结束后，可以选取一些优美的音乐或自己的音乐，全身心地投入到音乐之中，消除紧张的比赛留在大脑皮层的强痕迹作用。也可以组织或参加一些文体活动，如音乐会、郊游等。另外，想象放松的效果也不错。让运动员选择一个舒适的环境，处于安静状态，闭上眼睛，想象自己处于某种感到放松的环境之中。

主要参考文献

［1］国家体育总局科教司，国家体育总局体育科学研究所. 备战 2008 年北京奥运会心理训练与调节手册［M］. 北京：国家体育总局科教司，国家体育总局体育科学研究所，2008.

［2］雷纳·马腾斯（钟秉枢，于立贤，刘润芝，卢福泉译）. 执教成功之道［M］. 北京：北京体育大学出版社，2009.

［3］理查德·考克斯（张力为，张禹，牛曼漪，姜晓海译）. 运动心理学——概念与应用［M］. 北京：清华大学出版社，2003.

［4］姒刚彦. 中国应用运动心理学家的理论与实践——原野上的树与果［M］. 北京：北京体育大学出版社，2010.

［5］张力为. 运动员备战 2008 年北京奥运会的心理问题. 见杨桦. 竞技体育与奥运备战重要问题的研究［M］. 北京：北京体育大学出版社，2006.

[6] 张力为. 运动员自信的建立与培养. 见张忠秋. 优秀运动员心理训练实用指南 [M]. 北京：人民体育出版社，2007.

[7] 张力为. 中国运动员奥运夺冠经典案例心理分析 [M]. 北京：北京体育大学出版社，2008.

[8] 张力为，林岭，赵福兰. 运动性心理疲劳：性质、成因、诊断及控制 [J]. 体育科学，2006，26（11），49 – 56.

[9] 张力为，毛志雄. 运动心理学 [M]. 北京：高等教育出版社，2007.

[10] 张忠秋. 优秀运动员心理训练实用指南 [M]. 北京：人民体育出版社，2007.

[11] 张忠秋等. 心理训练与调节手册 [M]. 北京：国家体育总局科教司，国家体育总局体育科学研究所，2008.

[12] 中国体育科学学会运动心理学专业委员会，北京体育大学. 中国体育代表团参加悉尼奥运会心理咨询手册 [M]. 北京：国家体育总局科教司，2000.

[13] Brain Luke Seaward（许燕等译）. 压力管理策略——健康和幸福之道 [M]. 北京：中国轻工业出版社，2008.

第四部分

运动营养与康复

 主题一　膳食营养

1. 运动员合理膳食应包括哪些营养素

运动员合理膳食应包括：碳水化合物（糖类）、蛋白质、脂肪、矿物质、维生素以及其它膳食成分。碳水化合物（糖类）、蛋白质、脂肪常被称为三大能源物质。矿物质包括微量元素（碘、硒、铜、铁、锌等）以及常量元素（钾、钠、钙、镁、硫等）；维生素包括水溶性维生素（B族、C、泛酸、烟酸）及脂溶性维生素（维生素A、维生素D、维生素E、维生素K）；其它膳食成分主要是膳食纤维、水及其它生物活性物质。

2. 酒精是不是营养素

营养素是指食物中对机体有生理功效，而且为机体正常代谢所必需的成分。酒精不属于营养素，属于人体正常代谢过程中的中间产物，可以为人体提供能量，但是对运动能力有一定负面影响。酒精可使身体丢失水分而变得脱水，还能降低运动员力量、速度、肌肉耐力和心血管耐力。

3. 为什么糖是最优质的能源物质

糖的以下主要生物学功能与人体生命活动、运动能力密切相关。
（1）糖是无氧运动的基本"燃料"，也是维持高强度有氧运动的优质

"燃料"。肌糖原水平高者，高强度有氧运动的时间延长。

（2）保持运动过程中正常的血糖水平，便能缓解运动后期中枢神经系统的疲劳，减轻疲劳感。

（3）运动时补糖使血糖升高，能降低运动引起的免疫抑制作用，对稳定免疫机能有帮助。

（4）运动中糖供能充足具有节省糖原、减少蛋白质消耗、降低血尿素水平的作用。

（5）在长时间大强度运动中，保持良好的血糖水平，有助于运动间歇恢复极速运动消耗的磷酸肌酸。

（6）长时间运动时保持充足的糖供能，有助于防止因低血糖引起的定向能力丧失和外伤发生。

所以，补糖有利于运动中能量平衡和氮平衡，提高机体抗疲劳能力，延缓疲劳的出现；改善运动后内环境，加速体能恢复，减少伤病的发生。

4. 多吃主食会不会发胖

比较而言，更容易让人变胖的是肉类、油脂类而不是糖类；没有主食（糖营养），脂肪不容易燃烧起来。淀粉类食物消化吸收复杂，不容易转化成脂肪。相反，多吃粗粮有利于减肥。只有在过多摄入糖营养的时候，糖才会转化为脂肪。

5. 运动中怎样调控补糖的数量

掌握和运用运动中能量代谢规律，根据训练强度、时间、个体身体反应和习惯，以及环境条件、阶段训练目的等选择补糖和补糖方法。

一般建议，长时间大强度运动中每小时应补充 30~60 克糖，或者按每公斤体重 1~2 克糖进行补充。如果通过运动饮料补糖，含糖量 <8% 时对胃排空的影响较小，那么每小时需要摄入 600~1200 毫升含糖量 4%~8%（即 4~8 克/100 毫升）的饮料，以满足每小时 30~60 克糖的补充量。采用含糖运动饮料，以多次少量的方法补充为宜。例如，竞走运动员从实战出发，每 2 公里喝一次是比较合理的。训练课后期运动员自身的疲劳感是调控补糖量的简便指标。

大部分运动情况下，建议补充等渗的糖－电解质运动饮料。但需要快速补水时，可选择低渗运动饮料（含糖量为 3~5 克/100 毫升）。

温度较高时进行训练或比赛，补充高钠低糖的运动饮料，效果较好。

超长时间运动（如 50 公里竞走、铁人三项等）中，除了运动饮料，还可能要使用易消化的含糖食物，如面包、蛋糕、能量棒等进行能量补充。

6. 补糖类型和次数对糖原合成有影响吗

（1）摄入葡萄糖、果糖或其他类型糖，在发挥供能作用上不存在差异。

（2）补充混合的果糖和葡萄糖，其利用率要比单纯葡萄糖高 20% 之多。

（3）从吸收速度快的角度考虑，选用含葡萄糖、果糖、低聚糖的复合糖最佳。

（4）相同的糖补充量，摄取的次数不影响肌糖原利用速率，也不影响亚极量运动至力竭的时间，但是反复补充可以加快葡萄糖从胃向十二指肠转移。

7. 运动后及时补糖对身体恢复有什么好处

在训练课后或比赛后肌糖原、肝糖原储量降到低水平。利用运动后糖原合成代谢速度快的优势，采取高糖膳食和补糖可以促进糖原储量尽早恢复。只要补糖的时间和数量合适，糖原恢复可以在 24 小时内完成。

8. 运动后补糖时间与肌糖原合成速度之间存在什么关系

运动引起糖原耗竭后，运动后糖原合成速率表现出明显的差别（表 4-1），因此激烈运动后尽早补糖非常重要。理想的方法是在运动后即刻、头 2 小时以及每隔 1~2 小时连续补糖。在运动后 6 小时以内，补糖效果佳。运动后补糖量为 0.75~1.0 克/千克体重，24 小时内补糖量（包括主食）可达到 9~16 克/千克体重。

表 4 - 1　运动后补糖时间与肌糖原合成

补糖时间	肌糖原合成速度（毫摩尔葡萄糖/千克肌肉/小时）
运动后即刻	合成糖原速度最快，2 小时内为 7.7
运动后稍后	合成速度减慢，为 4.1
运动后几小时少补或不补	合成速度最慢，约为 2.5

9. 运动后补糖的次数对肌糖原合成有影响吗

摄入糖的总量充足是完成糖原合成的关键，摄糖次数不影响肌糖原合成。

10. 运动后补糖类型是否影响补糖效果

（1）耐力运动后需要大量补糖补水，可使用含低聚糖的运动饮料，其渗透压低（例如四聚糖为葡萄糖的 1/4），甜度小，吸收也快。

（2）在运动饮料中加入少量蛋白粉（8～10 克），可提高糖原合成效果。

（3）摄入固体或液体形式的糖对肌糖原合成是等效的。

11. 蛋白质的营养作用

蛋白质的生理作用体现在以下 6 个主要方面。

（1）帮助受损伤的组织快速修复和再生。

（2）对许多代谢过程如体液平衡、酸碱平衡、营养素输送等起调节作用。

（3）促进肌肉蛋白质合成、增强力量。

（4）提高饱腹感、帮助减重。

（5）当糖原大量消耗时，有助于提高运动持久力。

（6）促进抗体、补体和白细胞的形成，提高免疫机能。

12. 牛奶和豆浆营养价值相同吗

判断一种物质的营养价值如何，要看各种营养素的含量和人体对其吸收率的高低。

牛奶和豆浆相比，牛奶在糖、脂肪、蛋白质、钙等重要营养素的比较中，都高于豆浆，牛奶中的蛋白质还是人体易吸收的优质蛋白质，含钙量也相当高，每100毫升牛奶含钙约为100克。豆浆中的蛋白质含量较低，且不及牛奶中蛋白质的吸收效果好，含钙量也相对较低。所以选择牛奶要比豆浆好，因为各种营养素含量丰富，如果需要控制摄取脂肪的含量，可以选择低脂或脱脂的牛奶。

需要指出的是，有些人体内缺乏乳糖酶，喝牛奶会出现乳糖不耐受症，会引起腹胀、腹泻等不良反应，如有这类情况应该注意。

13. 运动员蛋白质摄入不足的危害

运动员对蛋白质的需要量为：每日1.2~2.0克/千克体重，从事力量、爆发力项目的运动员比从事耐力项目的运动员需要量略高。如果蛋白质摄入不足，会导致大强度训练后，肌肉无法得到有效的修复，造成疲劳的积累和损伤的加剧，肌肉逐渐萎缩、体重降低，无法保证较强的运动能力。蛋白质具有构成和修复组织、调解生理功能和供给能量的作用，是构成机体组织、器官的重要成分，人体各组织、器官无一不含蛋白质。同时人体内各种组织细胞的蛋白质始终在不断更新，只有摄入足够的蛋白质方能维持组织的更新，身体受伤后也需要蛋白质作为修复材料。

14. 运动员蛋白质摄入过量的危害

蛋白质摄入量要适宜，如果过量摄入会造成不良影响。除了作为结构物质或功能物质外，多余的蛋白质会转化为脂肪，首先会造成体重增加，过多的蛋白质还会加重肝、肾的负担，有毒的氨要经过肝脏解毒生成尿素，通过肾脏由尿液排出。由于蛋白质主要来源于肉类，还会造成含硫氨基酸摄入过多，加速骨钙流失，引起骨质疏松。此外蛋白质摄入过多还可能造成脱水、痛风、结石、便秘等不良后果。

15. 吃蛋黄会导致胆固醇摄入过多吗

鸡蛋是营养丰富的食品，其蛋黄则是蛋中的精华，维生素 A、维生素

B_2、维生素 B_6、维生素 D 等大多存在于蛋黄中。但是由于蛋黄中胆固醇含量很高，胆固醇与高血脂、动脉粥样硬化、冠心病相关，导致许多人不敢吃蛋黄，担心吃蛋黄会有不良影响。其实蛋黄中的卵磷脂，能使胆固醇和脂肪颗粒变小，有利于脂类透过血管壁为组织所利用，能使血中胆固醇大大减低。运动员每天消耗量比较大，不存在高血脂病人的特殊要求。相反，运动员需要摄入胆固醇成分来合成睾酮等激素成分，因此应摄入蛋黄。

16. 脂肪的种类和作用

脂肪是由甘油和脂肪酸所组成，其中脂肪酸因结构的不同，可分为饱和脂肪酸和不饱和脂肪酸；不饱和脂肪酸又分为单不饱和脂肪酸及多不饱和脂肪酸。饱和脂肪酸除了动物性油脂还包括植物性的棕榈油和椰子油，多不饱和脂肪酸包括红花籽油、葵花油、玉米油、黄豆油等；单不饱和脂肪酸包括橄榄油、芥花油、花生油等。脂肪的作用如下。

（1）生物体内储存能量的物质并给予能量。1 克脂肪在体内分解成二氧化碳和水并产生 38 千焦（9 千卡）能量，比 1 克蛋白质或 1 克葡萄糖高一倍多。

（2）构成一些重要生理物质。脂肪是生命的物质基础，是人体内的三大组成物质（蛋白质、脂肪、糖类）之一。磷脂、糖脂和胆固醇构成细胞膜的类脂层，胆固醇又是合成胆汁酸、维生素 D_3 和类固醇激素的原料。

（3）维持体温和保护内脏、缓冲外界压力。皮下脂肪可防止体温过多向外散失、减少身体热量损耗、维持体温恒定，也可阻止外界热能传导到体内，有维持正常体温的作用。内脏器官周围的脂肪垫有缓冲外力冲击保护内脏的作用，同时减少内部器官之间的摩擦。

（4）提供必需脂肪酸。

（5）改善食物感官性状。在日常的饮食中，脂肪扮演者十分重要的角色，对食物的色、香、味、形等起到重要的调节作用。饭菜是否可口与脂肪有一定的关系，可以促进食欲，唤起进餐欲望。

（6）脂溶性维生素的重要来源。鱼肝油和奶油富含维生素 A、维生素 D，许多植物油富含维生素 E。脂肪还能促进这些脂溶性维生素的吸收。

（7）增加饱腹感。脂肪在胃肠道内停留时间长，所以有增加饱腹感的作用。

17. 多不饱和脂肪酸的益处

多不饱和脂肪酸是指含 2 个或 2 个以上双键的直链脂肪酸。

多不饱和脂肪酸种类很多，对人体的保健作用显著，在动植物界分布亦较广泛，但很不均衡。从结构上看，凡是 $\omega-3$ 型的不饱和脂肪酸碳链越长，不饱和度越高，其医疗保健功能越明显。多不饱和脂肪酸可以保持细胞膜的相对流动性，以保证细胞的正常生理功能；还可以降低血脂、胆固醇、血压，预防心血管疾病；抑制血小板聚集，因而能防止血栓形成，预防中风和老年痴呆症。增强视网膜反射能力，防止视力退化；增强学习记忆力，提高学习效果。

18. 卵磷脂的生物功能

卵磷脂属于一种混合物，是存在于动植物组织以及卵黄之中的一组黄褐色的油脂性物质，营养价值较高的是大豆、蛋黄和动物肝脏中卵磷脂。卵磷脂具有保护肝脏、清洁血管并调节胆固醇含量的作用，同时降低心血管疾病的发生率，还可以提高记忆力与智力水平，此外对养颜润肤、延缓衰老有一定作用。

19. 哪些维生素与运动能力相关

维生素 A：与运动应激和免疫能力有关。有助于维持免疫系统功能正常，能加强对传染病特别是呼吸道感染及寄生虫感染的身体抵抗力。还促进生长、发育，强壮骨骼。

维生素 B_1：在能量代谢和糖代谢生成 ATP 的过程中起着重要作用。若身体缺乏可造成胃肠蠕动缓慢、消化液分泌减少、食欲不振、消化不良等障碍。

维生素 B_2：与人体细胞呼吸有关，因此在有氧耐力运动中起重要作用。此外，人体缺少它易患口腔炎、皮炎等症。

维生素 B_6：作用于蛋白质和氨基酸代谢，促进糖原、血红蛋白、肌红蛋白和细胞色素的合成，并且是糖原合成和糖原分解过程中起作用的糖原磷酸化酶的辅酶成分。

维生素 C：是一种强有力的抗氧化剂，可清除自由基，提高身体抵抗力。

维生素 E：是一种重要的抗氧化营养素，可消除自由基，减少脂质氧化的作用，保护细胞膜。

20. 哪些矿物质与运动能力相关

铁：运输氧的工具，对有氧运动能力起至关重要的作用。

钙：构成人体骨骼的最主要矿物质，肌肉收缩、神经信号的传递、体液环境的稳定都离不开钙的参与，钙的流失会导致抽筋、腰腿痛。

镁：参与酶的催化作用，对肌肉活动十分重要。

磷：是人体内富含能量的磷酸盐合成的重要成分，是构成人体骨骼、细胞的基本物质。

钾：在人体内的水分分配中起着重要作用，同时对体内的碳水化合物储存，即保护体内的糖原十分重要。

钠：对人体的渗透压十分重要。

锌：可以增强机体对感染的抵抗力和促进睾酮的生成。

硒：是抗氧化系统关键酶的活性中心，对于维持机体抗氧化有重要意义；与机体免疫系统功能状态有密切关系。

21. 运动员为什么要多吃水果和蔬菜

蔬菜含水分多，能量低，富含植物化学物质，是微量营养素、膳食纤维和天然抗氧化物的重要来源，多数新鲜水果含水分85% ~ 90%，是膳食中维生素（VC、胡萝卜素以及 B 族维生素）、矿物质（钾、镁、钙）和膳食纤维（纤维素、半纤维素和果胶）的重要来源。所以运动员多吃富含蔬菜、水果的膳食对保持合理平衡的膳食营养，保持肠道正常功能，提高免疫力等均具有重要作用。

22. 运动员钙缺乏与应力性骨折之间的关系

应力性骨折是指骨骼某一部位由于受到持续外力或长期积累损伤而引

起的慢性骨折。由于应力长期持续作用于正常骨骼某一点上，骨骼本身耐受不了应力积累，发生骨小梁骨折，而导致骨骼内部结构破坏，其继续发展即可造成应力性骨折。高强度、持久性、频率高的运动常能导致骨骼的应力性损伤，跨栏和长跑是最容易发生应力性骨折的项目。

运动员缺钙会造成骨密度降低，但是骨密度降低只被认为是发生应力性骨折的危险因素之一。造成应力性骨折与骨组织的脆弱性和骨的多孔性结构有关，而与骨密度大小无关，骨矿物质含量与应力性骨折的发生没有相关性。

23. 通过检测血钙和尿钙能否知道运动员是否缺钙

测量血钙：人体内99%的钙都贮存在骨骼和牙齿中，血液中的钙还不到全身总量的1%。但是，因为血液钙浓度的高低对生命有很大的影响，如果血钙浓度波动较大，人体将连伸手、走路等一些简单的行为都无法完成，因此一般情况下人体会想方设法保持血钙浓度的恒定。当食物中的钙含量补充不足，或者缺少维生素D使钙吸收不良，血钙开始下降时，人体会使贮存在骨骼中的钙迅速释放到血液中，使血钙浓度上升，保持血钙浓度的恒定。因此，除非极度缺钙，否则血钙浓度是不会明显下降的。所以在一般情况下，血钙浓度并不能敏感地反映人体是否缺钙，也就是说血钙正常的人也可能会有缺钙的症状存在。

测量尿钙：曾有人想用测定一次尿钙浓度的方法来了解机体是否缺钙，但实际上尿钙浓度还受膳食、饮水量及肾功能等因素的影响，因此也不能通过测一次尿钙来反映人体是否缺钙。

比较好的判断缺钙的方法是：采用双能量骨密度测定、超声波骨密度测定、CT骨密度当量测定，这些是目前被认为较为可靠的测定骨密度的方法，测量需要专业人员操作，误差小。

24. 如何判断运动员存在缺铁性贫血

缺铁性贫血是体内铁的储存不能满足正常红细胞生成的需要而发生的贫血。是由于铁摄入量不足、吸收量减少、需要量增加、铁利用障碍或丢失过多所至。缺铁性贫血的表现为头晕、头痛、面色苍白、乏力、易倦、心悸、活动后气短、眼花及耳鸣等。症状和贫血严重程度相关，临床上将缺铁性贫血分为以下三个阶段。

（1）缺 铁

或称潜在性缺铁期。仅有体内贮存铁的消耗，血清铁蛋白 < 12 微克/升。此时血红蛋白及血清铁等指标是正常的。

（2）缺铁性红细胞生成

红细胞摄入铁较正常时为少，除血清铁蛋白 < 12 微克/升外，转铁蛋白饱和度 < 15%，红细胞游离原卟啉 > 4.5 微克/升，但血红蛋白是正常的。

（3）缺铁性贫血

红细胞内血红蛋白明显减少，呈现小细胞低色素性贫血。血清铁蛋白 < 12 微克/升，转铁蛋白饱和度 < 15%，红细胞游离原卟啉 > 4.5 微克/升，血红蛋白 < 120 克/升（女性 < 110 克/升）。

治疗缺铁性贫血的原则为：①病因治疗，尽可能除去引起缺铁和贫血的原因；②补充足够量的铁以供机体合成血红蛋白，使体内铁的贮存量至正常水平。

25. 运动员的一日三餐应维持怎样的热量比

早餐：为保证上午的训练质量，运动员应该有一个营养素齐全的早餐并提供 25% 的能量。

午餐：能量应占 35% ~ 40%，这有利于下午的训练。

晚餐：晚餐后运动员主要是休息，能量的比例不要超过 30%。

加餐：训练中加餐的总量虽所占的比例很小（仅占 5% ~ 10%），但对训练质量的保证至关重要。

26. 三大能源物质应维持什么样的热量比

每日三大能源物质热量比见表 4-2。

表 4 - 2 每日三大能源物质热量比

营养素	碳水化合物	脂肪	蛋白质
供能比	50%～60%	25%～30%	12%～15%
备注	1. 耐力性项目可增加到65%～70%。 2. 运动饮料中的碳水化合物应计算在内。	游泳、花游、水球和冰雪项目等可增加到35%。	1. 来自动物性食物和豆类的优质蛋白质不低于30%。 2. 少年运动员可以适当增加蛋白质摄入，以满足生长发育的需要。

27. 运动员不吃早餐的危害

人早晨起床后，血糖水平会下降，应该及时补充能量。这时如果不进餐或进食低质早餐，体内就没有足够的血糖可供消耗，人体会感到倦怠、疲劳、暴躁、易怒，思维无法集中、精神不振、头晕眼花等不适，导致在上午的训练中无法完成应有的训练内容或者训练效果大打折扣，影响正常训练。经常不吃早餐，还会造成胃结肠反射作用失调，产生便秘。

28. 运动员脱水的危害

运动员因大量出汗丢失体液后得不到及时补充，水的摄取与消耗出现不平衡状态，就会出现脱水现象。脱水可影响运动能力，表现为最大摄氧量减少，维持最大摄氧量的运动时间缩短。轻度脱水（<2%体重）可出现口渴、尿量减少、心脏负担增加；中度脱水（2%～4%体重）可使疲劳进一步加重；重度脱水（6%～10%体重）还会使肌肉抽搐、精神活动减弱，严重者甚至会昏迷、死亡。

此外，脱水对运动能力的影响与运动员的适应状态有关。训练水平一般的运动员，失水2%～3%时，即可影响运动能力和最大摄氧量。训练水平高的运动员。失水5%时，对运动能力也无明显影响。

29. 哪些饮料会加速身体脱水的发生

含有咖啡因的饮料、碳酸饮料、酒精饮料会加速脱水。咖啡因有一定的利尿和脱水作用，运动后身体本来就会大量出汗，丢失大量电解质，如果喝含有咖啡因的可乐等饮料会进一步加重体液的流失。运动前后饮用碳酸饮料，会让碳酸饮料在体内产生更多的酸性物质，加速破坏体内的酸碱平衡。含有酒精的饮料也会加速脱水，酒精是一种利尿剂，会强制人体排出水分，并造成干渴感。

30. 补液的基本原则是什么

补液应该是少量多次（100～150毫升/次）的，这样才能被身体充分吸收。决不能让每次饮用的水分过多，因为一次性大量饮水只会有很少量的水分被身体吸收，其他的都会随着排泄物排出体外。

补液应该是主动补水，而不是被动补水。所谓主动补水是指在感觉口渴之前主动喝水；而被动补水是在出现口渴感之后被迫喝水。口渴感的出现说明体内的水分已经缺乏，某些组织细胞可能已经被破坏。因此在口渴感出现之后再补水，效果要比主动补水差得多。这就如同疾病，预防疾病往往要比得病后再进行治疗而经济实用得多。

31. 运动员应该如何选择运动饮料

运动员适用的饮料，除了提供水还要满足提供能量、促进吸收、维持水盐平衡的目标，以便增进运动能力、减低脱水的危害。

符合运动饮料的条件是：

（1）糖浓度：低于8%为宜，建议采用5%～7%以促进胃排空和小肠吸收，满足快速补充体液和能量的需要。

（2）糖的种类：多种可转运的糖（例如葡萄糖、果糖、低聚糖等）能表现出不同分解速度的层次。

（3）电解质：一般不补充，在长时间持续运动中，适量补充电解质。

32. 训练时如何怎样合理补液

（1）小、中负荷量训练时，合理膳食，不补糖，适量补水。

（2）大课训练时：准备活动阶段，饮用适量含糖饮料有益而无害；训练中饮用运动饮料为主，少用白开水，只有这样才能加快身体的恢复速度，酌情增加电解质用量。运动后补液：要尽早、少量多次喝，但不可暴饮，有利于加速恢复过程。以摄取含糖－电解质饮料效果最佳，饮料的糖含量可为 10%。

（3）强调体能训练时：为提高运动肌代谢应激的刺激程度，提倡运动中少补糖，保持饮水量，而在运动后加强糖原恢复手段。

（4）在高原训练中，失水量超过平原，因此高原训练期间摄水量应多于平原，且训练量越大，补水就应该越多。

33. 如何进行运动员的膳食营养评估

通过各种不同的方法对膳食摄入量进行评估，了解在一定时期内膳食所摄取的能量和各种营养素的数量和质量以及膳食结构和饮食习惯，以此评定正常营养需要得到满足的程度。采用的方法如下。

（1）称重法

优点是较准确，适用于特殊要求的集体单位、个人；缺点是费时费力、不适合于大规模的膳食调查。

（2）记帐法

简便易行、容易掌握、所费人力少、可调查较长时间的膳食；缺点是不如称重法准确、不适用于个体的膳食调查。

（3）化学分析法

准确、有必要进行精确测定时才用；缺点是方法复杂。

（4）询问法

优点是最方便，多用于个体的膳食调查；缺点是不太准确、误差较大。

（5）食物频率法

优点是反映长期营养素摄入模式，多用于流行病学研究；缺点是方法复杂。

34. 运动员如何自我评估膳食平衡

饮食营养状况评估要结合运动员身体状况、生活习惯、运动状况等因素，以及日常的饮食习惯，对运动员自己的饮食营养状况的合理性进行评定。并且通过分析判断饮食存在哪些问题，以便有助于自身进行饮食调整。

自我评估可采用以下方法：运动员自行记录每日膳食量、体重、晨脉以及每日训练量等参数，结合《中国居民膳食营养素参考摄入量》和《优秀运动员营养推荐标准》比较评价，可以得出热量摄入和消耗是否均衡，三大能源物质是否平衡，蔬菜水果摄入是否充足，饮水是否足够等结果。

35. 运动员的合理膳食要注重哪些方面

（1）食物的数量和质量应满足需要：数量上满足运动训练或比赛能量消耗的需要，使运动员保持适宜的体重和体脂；质量上要保证全面营养素需要和适宜的比例。

（2）食物应当营养平衡和多样化。

（3）食物应当是浓缩的、体积重量小。

（4）一日三餐食物能量的分配要根据训练或比赛的任务安排。

（5）进餐的时间应考虑消化机能和运动员的饮食习惯。

36. 如何根据训练情况合理分配一日三餐

（1）上午训练：早餐应有较高的能量，并有含丰富的蛋白质、无机盐和维生素的食物。

（2）下午训练：午餐应适当加强，但要注意避免胃肠道负担过重。

（3）晚餐的能量：不宜过多，以免影响睡眠。

（4）大运动量训练：可考虑加餐。

主题二　　营养促力手段

1. 合理膳食与营养补剂的关系

合理膳食对健康及运动能力有促进作用，食物选择是否科学对运动者的力量、耐力和体能有重要影响。运动者一日三餐所吃食物提供的热量和多种营养素与其完成每日训练运动量所需的能量和各种营养素之间要保持平衡。从营养素来讲，要有充足的热能，而且蛋白质、脂肪、碳水化合物的含量和比例要适当，有充足的无机盐、维生素、微量元素、膳食纤维和水分，也就是说每日各种食物的种类和数量的选择要得当和充足。一日三餐是获得绝大部分营养物质的渠道，是合理营养最根本的保证。

营养补剂是具有强力作用的膳食补充剂，属于食品而非药品。它可以满足运动员的特殊营养需求，提供额外的营养物质。可以对不合理膳食进行补偿，或者通过使用营养补剂促进疲劳的恢复和提高运动能力。

两者之间，正常的饮食是基础，不可过于依赖补充剂，补充剂只是起到一定的营养增强作用或因为正常膳食对特殊的营养需求无法满足而使用。

2. 运动员使用营养补剂的原则

（1）运动员的运动项目、训练特点、营养状态、生活习惯等不同，机体对营养素的需求也会有差异，因此要针对每个人的情况做出营养计划。

（2）单一营养素的作用有限，而复合营养素能通过协同作用充分发挥效益。但是要注意避免存在生化拮抗作用的组分相混。

（3）营养素摄入量要相对精确，摄入时间也要符合代谢的需要，即要有科学依据，才有希望获得理想的补充效果。

（4）营养素不是激素，从摄入到发挥作用需要的时间相对较长。

（5）保证原料来源可靠，确保无任何污染。

（6）良好口感，运动员能接受。

3. 运动员蛋白补充品有哪些种类

运动员使用的蛋白补充品主要有乳清蛋白、酪蛋白和大豆蛋白。乳清蛋白具有最完美的氨基酸比例，含有较高比例的支链氨基酸，还含有丰富的谷胱甘肽，胃排空和肠道吸收速率较快，适合运动后使用。酪蛋白是牛奶中的主要成分，含有丰富的谷氨酰胺，支链氨基酸比例低于乳清蛋白。酪蛋白消化速度比乳清蛋白慢，另外，酪蛋白容易引起乳糖不耐受者胃肠不适。大豆蛋白富含支链氨基酸，但仅含少量的必需氨基酸，易于消化，不含乳糖，适合乳糖不耐受者服用。

4. 如何使用乳清蛋白

乳清蛋白是从牛奶中提取纯化的最优质蛋白，营养价值极高。特点：吸收快、吸收完全、吸收率高、利用率高，含有丰富的必需氨基酸和支链氨基酸。作用：增加蛋白质合成，提高免疫功能。

训练前20分钟摄入35克左右的乳清蛋白，能促进肌肉组织的增长。训练前补充乳清蛋白粉的运动员比其他运动员增长了3倍多的肌肉组织。而且，乳清蛋白比自由态氨基酸能制造更强的正氮平衡，对于增加肌肉，乳清蛋白是最好的选择。乳清蛋白能提高肌肉对胰岛素（肌体最具合成性的激素）的敏感程度，在训练后补充乳清蛋白对加速肌肉恢复很重要。

训练后补充25克分离乳清蛋白能帮助训练者提高力量和爆发力，同时还能减少肌肉酸痛。乳清蛋白是减脂期间最好的蛋白质。每天服用3次，每次25克，或者服用2次，每次40克乳清蛋白就能得到良好的效果。

5. 提高抗氧化能力的营养措施

提高抗氧化能力的营养措施包括日常饮食和营养补剂。抗氧化剂能在自然饮食中找到，如果想提高抗氧化能力，可以多食用富含维生素 E、维生素 C、和 β - 胡萝卜素的食物，如水果蔬菜等。抗氧化类营养补剂如番茄红素，是一种强有力的抗氧化剂。它如同 β - 胡萝卜素，属胡萝卜素类物质，是一种天然的生物色素。由于它具有独特的化学结构，所以可以消除自由基，尤其是氧自由基。

6. 如何通过营养措施加强合成代谢、促进恢复

在训练和比赛后，由于运动员承受了大强度的运动负荷，机体需要及时的恢复，此时在营养措施上要以促进合成、加速恢复为目的。

（1）运动后，进食高糖、低脂、适量蛋白和容易消化的食物。蛋白质可选择乳清蛋白，具有极高的营养价值，促进肌肉合成，缓解疲劳。

（2）补液（采用含电解质的运动饮料）量应满足体重恢复到赛前的水平。

（3）补充矿物质、维生素。可以适当选择微量元素补品。

（4）补充具有抗氧化功能的蔬菜、水果。也可选择番茄红素等补剂。

（5）其他促合成补剂：肌酸、谷氨酰胺以及其他促进剂，对促进恢复有一定作用。

运动后营养补充要在适宜的时间进行，在合成代谢最为活跃的时期，提供必要的营养物质，能达到最好的恢复效果。

7. 缓解中枢疲劳的营养措施

引起中枢疲劳的主要因素是能源物质的不足与代谢产物的累积。运动时糖储备的下降，以及单胺类神经递质的增多都是引起中枢疲劳的因素。因此，营养措施可采用以下方法。

（1）运动中及时补充糖类营养，保证血糖的稳定，有利于减缓中枢疲劳的发生。

（2）及时补充支链氨基酸类物质，不仅有利于代谢，且可以减少色氨酸进入大脑，避免 5 - 羟色胺类物质的增高，延缓中枢疲劳的发生。

（3）其他可选择的营养补剂如磷脂酰丝氨酸，调节中枢神经，促进人体内源性睾酮分泌，抑制强化训练期间皮质醇的增长；褪黑素，调节睡眠，睡前半小时服用 1 ~ 3 毫克；康比特中枢双胞胎抑制型等。

8. 缓解外周疲劳的营养措施

（1）及时补充能量物质，避免机体出现能源耗竭。

（2）及时补充水分，避免因脱水导致体温上升，代谢紊乱，从而导致疲劳出现。

（3）补充蛋白质，促进肌肉蛋白质的合成，加速肌肉的恢复。

（4）补充糖肽饮料，蛋白质与糖的混合补充可大大提高糖原合成的速率，刺激胰岛素的分泌，使恢复过程加快。

（5）抗自由基损伤，运动员在恢复阶段容易感冒或者受伤，因此抵抗自由基积累也是延缓外周疲劳的主要措施之一。

9. 改善低血色素的营养措施

关于运动性贫血产生的机制，主要的观点是：①运动引起红细胞损伤破坏，引起溶血；②运动员需铁量、排铁量剧增，而铁的供给或吸收量不足，导致机体缺铁。对此，提高血色素的营养补充可从提高红细胞合成能力和提高红细胞抗溶血的能力两方面着手。

抗溶血的营养补充对策：补充抗氧化剂；在耐力运动或大强度间歇性训练中补充运动饮料，提高或稳定血糖水平，有利于红细胞内 ATP 合成；多吃新鲜蔬菜和水果等碱性食物，抵抗乳酸，改善内环境。

促红细胞合成的营养补充对策：补充优质蛋白粉、大豆磷脂、花生、胡桃、杏仁等营养品，以便促进组织结构组分恢复；补充铁和铁吸收增效剂。女运动员由于运动量较大，且生理特点需要，尤其要重视铁营养。国内推荐的运动员每日铁供给量为 20～25 毫克/日，补充维生素 C 可促进铁吸收。在平衡膳食的基础上，运动员应当多吃含铁丰富的动物肝脏、蛋黄、瘦肉、豆类、芝麻、黑木耳、猪血和绿叶蔬菜、水果、干果等食品，及传统补血的中药。

10. 改善低血睾酮的营养措施

（1）摄入一定量维生素 C 会使体内更多的孕烯醇酮有机会转化成睾酮；缺乏维生素 C 时，影响睾酮的生成。

（2）睾丸间质细胞产生睾酮需要锌，当正常人缺锌时，血液睾酮水平立刻下降。含锌量丰富的食物有贝类、芝麻、南瓜子、松仁、奶酪、海鲜、鸡蛋、火鸡、谷物等。

（3）通过补充营养来提高血液生长素水平，能够刺激睾丸产生更多的睾酮。

（4）磷脂酰丝氨酸能促进人体内源性睾酮分泌，抑制皮质醇的增长。每天服用 800 毫克磷脂酰丝氨酸，能有效抑制运动员强化训练期间皮质醇的增长。

（5）其他营养补剂如蒺藜皂甙、磷脂酰胆碱、蛋白类营养补剂、某些含主要成分的营养补剂也有刺激睾酮释放的作用。

11. 抵抗运动性体液酸化的营养措施

运动前多吃碱性食物，如牛奶、土豆、黄瓜、萝卜、海带和水果等，提高体内碱储备。也可以服用一点碱性盐，如小苏打，辅助增进机能，服用剂量是300～500毫克，运动前1～2小时服用。运动中及时摄入碱性饮料，内含有碱性电解质，起到中和酸的作用，延缓运动疲劳的产生。运动后多吃碱性食物，中和体内酸，加快恢复酸碱平衡，有助于消除运动后疲劳。肉类食物属于酸性食物，虽然能迅速恢复体力，但不利于疲劳消除，应控制摄入量。

12. 缓解延迟性肌肉酸痛的营养措施

（1）1，6－二磷酸果糖（FDP）是糖代谢的中间产物。提供能量，减少疲劳和肌肉酸痛。运动前2个小时服用两颗活性糖，可延缓肌肉疲劳。

（2）运动后及时摄入足量蛋白质和碳水化合物的混合物。建议运动后半小时内补充足量糖和多肽。肽比蛋白质更容易和更能快速高效被人体吸收，迅速修补受损肌肉，减轻肌肉酸痛。

13. 提高免疫力的营养措施

（1）保证糖、蛋白质和脂肪摄入充足，保证运动过程有足够的能源物质消耗，避免对其他物质消耗过多。

（2）补充谷氨酰胺，减少运动员感染，提高免疫能力。

（3）注重维生素和矿物质摄入。维生素B能提高免疫力，维生素C可增强抵抗力。

（4）减少自由基损伤。

（5）补充优质蛋白，如乳清蛋白。

14. 保护关节韧带的营养措施

（1）坚持低盐、低脂肪的饮食习惯，多摄取全谷类食物、新鲜蔬菜水果和鱼类。

（2）多摄取有利钙质吸收的营养素，如钙、磷、镁、蛋白质、维生素

C 等，可提供骨骼生长发育及维持骨质密度所需。维生素 D 可促进钙、磷的吸收利用，蛋白质和维生素 C 则有助于钙的吸收。

（3）减少高磷、高纤维的饮食，并避免酗酒，以免造成骨质流失及妨碍钙的吸收。

（4）适当补充有助于关节保健的营养素。如葡萄糖胺是软骨基质和关节液的重要成分，可修复软骨，使磨损的软骨再生，减轻疼痛、肿胀和增进关节活动力，还可加速受伤软骨和韧带的复原，减轻关节的运动伤害。

15. 力量素质低下的营养解决对策

（1）保证能量摄入，大约达到 50 千卡/千克体重/天以上。补充足够的碳水化合物，如米饭、馒头等。

（2）补充优质蛋白，如乳清蛋白等。多种不同来源的蛋白质搭配食用，如瘦肉、蛋奶类、豆制品等。

（3）补充肌酸。肌酸可以明显增加瘦体重和肌肉力量。

（4）补充谷氨酰胺、支链氨基酸等促进疲劳恢复、促合成、抗分解类补剂。训练前摄入谷氨酰胺和支链氨基酸复合剂，维持体内氨基酸稳态，降低训练中蛋白质分解速度，延缓疲劳。训练中补充谷氨酰胺，加速消除疲劳。运动后补充谷氨酰胺促进蛋白质合成，提高肌肉绝对力量。补充支链氨基酸还可预防和减轻中枢疲劳。

16. 服用肌酸要注意哪些问题

补充肌酸能够快速提升能量，增加肌肉的爆发力和耐久力，提高身体素质和运动成绩（特别是高强度、短时间、爆发力的项目）。服用肌酸的注意事项如下。

（1）合理掌握剂量和时间。第一阶段（"负荷剂量"阶段）：约 5 ~ 7 天。每天服用 20 克（0.2 ~ 0.3 克/千克体重），每次 5 克，分 4 ~ 5 次服用。第二阶段（"维持剂量"阶段）：每天摄入 3 ~ 5 克（0.02 ~ 0.03 克/千克体重），连续补充 4 周，肌肉内肌酸便可在数周内保持较高水平。服用时间一般在两餐之间、训练和比赛前 30 ~ 60 分钟以及运动后。

（2）口服肌酸的同时补糖、蛋白质和其他营养素（维生素 E、牛磺酸、谷氨酰胺、β-羟-β-甲基丁酸、无机盐、α-酮戊二酸和中药提取物）。通常服用 5 克肌酸配以 100 克糖共同服用。

（3）补充足够的水。冲饮肌酸宜用葡萄汁或其他含糖饮料，不可用热开水、橘子汁和咖啡因的饮料。

（4）高纯度肌酸单水化合物是理想补充品。

（5）肌酸粉比胶囊和药片更易人体吸收。

（6）要和力量或速度等训练内容相匹配，防止过度训练和运动损伤。

（7）服用肌酸会产生某些副作用：

① 导致体重的增加。对于控体重和降体重的运动员要考虑这一点。应安排大运动量训练，同时注意小肌肉群的锻炼。

② 有胃肠道不适现象。应采取少量多次方法。

③ 抑制内源性肌酸合成。最好在空腹状态下服用。

④ 引起肌肉酸胀感和僵硬。建议采用按摩、理疗等手法以及小肌肉群训练和积极性恢复等措施来减轻症状。

17. 大强度训练期应注意哪些营养问题

（1）根据训练量和强度调整每日能量供应。

（2）三大营养素摄入比例应适宜：首要是保证足够的碳水化合物，供能比占 55%～60%，耐力项目应增加到 65%～70%。蛋白质供能占总热量的 12%～15%，脂肪提供 25% 左右。也就是说，主食应占总量的一半以上，剩下的一半是肉类蛋类等。

（3）三餐热能比要合理：早中晚三餐供能比约 3∶4∶3。重视早餐，要营养全面。中餐多吃富含蛋白质的食物，晚餐宜清淡，避免过多的蛋白质和脂肪。注重加餐，遵循每日多次进食原则。

（4）合理安排训练时间和进餐时间：使生理状况和训练相适宜，协助提高运动能力。两餐之间时间间隔 4～6 小时为宜。

（5）摄入食物多样性：包括各种粮食、奶、蛋、鱼、瘦肉类、豆制品、蔬菜、水果、适量烹调油等。

（6）选择营养密度高，体积小的食物：一般一日食物总重量不应超过2500 克。

（7）训练期注意水分的补充：不要等到口渴再补充，最好饮用运动饮料。

18. 异地训练或比赛会面临哪些营养问题

（1）全面考虑营养需要，制订计划和备用计划。

（2）与所到目的地的旅店和餐厅联系订阅食谱，有充分自信并作出适当安排。如有需要，出发前向航空公司预定航空餐。

（3）要求额外增加土豆、面包、米饭、面食或其他富含碳水化合物的食物。

（4）运动员可随身携带便捷食物，如能量棒、饼干、面包、坚果、罐装蔬菜、运动饮料等。

（5）所到处用餐时，选择干净、卫生的餐厅，可多向餐厅咨询食物详情。

19. 如何为比赛制订营养方案

（1）比赛前 2～4 小时进食，提供 500～1000 千卡的热量，选择体积小、重量轻、易消化的食物，如蛋糕、面包、面条、馒头以及果汁等。

（2）按平时的饮食习惯选择食物，不宜换新的食物。

（3）大量出汗的比赛项目或高温环境下比赛时，赛前应补液，量约为 500～700 毫升，最好选用运动饮料，不宜服用咖啡、浓茶和酒精。

（4）耐力性项目赛前补糖，补糖时间为赛前 2 小时或 15～30 分钟为宜，补糖量以小于 50 克/小时为宜。

（5）赛中有营养补充可能的项目，需要制订赛中营养计划，主要以补充糖营养和水分为主。

（6）赛后应及时补充蛋白质和糖的混合物，促进运动员尽快恢复。

20. 赛前一餐应注意哪些问题

（1）赛前一餐应在 3～4 小时前完成。

（2）所选食物应能提供 500～1000 千卡的能量。

（3）选择高碳水化合物，适量蛋白质和低脂肪食物，碳水化合物能量占 65% ～ 70%，以淀粉类多糖为主。可选食物有大米、面食、面包、蛋糕（低奶油）、熟玉米、鱼、海产品瘦肉、新鲜蔬菜和水果等。

（4）喝至少两杯含糖饮料。糖以低聚糖最宜。不宜服用咖啡、浓茶和酒精。

21. 长距离耐力性项目如何在赛前实施糖原负荷法

采用糖膳食与运动配合以导致肌糖原储备大大增加的方法，称为糖原负荷法。赛前四天进行尽量消耗肌糖原的运动，然后接着三天逐渐减小运动负荷量以免肌糖原进一步大量消耗，同时采用高糖膳食（淀粉为主），使肌糖原达到超量恢复。膳食糖量达到总热量的 60% ～ 70%（或者 9 ～ 10 克/千克体重/天），约 500 ～ 600 克。

例如马拉松跑运动员在赛前一周至三日前，以较快速度跑 20 公里，大量消耗肌糖原，然后降低负荷量和强度，赛前 3 ～ 4 天连续吃糖类食物，如淀粉、蜂蜜、蔗糖或葡萄糖等，每日量达到 600 克左右为宜。这样在赛前肌糖原数量可出现明显的超量恢复，由原来每千克湿肌含肌糖原 1 ～ 2 克增至 3 ～ 4 克，有助于运动员创造优异的运动成绩。

22. 赛期营养品的使用应注意哪些问题

（1）不得含有国际奥委会禁用药物（兴奋剂）。

（2）尽可能不用，尽可能从食物中获得需要的营养素，过多或者不恰当的补充营养品可能会给身体带来副作用。

（3）若真正需要，根据需要选择营养品，避免重复或者超量使用。

（4）作用相同或相近的运动营养补充品交替使用。

（5）根据个人身体素质和训练情况选择营养品，因人而异，加强个体监控。

主题三　训练监控

1. 减控体重的原则

（1）减体重目的是减少脂肪而不损失瘦体重。一般减重总量不可超过5公斤，可以在赛前2~4周开始。超过5公斤以上要在4~6周前开始。一般赛前一个月起就开始控制饮食，正常的体重减轻量为原来体重的3%~5%。减体重以时间来划分可分为慢速减体重和快速减体重。

（2）慢速减体重的适宜速度应为每周1公斤，在大负荷之后开始减体重为最合适。

（3）快速减体重时最大幅度不应超过每周3~5公斤，采用此方法减体重容易引起机体代谢紊乱，方法不易掌握，且效果也不易巩固。接近比赛时可结合物理性方法，如桑拿、蒸汽浴等减体重，尽量避免利用药物降体重，以减少对身体的伤害。

（4）主动性脱水是运动员赛前减体重的有效方法之一，主动性脱水只能在比赛前1~2天采用，而且脱水应该控制在体重的2%左右。脱水太多会造成脑疲劳（精力不集中、昏昏欲睡）、瘦体重减少及肌糖原和肝糖原分解等各种负面影响。

2. 减控体重期应注意哪些问题

（1）保持一日三餐，餐食以低热量、高营养素含量的食物为主，如奶类、蛋类、鱼类等。将食盐摄入量减至5~6克/天。热量摄入量不应少于2000千卡/天，蛋白质摄入量应达到2克/千克，或为总热量的18±2%的水平，同时减少食物中脂肪和糖的含量，并保证有充足的无机盐、维生素及微量元素的摄入，避免营养不良。并保证训练时定量饮水。

（2）控制饮水量，每天饮水量限制在500~600毫升范围内，不宜过少。

（3）将快速脱水法作为应急措施采用时，要注意脱水限度，不宜采用呕吐和使用利尿剂等方法。

（4）不宜用减肥药，长期服用减肥药将会使运动员产生神经性厌食症，而且有副作用。

（5）合理进行减重食品的应用：使用棒类减重食品，如纤体棒以及膳食纤维、左旋肉碱等减重活性物质。

（6）应把控制能量摄入、合理的耐力活动与正常的训练计划结合起来。

（7）利用食物动力作用，遵循少食多餐原则。

（8）考虑个体差异制订运动方案；坚持循序渐进原则，体重下降幅度不宜过大；必须长期坚持。

（9）保证充足的睡眠。

（10）医务人员进行监督指导，避免意外情况发生。

3. 减控体重期间的营养补充措施

（1）使用能够刺激骨骼肌加速消耗脂肪酸的营养品，如 L－肉碱，促进机体内的脂肪经有氧代谢转化为能量，从而达到减轻体重的目的。

（2）运动时充足的运动饮料、补液，保证训练时发挥体能，维持高质量的负能量平衡。

（3）补充因减少进食而亏缺的优质蛋白或特殊氨基酸、维生素、微量元素等营养品。

（4）补充能够改善因减重引起的各种平衡失调或紊乱的营养品，如电解质胶囊，使神经肌肉处于最佳的兴奋状态，防止痉挛发生。

（5）严重减重时，用营养补充品降低饥饿感，保护好胃功能，如去脂魔酥。

4. 采用生理生化指标实施训练监控的范畴包括哪些方面

通过生理生化指标的针对性检测，揭示人体的运动时能量代谢特点和规律、运动肌的能量平衡、内环境酸化、水盐平衡、神经体液调节、组织损伤、免疫机能、营养状况等机能状况，为训练监控体系提供运动机能、训练负荷、训练效果、营养状况、疲劳与恢复等信息。

5. 采用生理生化指标实施训练监控有什么作用

（1）服务于科学训练，提供运动员个体的身体状况，一旦发现运动员出现疲劳症状时，及时地向教练员提出建议，以防止过度疲劳及运动损伤的发生，保障训练计划更具个体化特色。

（2）服务于营养补充，严密监测运动员机能状态的变化，及时调整营养品应用计划，防止因营养缺乏而导致的过度训练，提高营养恢复效果。

（3）服务于体重控制，保障控体重过程营养补充适度，机能状态良好，为完成训练计划、保证训练质量护驾。

6. 如何正确使用单项生化指标

各项生化指标具有自身的独立性，能从不同的角度反映机体对运动应激的反应。使用单一指标时多注重纵向比较，通过运动前后的各生化指标的变化，次日晨乃至一周、一个月或更长时间实施追踪研究。例如，根据运动前、后血乳酸和尿蛋白的差值，可用以评定运动负荷强度；根据运动后一至数日晨起血清肌酸激酶活性与安静状态的比较，可了解运动后的恢复情况；对血红蛋白、血尿素、尿蛋白周期性跟踪研究，才能得出机能的变化特点。因此，当遭遇异常数值时，一定不要急于下结论。

7. 血红蛋白指标的监测意义，该值是否越高越好

血红蛋白俗称血色素，是红细胞中一种含铁的蛋白质。血红蛋白的主要生理功能是运输氧和二氧化碳，并对酸性物质起缓冲作用，参与体内的酸碱平衡调节。血红蛋白是运动队最常用的测试指标之一，它能综合反应运动员在运动过程中血液携带氧的能力，在运动员营养评定中，通过测定血红蛋白了解运动员的营养状况，以及机体是否处于贫血状况。在高原训练中，它是评定运动员对缺氧适应的指标，在运动队大负荷训练中，教练员可根据血红蛋白的高低掌握运动员的训练量是否合适，了解运动员是否处于疲劳状态，从而及时调整运动量的大小。

血红蛋白含量不是越高越好，因为血红蛋白太高使红细胞内粘度增

加，红细胞变形能力下降，血液粘稠度上升，血流速度减慢，这不利于氧的运输，还会影响运动员的健康。有氧耐力运动员的血红蛋白水平保持在140～160 克/升（男）、120～140 克/升（女）之间为宜。

8. 如何采用血乳酸指标监控耐乳酸训练

乳酸是糖酵解的最终产物。运动员无氧耐力（速度耐力）的提高需要糖酵解能力增强，在糖酵解能力增强的同时，必然伴随着大量的乳酸产生（运动过程中清除的乳酸量是有限的），所以运动员耐受乳酸的能力就显得十分重要。运动实践证明，当运动员耐受乳酸能力提高时，运动成绩也随之提高。目前，乳酸耐受能力的训练常用于田径的中跑和游泳的 100 米、200 米、赛艇等项目的训练中。

乳酸耐受能力训练一般以 10～12 毫摩尔/升的血乳酸浓度为宜（因项目而异），然后保持在这一水平上，使机体在训练中保持较长时间的刺激，从而产生生理上的适应和耐受力的提高。在训练中可采用 1～1.5 分钟运动，4～5 分钟休息的多次重复的间歇训练方法。1 分钟的运动可使血乳酸达到 12 毫摩尔/升左右，休息 4～5 分钟，血乳酸有一定的转移，再进行下一次练习，使血乳酸又回升至 12 毫摩尔/升左右。运动重复进行，血乳酸保持在较高水平，使机体适应这种刺激，体液和组织的碱储备增多，对酸的缓冲能力增大，从而提高乳酸耐受力。

在中长跑、游泳等训练中，从专项要求来看，应尽可能提高他们对运动时所积累的乳酸耐受能力。提高乳酸耐受能力对 400、800 米跑，100、200 米游泳取得优秀成绩尤为重要。耐受乳酸能力一般可以通过提高缓冲能力和肌肉中乳酸脱氢酶活性而获得的。

在游泳、中距离跑或速滑等项目训练中，可采用 1 分钟左右的用力跑或游泳，使血乳酸达到 12 毫摩尔/升水平，然后采用 4～5 分钟的休息间歇使乳酸从骨骼肌运转至血液，在休息期中又可消除一部分乳酸，从而使骨骼肌能维持重复运动。

9. 如何采用血乳酸指标监控最高乳酸训练

运动中乳酸生成量越大，说明糖酵解供能的比例越大，无氧耐力素质越好，所以最高乳酸训练的目的是使糖酵解供能能力达到最高水平，以提高最大强度运动在 1~2 分钟运动项目的运动能力。

最高乳酸训练是由最大速率糖酵解供能，数次运动后乳酸积累达运动员在训练过程中本人的最高水平，运动后血乳酸大于 15 毫摩尔/升（项目类型及个体差异较大）。持续约 1 分钟的超极量运动如 400 米跑、100 米游泳等项目，且间歇 4 分钟，可以使身体获得最大的乳酸刺激，是提高最高乳酸能力的有效训练方法。

10. 如何采用血乳酸指标监控无氧低乳酸训练

无氧低乳酸训练是以发展磷酸原供能系统为目的的，其原则如下。

（1）最大速度或最大练习时间不超过 10 秒。

（2）每次练习的休息间歇不能短于 30 秒，因短于 30 秒时 ATP、CP 在运动间歇中的恢复数量不足以维持下一次练习对于能量的需求，故间歇时间一般选用长于 30 秒，以 60 秒或 90 秒的效果更好。

（3）成组练习后，组间的间歇不能短于 3~4 分钟，因为 ATP、CP 的恢复至少需要 3~4 分钟。

无氧低乳酸训练由磷酸原以最大代谢速率分解供能，尽可能多消耗 CP，很少乳酸产生。运动后血乳酸不超过 3~4 毫摩尔/升。

11. 取末梢血做血乳酸测试，应何时采血

在训练监控实践中，测定血乳酸的要求是最好能够测到运动后血乳酸的最高值，而运动后血乳酸的最高值的出现时间与训练的强度、训练的组间间歇时间等有关。一般认为，在乳酸阈以下强度的耐力训练后，即刻采血测定的血乳酸值就是运动引起的最高乳酸水平，因为这种训练一般持续时间比较长，超过了肌乳酸与血乳酸达到平衡的时间，运动后即刻血乳酸水平就是峰值，并且随着运动的结束已经开始逐渐消除，因此采血动作要快；而大强度运动后 2~5 分钟取血才能抓住乳酸最高点，因为大强度运动

时间较短，从几秒钟到两三分钟不等，这样短的时间，肌肉内大量生成的乳酸还没有进入血液并达到肌乳酸和血乳酸的平衡，因此，要在运动结束后数分钟左右测才能抓住最高点。

由于不同个体的乳酸动力学差异较大，不同个体同样强度运动后血乳酸峰值出现的时间差别可以很大，因此，每个运动员都有适合自己的最佳采血时间。但同一个体同样强度运动后血乳酸峰值出现时间变化则不大，因此，优秀运动员为了使训练监控结果更加准确和有效，应该进行一次多点采样测试，一般在运动后 1、3、5、7、9 分钟分别取血测试，以找到个体血乳酸峰值出现时间点，在以后同样强度运动后的测试中，可以固定该时间点进行测试。另外，当运动员的训练水平有了较大提高后，血乳酸峰值出现时间可能会改变，需要重新摸索。

12. 什么是乳酸阈，在训练中如何应用

乳酸阈是指在递增负荷运动过程中，血乳酸浓度随运动负荷的递增而增加，当运动强度达到某一负荷时，血乳酸出现急剧增加的那一点，即由有氧代谢供能为主转换为无氧代谢供能为主的临界点。乳酸阈大小通常用血乳酸浓度达到 4 毫摩尔/升时的运动强度、功率、耗氧量（VO_2）或最大摄氧量的百分比（% VO_2max）来表示。

目前乳酸阈应用于以下几个方面。

（1）评定运动员运动能力和评价训练效果，当无氧阈负荷增大时运动员运动能力强，反之则差。

（2）预测运动成绩，目前在此方面的研究较多。

（3）安排有氧训练和无氧训练的强度。

13. 短跑选手和马拉松选手的乳酸曲线是否相同

不相同。乳酸曲线即乳酸 - 强度曲线（Intensity - Blood Lactate，I - BLA 曲线），应用于乳酸阈的实验室测试法，以血乳酸浓度达到4毫摩尔/升所对应的强度为乳酸阈强度，乳酸阈强度越大，说明有氧代谢能力越强。短跑选手的有氧代谢能力较差，而马拉松选手的有氧代谢能力较好，因而当血乳酸浓度达到 4 毫摩尔/升时，短跑选手所对应的运动强度较马拉松选手

低，所以短跑选手的乳酸曲线和马拉松选手的不相同，较马拉松选手的偏左。

14. 当运动能力提高时，马拉松选手的乳酸曲线会如何变化

当运动能力提高时，马拉松选手的有氧耐力水平提高，在进行相同运动强度的训练时，血乳酸值较之前降低，因而乳酸曲线发生右移。

15. 采用递增负荷测试运动员的有氧能力，是否一定要去运动员做到力竭

不一定要运动员做到力竭。比如测定最大乳酸稳态的 6 分钟亚极量负荷测试法。

16. 什么是最大乳酸稳态

最大乳酸稳态（Maximal Latate Steady State，MLSS）是指血乳酸生成与消除达到平衡时所能维持的最高、稳态运动程度。

马拉松跑、赛艇、皮划艇的 12、16 公里长划因其运动时间长，能量供应几乎完全由有氧代谢提供，所以运动员在运动中血乳酸浓度低于乳酸阈值。因此在运动训练中要低于 4 毫摩尔/升的乳酸阈值才能适应比赛的要求。训练期间血乳酸值达到一个最大的稳态水平，这是发展有氧代谢能力的最大负荷强度和量度的综合的最适宜的方法。在训练中，开始跑后使血乳酸值达到要求的低于 4 毫摩尔/升的水平，并在这个跑速的水平上跑 45 分钟左右，这期间血乳酸值达到一个最大的稳定水平。因此，在马拉松训练和比赛中，可以采用在 3 毫摩尔/升最大血乳酸稳态水平的强度负荷。在开始跑 10 ~ 15 分钟后，血乳酸达到要求的最适的高水平，并且在其后持续跑 10 分钟时，血乳酸变化幅度不能超过 1.0 毫摩尔/升，这种训练强度被认为是最适宜的最大有氧代谢训练强度。

17. 如何用血尿素指标监控运动员的机能状态

尿素是蛋白质和氨基酸分子脱氨基的代谢终产物，通常作为评定蛋白质分解代谢和机能状态的指标。运动员血尿素安静值常常处于正常范围的

偏高水平。我国优秀运动员晨起血尿素值的正常参考范围为 4 ~ 7 毫摩尔/升。

用血尿素评定一次运动负荷量时，一般在 30 分钟以内的训练课中，其血尿素水平变化不大。当运动时间长于 30 分钟时，血尿素水平才明显增高。优秀运动员一次训练课后，以次日晨起血尿素水平在 8.0 毫摩尔/升以下较为合适。负荷量越大或机体适应越差，血尿素水平上升越明显，次日晨起的恢复也可能较慢。在实际应用时，还需根据运动员身体状况和训练水平，结合其他的生理生化指标及主观疲劳感觉指数进行综合评价。

血尿素是评定训练后身体恢复状况的良好指标，在训练周期测定血尿素水平，可按如下三种情况进行评定。

（1）大负荷量训练日的次日晨增加，但在训练调整期结束时能恢复正常水平，则评定为训练负荷量合理。

（2）大负荷量训练日的次日晨起值无明显变化，则评定为训练负荷量不足。

（3）在大负荷量训练日的次日晨上升，并持续至训练周期结束，则训练负荷量过大。

18. 如何用血清肌酸激酶指标监控运动员训练

血清肌酸激酶（CK）主要是肌肉中的肌酸激酶通过肌细胞膜进入血液中产生的，不具有生理作用。肌酸激酶来源于骨骼肌、心肌和脑等组织的细胞内，尤其骨骼肌含量最丰富，占全身总量的 96%。正常情况下肌细胞膜结构完整，功能正常，肌酸激酶极少渗透出细胞膜进入循环系统，因此肌酸激酶在血液中活性极低，主要来自骨骼肌和心肌。由于运动中缺氧、相对供能不足、血乳酸堆积带来的酸性产物、肌肉反复剧烈收缩带来的机械牵拉损伤等原因，使得肌细胞膜的通透性增大和破损，进而肌酸激酶通过破损的肌细胞膜渗透入血液，这是血清肌酸激酶活性升高的主要原因之一。

由于造成细胞膜破损的原因不同，细胞膜损伤的时间和方式也不同，造成不同强度、不同项目运动后血清肌酸激酶升高的时间规律也不同。一般来说，长时间激烈运动后，一般血清肌酸激酶活性在 0 ~ 2 小时内轻度增加，6~8 小时明显升高，16~24 小时达到最高峰值，持续 48~96 小时可恢复到运动前水平。在短时间极限运动后，血清肌酸激酶在 5~6 小时升高，8~24 小时达到最高峰值，48 小时以后逐渐恢复。在持续时间较短、强度又不大的运动后，血清肌酸激酶活性变化不大。

在训练监控中，为了排除训练后作息、恢复等因素不同对血清肌酸激酶升高幅度的影响，一般在大强度训练后 30 分钟内测定血清肌酸激酶。通过比较训练前和训练后的活性值，可以用来评定身体的恢复状况及运动负荷的适应情况。运动后一般处于 100~200 单位/升范围内；如果超出 300 单位/升，则是运动量过大、身体尚未恢复的表现。定量负荷后，如果血清肌酸激酶活性的上升幅度减小或者恢复加快，说明身体对运动负荷已适应。

血清肌酸激酶评定赛前身体机能时，一般认为，赛前 1~2 天血清肌酸激酶活性降至 300 单位/升以下，表示运动员基本没有疲劳积累，可以以良好的状态参加比赛。不过赛前血清肌酸激酶也不宜太低，这样不利于运动员保持状态。

需要注意的是，血清肌酸激酶活性在负荷后的增加程度存在着显著的个体差异，负荷后血清肌酸激酶的恢复程度个体差异也很大。因此，在应用血清肌酸激酶指标进行训练监控时，要以每个运动员自己的连续监测结果进行纵向比较，通过系统测试来了解运动员血清肌酸激酶变化的个体规律。

19. 如何利用心率指标监控运动员的机能状态

心率是心脏周期性机械活动的频率，即心脏每分钟搏动的次数，以次/分（b/min）表示。一般来说，心率用于评定运动员的机能状态需要测定的最重要指标主要是晨脉、安静心率和最低心率。晨脉是指在清晨醒后未下床前安静状态下计数的脉搏数，安静心率基础值一般是指起床后未进行活动时测定的脉搏数，两者之间存在大约 2~5 次/分的差别。最低心率指运动员在赛后调整期的最低晨脉。

有氧耐力训练会造成运动员晨脉降低，例如训练有素的耐力项目运动员（如自行车或马拉松运动员）晨脉一般为 40~50 次/分，有些人甚至更

低，而未经训练者晨脉在 70～80 次/分之间，并且耐力水平提高后，晨脉
会逐渐下降。但晨脉低不一定说明身体状况良好，必须首先排除器质性心
脏病的干扰。

同一运动员正常情况下的晨脉较为稳定，具有良好的纵向可比性。过
度训练及所有的病毒性感染疾病（如感冒和流感）都能引起晨脉的变化，
运动员对当前的训练负荷不适应、过度训练或病毒性感染后晨脉会升高，
而运动员身体恢复或康复后晨脉则逐渐下降，因此，通过测定晨脉可以早
期诊断运动员对训练负荷的适应情况。每个优秀的运动员都应该记录自己
每天的晨脉，并且绘制出晨脉的月变化曲线图。

除晨脉外，测定耐力项目运动员定量运动负荷后心率恢复速率，也可
以有效评价运动员的机能状态，因为心率恢复速率反映了运动员的有氧代
谢能力，因此与运动员的耐力素质有很大的关联。

20. 如何利用心率指标监控运动员的训练

心率是肌肉活动时反应心脏承受负荷大小的常用指标，运动开始后，
肾上腺素分泌增多，交感神经紧张度迅速提高，使心率升高。在一定的范
围内，心率随着运动强度的增加而升高，即心率与运动强度之间呈良好的
线性相关，因此，心率是监控训练强度的有效指标。运动中进行心率监控
通常使用最大心率（HRmax）和心率储备（HRreserve）。

最大心率是指运动中心率的最大值。未经系统训练的运动员最大心率
在 200 次/分左右，在训练水平很高的运动员，训练还可能使最大心率略为
下降，训练有素的运动员的最大心率一般略低于未经训练者。最大心率只
有在运动员充分休息后才能够测得。测量最大心率时，运动员先用低强度
活动进行热身，然后用大强度运动 4～5 分钟，最后进行 20～30 秒全力运
动，同时使用心率表，显示出的心率最高值即为该运动员的最大心率
（HRmax）。测定运动后即刻的心率作为最大心率是不准确的，因为最大心
率不一定出现在运动后即刻，并且运动后心率也会迅速下降。最大心率不
能只用一次测试来确定，而应该在几周内多次测定，最高的一次测试结果
为真正的最大心率。

另外，同一个受试者采用不同运动方式可以得到不同的最大心率。运

动员应确定其在不同运动方式下的最大心率，训练计划可以根据其最大心率和安静心率来进行改进。如果没有一定的设备条件很难测得一名运动员的最大心率，有人利用公式（HRmax = 220 − 年龄）推算最大心率，该公式算出的只是一个估计值，并不准确。

心率储备（HRreserve）是指最大心率（HRmax）与最低心率（HRrest）之间的差值（HRreserve = HRmax − HRrest）。例如，一名运动员最低晨脉为 50 次/分，最大心率为 200 次/分，则其心率储备为：HRreserve = 200 − 50 = 150 次/分。芬兰科学家 J. Karvonen 提出用心率储备的百分数来表示运动强度的观点，即动员最大心率储备为 100% 强度，相应地动员 70% 心率储备为 70% 最大强度。例如：运动员最低心率为 50 次/分，心率储备为 150 次/分，则 90% 心率储备强度心率（90% 强度靶心率）为：$HR_{90\%}$ = 50 +（90% × 150）= 185 次/分。另外，随着运动员训练水平的提高和训练年限的增加，其最低晨脉会逐渐减小，而最大运动心率会逐渐增加，一般每半年要调整一次最高心率和最低心率。

应当注意的是，在大强度运动时心率升高的速度较快，并当运动到一定时间后，心率就停留在一个稳定状态。因此，单用心率指标监控训练强度时，不能反映强度的积累，一般结合血乳酸指标进行综合评价。

21. 如何采用睾酮/皮质醇比值监控运动员的机能状态

测试运动员安静状况下的血清睾酮与皮质醇比值，可以监控运动员的机能状况。可在阶段性训练前测晨起值，作为基础值，然后在阶段性训练中根据需要定期测定晨起值，与基础值进行比较，反映机体总的合成代谢与分解代谢的平衡状况。如果血清睾酮与皮质醇比值出现大幅度降低，有可能是分解代谢大于合成代谢，不利于运动员消除疲劳，需要对运动员加强营养等恢复手段，以免发展为过度训练。如果血清睾酮与皮质醇比值不变或升高，则表明机体的分解代谢没有超过合成代谢，运动员机能状况正常。当低于训练期前 25% 而又不回升时应停止训练计划或增加恢复措施。芬兰学者把血清睾酮与皮质醇比值（FT/C）作为机能评定的敏感指标，当比值下降超过 30% 或比值小于 0.35×10^{-3}，则可诊断为过度疲劳。有人将该标准用于耐力运动员的训练监控中，效果较理想。

运用血清睾酮和皮质醇进行机能评定时应结合训练情况。相同训练条件下，血清睾酮浓度高是机能好的表现；大运动量负荷后，血清睾酮下降，皮质醇上升，为机能下降的表现。

还有一种情况需注意，当运动员的血清睾酮和皮质醇同时出现下降时，根据二者下降幅度的不同，也会出现不同的结果。但在这种情况下，即使血清睾酮与皮质醇比值升高，也需要看血清睾酮的绝对值是否处于较高水平，如果太低则有可能意味着下丘脑 – 垂体 – 性腺轴和下丘脑 – 垂体 – 肾上腺轴都受到抑制，这种情况不利于运动员提高运动能力，需慎重对待。

22. 如何采用生理生化指标监控运动员身体机能恢复（表4 –3）

表4 –3　运动员身体机能恢复的综合评定

生理生化指标	身体机能恢复的评定
心率	晨安静时心率恢复到平时的正常参考范围
血乳酸	运动后血乳酸消除快，恢复时间短，表示有氧代谢能力强
血尿素	运动次日晨或训练周晨达4~7毫摩尔/升以下为机能恢复
尿蛋白	运动后4小时或次日晨尿蛋白消失是身体机能恢复的表现
尿胆原	运动次日晨值大于安静正常范围是机能未恢复的表现

23. 如何采用生理生化指标监控运动员过度疲劳（表4-4）

表4-4　过度疲劳时生理生化指标的综合评价

指标	评定方法
心率	晨脉明显加快
血红蛋白	处于较低水平或下降趋势
红细胞	处于较低水平或下降趋势
血乳酸	安静值超范围，运动时的最大乳酸值下降
血尿素	晨安静值在8.0毫摩尔/升以上为疲劳，持续几日超过8.0毫摩尔/升或持续升高为过度疲劳
血清睾酮与皮质醇比值	下降25%并持续不回升为疲劳，下降30%或持续下降为过度疲劳
血清肌酸激酶	晨安静值持续高于300U/L或完成定量负荷时的值明显升高
尿蛋白	运动后比原来负荷后的值突增3~4倍。晨安静时，连续几日处于较高水平或持续升高
尿胆原	晨安静时，在4~6mg%为疲劳，连续几日超过4~6mg%为过度疲劳
尿潜血	完成定量负荷后，出现阳性或连续几日在晨安静时为阳性
IgG、IgM、IgA	明显下降
两点辨别阈	比值大于1.5而小于2.0为轻度疲劳，大于2.0为重度疲劳
闪光融合频率	8.0赫兹以上
主观体力感觉等级	18级以上

24. 哪些生理生化指标适合监控训练负荷（量和强度）

（1）运动或恢复心率值

根据个人最大心率百分数评定负荷强度，当强度不变而心率升高时，表示机能下降；强度不变而运动中、运动后心率下降时，则表示机能水平提高。请注意：运动中的心率监控适合亚极量及以下强度训练。

（2）血乳酸

大强度运动后及时测试血乳酸值，升高幅度大，表示运动强度大；定量负荷运动后血乳酸下降，则运动机能水平提高。

（3）血清肌酸激酶

训练强度越大，血清浓度越高，适应后升高幅度减少；当机体疲劳时，强度训练 3～4 天后血清肌酸激酶仍 >400 国际单位/升。除了训练强度，肌酸激酶升高的可能原因还包括：①力量训练较多；②技术动作不够合理或高难度动作练习较多；③运动创伤如肌肉拉伤、疾病如心肌炎等，引起血清肌酸激酶异常升高。实际分析时要考虑非训练因素的影响。

（4）血尿素

运动后血尿素增值大，表示负荷量大或机能下降；训练适应后增值自然减小；训练后血尿素 <8.0 毫摩尔/升，表示负荷量适宜。有些非训练因素会干扰检测结果，如：桑拿引起血尿素升高，训练前食肉过多引起运动后值升高，晚上睡前服用大剂量蛋白粉引起次日晨值升高等。

（5）尿蛋白

训练课后 15～30 分钟取尿测定，排出量越多表示运动负荷越大或机能差，训练适应后排出量减少。一定要控制好取尿时间。

主题四　高原训练

1. 实施高原训练前做哪些准备

（1）运动员专项训练基础要比较牢固，上高原前要安排 3 周左右的强度中等、大运动量的训练，打好有氧和专项训练基础，同时在出发前做 2～3 天的休息调整。

（2）对运动员在上高原之前的训练监控指标做好数据统计，以便在高原训练时参照、监控训练。

（3）加强运动员的营养补充和伤病的检查，全面提高运动员的机能水平和健康水平，尽快适应高原环境和投入正常训练。

（4）做好上高原前适应性心理准备和疏导，从而减轻运动员对高原训练的顾虑和压力。

（5）对准备去的高原训练基地进行充分的了解，包括气候条件、饮食习惯、训练设施等。

2. 高原训练实施期间应注意哪些问题

（1）根据高原训练的特殊性，合理掌握训练负荷。

（2）注意肌肉质量、肌力和速度的改变。要有针对性、实效性的对个体加强力量练习，促进肌肉内新陈代谢水平的提高，抵抗骨骼肌萎缩。

（3）注意机体免疫力。白细胞介素 2 水平会随着高原训练高度的改变而出现波动，当出现白细胞介素 2 持续下降，应做出适当的高度调整或者采取静息等措施防止机体免疫力功能下降；血浆谷氨酰胺也对机体免疫功能具有预测作用，如果血浆谷氨酰胺浓度降低，免疫能力下降，从而使机体运动能力下降；对部分机体免疫力下降的运动员可以采取中药口服的治疗方法，以此提高机体免疫力。

（4）应注意激素的分泌。用血清睾酮、血清皮质醇等内分泌指标监控运动员的合成和分解代谢水平。如果变化较大，说明训练强度可能较大，同时也反映机体对高原训练的高度的适应能力欠佳，应适时做出调整。

（5）高原训练身体容易疲劳，特别是当训练推向极限负荷的边缘时，更需要做好放松活动，使机体较快的恢复，可有效地减少和避免高原训练过程中常见的过度疲劳等运动性疾病。

（6）由于下山后运动员状态和体能水平会出现波浪型特征，因此必须正确选择下山时间，以确保运动能力水平的提高能与参加重大比赛的时间相吻合。

（7）持续时间一般为 4～6 周，过短会造成作用不足，而过长则由于对高原气候已初步形成适应而无必要。

3. 高原训练时应如何把握训练强度

（1）高原训练的强度控制是决定高原训练成败的关键。强度过低，刺激小，难以收到成效；强度过大，刺激深，对适应和恢复不利。

（2）根据运动员训练水平的高低而定，水平高的强度可大些；训练水平低的，强度则适当减小。

（3）根据比赛的强度而定，要安排部分接近比赛强度的训练。

（4）强度安排必须考虑与上高原前，下高原后的强度衔接起来，下高原前要作充分的有氧耐力训练，下高原后平原训练的强度要高于高原。

（5）根据机体对高原环境的适应阶段来安排训练强度。

（6）运动员对高原低氧训练具有不同的适应能力，存在较大的个体差异。在高原训练期间，应随时进行运动员身体机能的生理生化监测，以调整训练计划，控制训练强度。

4. 高原训练海拔多高为宜

（1）高于 3000 米难以训练，低于 1500 米刺激较小。

（2）对大多数运动员来说，2000～2500 米是能产生良好效应的有效高度。

（3）低促红细胞生成素反应的运动员应进行更高高度的高原训练。

5. 高原训练多长时间为宜

（1）赛前高原训练以 4～6 周为宜。

（2）从高原训练过程中促红细胞生成素（EPO）发生变化的趋势看，高原训练的最佳时间应为 21～28 天。如果继续在高原，红细胞数不会继续增长。相反，随着训练负荷的提高，身体的消耗逐渐加大，血红蛋白会出现渐变性降低。

高原训练时间过短，不利于产生提高运动能力的抗缺氧生理反应；高原训练持续时间过长，则导致免疫能力下降并不利于机体到平原后的适应性改变。

（3）在高原停留时间越长，训练负荷越大（练得越好），对身体的消耗越大，下山后出现的状态低谷期也就越长，容易造成"高原训练练得好但大赛比不好"。

6. 如何选择下山时间

一般高原训练时间为 4 ~ 6 周。高原训练后下到平原赛前训练的时机应视高原训练时间的长短、训练情况、训练水平而定。一般来说，在高原上训练比较好、训练时间较长、训练负荷较大、有可能发生或是已经有疲劳迹象的运动员宜较早下高原。较短距离项目的运动员比较长距离项目的下高原时间的安排要早。

高原训练后参加比赛通常是采用三种模式：下到平原 2 ~ 6 天，参加单一比赛或某一特定项目的比赛可采用；下到平原的 10 ~ 24 天，参赛日期长，参加兼项较多并有预、决赛的大型运动会可采用；下到平原的 29 ~ 34 天，虽然采用这一模式的不太多，但也有过许多成功的范例。一般来说，短距离项目的运动员常采用第二、三种模式，而长距离项目的运动员则多采用第一种模式。

7. 高原训练期应注意哪些营养问题

（1）上高原前增加铁储备，如海默飞铁。
（2）高原训练期间总能量摄入增加平时的 7% ~ 25%。
（3）增加糖的供应比例，减少总脂肪供应比例。
（4）选择易消化的食物避免胃肠负担。
（5）充足的水摄入。
（6）增加维生素的供应量，如维生素 E、维生素 C。
（7）增加抗氧化剂的补充，如番茄红素等。

8. 高原训练期间的训练监控应注意哪些问题

高原训练的特点是运动员机体要承受运动缺氧和高原缺氧的双重刺激，它属于在一种特殊条件下的强化训练。因此，高原训练比平原训练更容易将机体承受的运动负荷推向极限的边缘。加强高原训练过程中的检测与身体机能评定，是保证高原训练成功与否的关键措施之一。

单一生理、生化指标的测试对评定运动负荷的适宜程度及运动员机能状态有一定的局限性，在高原训练中更应该注意运动员身体机能的综合评定。另外，在进行生理机能评定时，还应注意运动员的个体差异（性别、年龄、项目特点、训练水平及曾在高原训练的次数等），并结合运动员上高原之前的生理机能指标和高原训练时的指标进行纵向比较和综合分析，以准确客观地评定运动员的机能状态。加强运动中监控，并加强运动员心理监控。

主题五　运动员常见症状及防治对策

1. 头颈部症状

（1）引起运动员头痛的常见原因有哪些

运动员发生头痛的常见原因有以下几种。

① 睡眠不规律：睡眠不足、睡眠过多、失眠等均可诱发头痛。

② 神经精神因素：当机体受到外界环境的不良刺激时，会产生忧郁、焦虑等情绪，从而导致头痛的发作。

③ 食物因素：过量咖啡、酒精、巧克力等会引起头痛。

④ 疾病因素：眼、耳、鼻及鼻窦、牙齿、颈部等病变可刺激神经，反射性或扩散性的影响头面部，引起反射性或牵涉性头痛。

⑤ 运动因素：当运动员在长期休息后进行运动或在参加各种运动会上，会引起头痛发作，叫做运动性头痛。

（2）什么是紧张性头痛

紧张性头痛是由于头部与颈部肌肉持久的收缩所致。长期工作紧张、姿势不良、头颈部肌肉紧张等均可导致头痛。主要表现为头部重压感、紧缩痛或紧箍感，多为双侧性、持续性，同时还表现为紧张、焦虑、烦躁、头晕、失眠、记忆力减退、易激动等神经官能症状。

（3）运动员发生头痛时怎么办

① 卧床休息，多饮开水，吃流质或半流质食物。

② 如为感冒所致，可给予解热止痛剂如 APC 或消炎痛。

③ 止痛药物，可口服颅痛定、阿司匹林、布洛芬、萘普生等。

④ 双手指压太阳穴、合谷穴可使头痛暂时部分缓解。

⑤ 调整紧张、焦虑的情绪。

⑥ 热疗：通过热水袋、湿热敷、红外线治疗仪等促进局部血液循环，解除肌肉紧张或痉挛，从而达到减轻疼痛、放松的治疗作用。

（4）出现什么样的头痛应该马上去医院

引起头痛的原因很多，大多数头痛可以通过劳逸结合、改善睡眠、精神放松、原发病的治疗等逐渐缓解或消失。但是如果头痛时出现下列情况应马上去医院进一步诊治。

① 头痛伴有发热。

② 头痛伴有呕吐和/或视物模糊、复视。

③ 头痛伴有意识障碍或精神错乱。

④ 外伤引起的头痛有逐渐加重的趋势，特别是伴有呕吐者。

⑤ 头痛伴有明显的血压升高（血压 > 180/110 毫米汞柱）。

⑥ 头痛与体位变化有关，或者在咳嗽、大便时有明显加重的趋势。

（5）预防头痛应注意哪些问题

① 不熬夜：长期熬夜容易导致人心情烦躁、情绪紧张，而紧张时脑血管受刺激产生收缩，容易引起头痛。

② 不酗酒：长期酗酒容易导致体内乙醇含量高，抑制中枢神经，酮体蓄积导致代谢性酸中毒，从而产生头痛。

③ 不吸烟：烟草中的尼古丁阻碍脑部神经的功能，从而使吸烟者反应迟钝，感觉减退，容易引起头痛。

④ 调整好情绪，不要轻易发怒和激动。

⑤ 一旦出现头痛比较严重，不要惊慌、烦躁不安，可先卧床休息，测脉搏、血压，选择止痛药对症处理。

（6）运动员落枕了怎么办

① 热敷：用热毛巾局部热敷，一天数次，效果较好。

② 按摩：局部痛点按摩，配合缓慢活动。

③ 贴伤湿止痛膏，必要时针灸。

（7）运动员出现颈部僵硬的原因是什么

颈部僵硬是指颈部肌肉紧张，发胀、发硬，痉挛等现象，表现为颈部运动不灵活。常见于疲劳、颈椎病、长期姿势不良等，如长时间低头工作、在床上看电视、看书、高枕、坐位睡觉等。

2. 眼睛的症状

（1）什么是红眼病

红眼病指的是急性卡他性结膜炎，是一种急性传染性眼病。全年均可发病，以春夏季节多见。为接触传染的眼病，可以通过患红眼病的人所使用的毛巾、洗脸用具、门把手、游泳池的水等传播，造成暴发流行。

（2）急性结膜炎（红眼病）如何预防

① 避免与患有红眼病的人使用过的物品密切接触，如洗脸盆、毛巾。

② 注意不能用手揉眼睛，勤剪指甲，饭前便后洗手。

③ 饮食清淡，不能饮用酒类。

（3）患红眼病时，能热敷或戴眼垫吗

不能。如果用眼垫等遮盖患眼，会使眼分泌物不能排出。如果热敷眼部，会增加眼部的温度和湿度，有利于细菌、病毒的大量繁殖，导致眼部病情加重。

（4）什么是"干眼病"，有哪些症状

干眼病可以说是一种"电脑视力综合症"，是指由于眼泪的减少或者泪腺功能下降，导致眼睛出现微小伤痕的一种症状。

常见的症状有眼睛干涩、灼痛感、眼屎较多，眼酸、眼痒、怕光和视力减退。其他症状还有头痛、烦躁、疲劳、注意力难以集中，严重时会发生角膜软化穿孔，在检查时可以看到眼结膜充血。

（5）哪些人在哪些情况下容易患干眼症

过去干眼症与白内障、青光眼等疾病有关，主要是老年人的常见眼病。但现在发现城市里一些经常接触电脑、电视、游戏机的青年人和白领阶层患干眼病的越来越多。据有关部门的一项调查表明，每天在电脑前工作3小时以上的人群中，有90%的人眼睛有问题。

（6）如何预防和治疗干眼症

应保持良好的用眼习惯和生活规律，及时治疗影响干眼病的其它疾病，大多数人的症状可以很快缓解。看电脑 40 分钟左右应该闭目养神 5 分钟或起立活动 5 分钟，都能有效缓解眼干症状。有人试图用眼药水代替休息的做法，其实是在使眼睛透支健康，最终会适得其反。

（7）夏日为什么要多护眼

夏季是一年之中发生眼部疾病最多的季节。由于夏季温度高，强烈的紫外线照射眼部会伤害晶状体，同时夏季出汗多，人体容易缺水，而水在晶状体的新陈代谢过程中起到保持透明的重要作用。所以夏季要选择合适的太阳镜保护眼睛，多饮水预防人体缺水的发生。

（8）精神因素与眼部疾病有关吗

如果一个人精神过度紧张或视疲劳，可能会出现眼皮不断跳动的现象。出现此种现象，应该注意休息，轻轻按摩眼部周围，注意调整自己紧张、焦虑的情绪。

（9）异物进眼时揉眼是否有坏处，采取何种措施

当异物进入眼内时千万不要用手揉眼睛。如果揉眼睛会损伤角膜，甚至发生角膜炎，最终影响视力。正确的做法是：

① 轻轻闭一会儿眼，或用手轻提上眼皮，一般附在表面的异物可随眼泪自行排出。

② 若异物不能自行排出，仍有磨痛，异物可能在上眼睑里面的睑结膜上，可把眼皮翻过来找到异物，用湿棉棒或干净手绢轻轻擦掉，也可以用清洁的水冲洗，磨痛立刻消失。

③ 若翻过眼皮仍未找到异物，那么异物可能是在角膜上，此时必须到医院去治疗。

④ 有时异物排出或取出后，眼睛仍感磨痛不适，好象还有异物，这是因为角膜受到损伤，只要通过检查确保无异物，可以滴抗生素眼药水或眼药膏，很快就可恢复正常。

（10）日照强烈的室外比赛，应注意哪些问题

应注意防晒，选择合适的太阳镜、太阳帽，注意多饮水。饮水时要注意少量多次，因为运动中和运动后一次大量饮水，会给血液循环系统、消化系统，特别是会增加心脏负担，造成疲劳加重。同时大量饮水的结果只会是出汗更多，导致钠离子进一步丢失，引起肌肉痉挛。

3. 鼻子的症状

（1）运动员感冒鼻塞如何处理

运动员感冒时，由于许多感冒药都含有兴奋剂，所以不能采用服用感冒药的方法缓解鼻塞症状，可以采用以下简易处理方法。

① 填充法：将葱白捣烂取其汁渗入药棉内，将药棉塞进鼻孔；或将大蒜瓣 1 个削成比鼻孔稍小的圆柱形，用纱布或薄层棉花包好塞入鼻孔，效果也不错。

② 可用两手大拇指侧面，在鼻翼两侧，做交叉上下运动按摩。

③ 热敷法：用热毛巾敷鼻，鼻塞症状可得以缓解。

（2）鼻出血的原因

① 天气干燥、炎热。

② 鼻腔、鼻窦粘膜炎症。

③ 鼻中隔偏曲。

④ 维生素 C、维生素 K 的缺乏或血小板减少。

（3）过敏性鼻炎如何诊治

过敏性鼻炎一般具有鼻痒、打喷嚏、鼻分泌物多、鼻塞四大症状中的 3 项症状。常见的过敏原有灰尘、螨虫、禽类羽毛、花粉、食物（如鸡蛋、虾、鱼）等。

预防措施如下。

① 尽量避开过敏原，减少尘埃、花粉等刺激。

② 避免过食生冷、油腻、鱼虾蟹等食物。

③ 戒烟、避免吸二手烟，并尽量避免出入空气污浊的地方。

④ 经常进行冷热交替浴、足浴等。

4. 口腔的症状

（1）什么原因会引起口腔溃疡

口腔溃疡是一种口腔粘膜溃烂性疾病，具有自限性，但容易反复发作，属中医"口疮"范畴。口腔溃疡的病因不清楚，可能与消化系统疾病、精神因素、病毒感染、缺乏 B 族维生素和维生素 C、过度疲劳等有关。

（2）口腔溃疡如何预防

① 注意保持口腔清洁，常用淡盐水漱口。

② 戒除烟酒，生活起居有规律，保证充足的睡眠。

③ 饮食清淡，多吃蔬菜水果，少食辛辣等刺激性食物。

④ 养成定时排便习惯，保持大便通畅。

⑤ 女性月经期前后要注意休息，保持心情愉快，避免过度疲劳。

（3）得了口腔溃疡如何治疗

① 局部治疗

将少量白糖涂于溃疡面，每天 2～3 次；用棉棒蘸取少量冰硼散，涂于溃疡面，每天 2～3 次；用云南白药外敷溃疡面，每天 2 次；可用洗必泰溶液、呋喃西林漱口液，每日含漱数次；用含化片，如华素片、西瓜霜含片、洗必泰含片等。

② 全身治疗

选择口服适量的维生素 B_2、复合维生素 B 和维生素 C，葡萄糖酸锌或 21 金维他等。

（4）口角经常溃烂如何处理

口角经常溃烂可能与过度疲劳、女性月经周期、缺乏 B 族维生素等因素有关。如果出现口角干裂、发痒的症状，不要用舌头去舔它。虽然这样可以暂时使嘴唇和口角感到湿润舒服，但唾液会很快蒸发，不但不能解决干燥的问题，还会将唾液中的微生物带至裂口中，引起细菌感染，加重口角的炎症。

如果是由维生素 B_2 缺乏引起的的口角溃烂，应多食蘑菇、花生、蔬菜水果，米不要过分淘洗，严重者每日口服维生素 B_2，服用一段时间后，症状会明显改善。

（5）牙痛临时处理的方法

牙痛是很常见的症状，在去医院诊治前可根据牙痛的类型，做一些简单的临时处理，以缓解症状。

① 如果是由坏牙引起的疼痛，可找到有洞的痛牙，在洞内放入花椒或胡椒止痛。

② 如果是在进食冷热酸甜食物时，牙齿出现酸痛的感觉，而且经检查

未发现有坏牙，可能是牙齿过敏症，可采用脱敏牙膏敷于疼痛处 2 ~ 4 分钟，或用生蒜头咀嚼，从而缓解疼痛。

③ 如果出现上下牙不敢接触，并有局部肿胀、疼痛，可以用冰水浸泡毛巾敷于牙痛的相应侧面部，同时口服对厌氧菌敏感的抗菌药物，如甲硝唑或替硝唑等。

④ 如果发现疼痛牙的根部牙龈有肿胀的包块，用手指按压有跳动感，可以用消过毒的针挑开牙龈，使里面的脓液排出以减轻压力，再到医院诊治。

⑤ 如果是因为长智齿的过程中出现疼痛，应注意口腔卫生，用温热盐水含漱，口服抗菌药物，注意休息，避免大强度运动，及时请医生检查判断是否拔出患牙。

5. 呼吸系统症状

（1）运动员感冒后为什么要强调休息

目前治疗感冒尚无特效药物，医生在叮嘱感冒患者时都会说："多休息，多喝水"。但多数患者只记得要多喝水，却忽略休息，错误地认为运动在任何时候都能增强抵抗力。其实人在感冒发烧时新陈代谢比平时增高，能量消耗大，抵抗力更弱，这时进行运动会适得其反，加重感冒病情，同时容易引起病毒性心肌炎。

（2）感冒时用药应注意哪些与兴奋剂有关的药物问题

感冒时所服用的感冒药大多数都含有兴奋剂，主要成份是麻黄碱类和咖啡碱类，是绝对禁忌使用的。允许使用的治疗感冒药物有以下几种。

① 非甾体类的解热止痛药，如阿司匹林、布洛芬和扑热息痛等。

② 抗组胺药，如扑尔敏。

③ 止咳祛痰药，如必嗽平。

④ 抗菌素，适用于细菌性咽炎和扁桃体炎。

⑤ 含漱液或含化片。

（3）运动员感冒后什么情况下可以服用抗菌素类药物

如果运动员出现鼻塞、流鼻涕、打喷嚏等普通感冒的症状，多数都是由病毒感染引起，不必服用抗菌素。只有细菌性咽炎和扁桃体炎出现发热、白细胞或中性粒细胞升高时才可以服用抗菌素。

（4）感冒时是否应该坚持训练

轻型感冒，应降低运动强度、减少运动持续时间；重型感冒，应停止训练，注意休息。

（5）感冒后出现心慌要注意哪些问题

感冒后出现心慌要注意是否引起了病毒性心肌炎。感冒一周后，出现心慌、胸闷、气短、心前区不适等症状，特别是心跳不规律，出现超过100 次/分的心率，应及时去医院就诊，严防心肌的损害。

6. 消化系统症状

（1）什么是急性胃肠炎

当急性胃炎合并有肠道炎症时称为急性胃肠炎。除了有胃部不适症状外，还伴有全腹疼痛、腹泻等症状。

（2）如何治疗急性胃肠炎

主要是保证胃肠道充分休息，加上适当用药。

① 饮食上暂时禁食，或者进食流质清淡的饮食如稀饭等。

② 多次少量饮水，尤其注意饮用加盐或葡萄糖的水。

③ 避免高脂、高蛋白的食物，如牛奶、鸡汤等。

④ 可以口服黄连素、藿香正气水等药物。

⑤ 如果腹痛严重、持续不减轻或有转移性右下腹疼痛，应该立即前往医院，以防发生急性阑尾炎、急性胰腺炎、急性胆囊炎等严重的消化系统疾病。

（3）"水土不服"为什么会引起腹泻

"水土不服"是指人们由于生活环境的变化如异地集训比赛、外出旅游等，使身体内正常菌群在种类、数量、毒力等方面都会发生变化，平时与机体共存的致病菌由于得不到制约，会使人感到身体不适，发生厌食、呕吐、腹胀、腹痛，甚至腹泻不止等症状。"水土不服"用医学术语来说就是"菌群失调症"。一般情况下，人体经过一段时间适应新的生活环境后，菌群会恢复正常，症状也自行消除。

（4）感染性腹泻有哪些表现

典型的感染性腹泻常表现为腹痛、腹泻、恶心、呕吐等，可伴或不伴有发热；粪便性状多为稀水样便或粘液便；可表现出不同程度的脱水和电解质紊乱。由于病原体不同、感染程度不同、机体免疫状态不同，表现也各异。

（5）食物中毒性腹泻有哪些特点

食物中毒是指食入被细菌及其毒素污染的食物后，引起人体的中毒。其主要特点如下。

① 常呈暴发流行。

② 有明显的季节性，以夏秋季节发病最多。

③ 潜伏期短，一般为数小时至 2~3 天不等。

④ 常表现为腹痛、腹泻、恶心、呕吐等胃肠道症状，有时会出现发热。

（6）腹泻时应该禁食吗

传统观念认为腹泻是需要禁食，通过禁食可以使肠道恢复较快。但现在多数学者并不主张禁食，而是强调急性腹泻期间要注意饮食调整和早期进食，并不是单纯地禁食。因为人在腹泻时，会丢失大量水分和电解质，禁食会进一步加重脱水，导致人体能量不足，发生低血糖，甚至诱发心脑血管病而危及生命。

（7）为什么腹泻后要特别强调补钾

因为腹泻会引起低钾血症，而低钾对人体的神经系统、消化系统、心血管系统等都会带来不良影响，尤其对心脏的影响尤为重要，可引起室性心动过速、室颤及猝死的发生，所以腹泻后补钾治疗非常重要。

（8）腹泻时为什么不宜饮用牛奶

由于腹泻时肠道消化酶的缺乏，使牛奶中的乳糖不能被水解，其渗透压及发酵作用会加重或延长腹泻，所以急性腹泻时最好禁忌饮用牛奶。

（9）腹泻时如何选择食物

急性腹泻期间可给予米汤、稀粥、稀面条等取代正常饮食，有利于减轻胃肠负担，也可以为机体提供所需要的热量、水分和电解质。同时注意在腹泻的最初一、二天内，应少食多餐，进食清淡、易消化的食物，待病情好转后数日逐渐恢复到正常饮食。整个阶段都应少食油脂过多的食物，以免造成消化吸收不良。

（10）为什么腹泻时不能随便服用抗菌素

因为引起腹泻的原因很多，只有细菌感染引起的腹泻才考虑使用抗菌素。而有许多腹泻与细菌感染无关，可以不用抗菌素。如果随意应用抗菌素，会破坏肠道正常菌群，造成耐药菌株的出现。

（11）运动员去异地比赛发生腹泻如何治疗

① 运动员去异地参加比赛发生腹泻的原因可能有以下几种。

● 由于气候、水土等因素所致。

● 由不同病原体引起的感染性腹泻。

② 治疗方法如下。

● 如果是细菌感染性腹泻，可以选择氟哌酸、左氧氟沙星等抗菌药物；如果不是细菌感染性腹泻，可以选择黄连素、乳酶生、整肠生等治疗。

● 腹泻次数多，持续时间长的腹泻，为预防水、电解质的紊乱，可以选择口服补液盐。

● 饮食清淡，忌食油腻、辛辣食物，腹泻期间禁忌饮用牛奶。

（12）如何预防夏季腹泻

腹泻是夏季常见病、多发病之一，大多数是由肠道感染和食物中毒引起。夏季冷饮摄入过多，也会导致胃肠功能紊乱，引起腹泻。预防措施如下。

① 注意个人卫生，饭前便后要洗手。

② 尽量减少与腹泻者的接触，不要共用餐具。

③ 生食、熟食要分开，避免交叉感染。

④ 变质食物不能食用。

⑤ 不要生食蔬菜，不要食用半生不熟的水产品。

⑥ 注意环境卫生。

（13）便秘对人体有哪些危害

便秘使大量宿便长时间滞留在肠道内，在细菌的作用下腐败发酵产生大量的自由基、硫化氢等多种肠道毒素，容易引发溃疡、高血压、心脏病、痔疮、肥胖等。

长期便秘产生的毒素渗入皮肤会使皮肤粗糙无光泽，出现色斑、暗疮；毒素渗入大脑，会使人头痛、失眠、烦躁、精神不振、记忆力下降、注意力分散、思维迟钝，严重者有恐惧排便心理或精神异常；毒素渗入关节，会产生关节疼痛和僵硬等多种危害。

（14）何谓功能性便秘

功能性便秘是指由于排便的生理机能因某些原因发生失调或紊乱，不能正常地按时把粪便排出体外，导致排便困难而形成的便秘。

功能性便秘多为生活规律变化、旅行等生活环境的改变以及情绪抑郁、精神紧张、烦恼、药物、饮食、排便习惯不良等因素所致。

（15）功能性便秘与饮食有什么关系

饮食不当会导致功能性便秘。

① 不规则的饮食习惯。

② 暴饮暴食后的节食。

③ 经常在外就餐或摄入速食食物过多。

④ 摄入精食过多而粗粮过少。

⑤ 每日的水分摄入不足，或出汗过多而水分补充较少。

⑥ 脂肪摄入过少。脂肪摄入过多固然对人体有害，但是脂肪可使大便润滑，肠道蠕动加快，改善排便困难的状况。

（16）如何预防便秘

① 纠正不良饮食习惯。在食物中增加麸糠、蔬菜、水果等粗纤维含量高的食物，养成多饮水的习惯，每日饮水量应达到 3000 毫升，且不宜多饮茶或含咖啡的饮料。

② 纠正不良排便习惯。早晨由于时间紧张而强忍便意，坐在便器上看书看报等均影响正常排便反射。应养成有便意即入厕，改掉大便时看报看书的习惯。对于习惯长期服用泻剂排便者，应立即停止使用泻剂，在医生指导下恢复正常排便习惯。

③ 养成良好的生活习惯。生活要有规律，保持乐观精神状态，积极改善工作生活中的紧张情绪等。

④ 多食易通便的食物。如黑芝麻、核桃仁、松子仁、杏仁、蜂蜜等，均有润滑肠道、营养丰富的作用。

（17）哪些生活习惯容易引起便秘

发生便秘除了胃肠功能减退、某些全身性疾病外，很多不良的生活习惯也是便秘发生的重要原因，尤其在年轻人中最为明显。

① 长期工作、生活压力较大，情绪紧张、焦虑、抑郁。

② 活动量少，每天处于长时间坐位状态。

③ 饮食习惯不当，主要表现为饮水少、挑食、蔬菜水果等食物纤维素摄入不足。

④ 没有养成良好的排便习惯，经常强忍便意，或排便时看书、读报，不利于建立正常的排便反射。

（18）什么是消化不良

消化不良是指出现以下常见症状：腹痛、腹胀、恶心、呕吐、反酸嗳气、厌食等。根据病因不同可以分为器质性消化不良和功能性消化不良。

（19）功能性消化不良的治疗方法有哪些

功能性消化不良是指具有消化不良的表现，但经检查排除了食管炎、胃十二指肠溃疡、肿瘤等器质性疾病。腹泻、腹胀是功能性消化不良主要表现。

治疗方法有：

① 培养良好的生活习惯，避免辛辣、生冷食物、烟酒的刺激。

② 如果上腹饱胀、嗳气，可选择胃动力药，如吗丁啉；如果上腹部有烧灼感，可选择雷尼替丁、西咪替丁等药物。

③ 如果出现腹泻，可选用整肠生、乳酶生、思密达等药物。

（20）比赛中出现腹痛，应该如何处理

比赛中有的运动员会突然出现腹痛，发生原因一般是准备活动不充分，或者是开始跑时吸入了大量的空气或起跑速度过快等，出现了"岔气"现象。如果出现腹痛，应减慢速度，用手用力按压疼痛部位，经过短时间的处理后，疼痛会有所减轻。如果经上述处理仍然无法缓解，应退出比赛到医疗救护站处理。为了预防比赛中出现腹痛，运动员在赛前应做好充分的准备活动是至关重要的。

（21）比赛中发生呕吐的紧急处理方法

① 可口服胃复安。

② 用冰袋或冷毛巾置于胃部，可以抑制恶心或呕吐。

③ 少量多次饮用凉开水或冰水。

7. 心血管系统症状

（1）什么是心悸，心悸是否等于心律失常

心悸是一种自我感觉心跳快而强，并伴有心前区不适感。

心悸并不等于心律失常。我们发现有人心律失常并不严重，但却有严重的心悸症状；有人心律失常严重，但心悸症状却不明显，甚至没有症状。

（2）心悸的原因及处理办法

引起心悸的原因如下。

① 生理性：见于剧烈运动或精神过度紧张，吸烟饮酒、浓茶、咖啡后。

② 植物神经功能紊乱：多见于青壮年女性，常伴有疲乏、失眠、头昏、记忆力减退等神经衰弱表现，并且在焦虑、激动等情况下更易发生。

③ 病理性：高血压病、风心病、先心病、甲亢、贫血、发热、低血糖、冠心病、心肌病、心律失常（如心动过速、心动过缓、早搏、心房颤动等）。

处理方法如下。

① 适当休息，禁忌烟酒、浓茶、咖啡。

② 适当服用镇静药物，如安定。

③ 由病理原因引起的心悸，则首先要治疗原发疾病，纠正病因，防止诱因，在医生指导下适当应用相应的药物，方可消除心悸症状。

（3）训练、比赛期间如何初步判断是否有心律失常

心律失常是心脏跳动的节律和频率异常的总称。心悸是心律失常最常见的症状。运动员在训练、比赛期间如果主观上感觉"心脏有停跳"、"心脏乱跳"、"心跳沉重"、"心脏要跳出喉咙"等症状，伴有有疲乏无力、胸闷、头晕、头痛等缺血、缺氧等表现，同时自己用手触摸桡动脉发现脉搏搏动不整齐，可以初步提示可能存在心律失常。

（4）怎样正确对待心律失常

心律失常是常见疾病之一，健康人在吸烟、饮酒、浓茶和咖啡、重体力活动及情绪激动时可发生。运动员在训练量过大、时间过长，大赛前精神过度紧张等情况下也会出现心律失常。上述原因所引起的心律失常不需要进行专门的抗心律失常药物治疗，只需要去除诱发因素就可以消除。

如果出现心律失常的同时伴有明显的头晕、心慌、胸闷等症状，就需要找医生进一步诊治。

（5）日常生活中应如何预防心律失常

很多心律失常的出现或加重，与过度疲劳、精神紧张、情绪激动、吸烟饮酒有关，经过适当休息、调整情绪，戒烟限酒，对运动员合理调整训练方案等手段一般可以预防心律失常的发生。

（6）运动员发生运动性疲劳时，心电图有何特点

运动员发生运动性疲劳时，心电图上可能出现以下状况。

① ST－T 的改变，包括 S－T 段压低，T 波倒置。

② 各种心律不齐，如室性早搏、阵发性心动过速、房室传导阻滞等。

8. 泌尿系统症状

（1）运动员如果出现尿频、尿急、尿痛的原因

出现尿频、尿急、尿痛的症状时，常见的原因为尿路感染占 70%，30% 的为尿道综合征。

患有尿道综合征的人多次检查尿中都找不到细菌，也没有白细胞。其发生主要与尿道局部的损伤刺激及妇科慢性炎症等有关，有的与心理因素相关，如过度的焦虑、赛前情绪过分紧张等。

（2）泡沫尿是蛋白尿的标志吗

尿中有泡沫不一定是蛋白尿。因为正常尿液中如含有一些有机物质（葡萄糖）和无机物质（矿物质），可使尿液的张力变强，小便时可因冲击力而产生一些泡沫，这种情况下出现的泡沫大小不一，在短时间内可以消失。所以，尿中出现泡沫并不一定就说明尿液中含有蛋白质。

但是通过检测发现有蛋白尿的人通常会出现泡沫尿。

可以用一支试管装 10 毫升的尿液，用手来回震荡，如果尿液表面出现细小而久不消散的泡沫，为可疑蛋白尿，应去医院进一步检查。

（3）什么是血尿，多见于哪些疾病

血尿是指尿液中含有较多的红细胞，每高倍视野下超过 3 个，即为镜下血尿。如果肉眼观察发现尿液呈洗肉水色或血样，称为肉眼血尿。

　　普通人95%～98%的血尿是由泌尿系统疾病引起的，如尿路感染、泌尿系结石、泌尿系结核及肿瘤等。而运动员出现血尿常常是由于运动强度过大，运动时间过长而引起的。

（4）运动性血尿是何原因，如何治疗

　　运动性血尿与运动量过大、身体适应能力下降、寒冷及高原等环境因素有一定的关系。诊断运动性血尿时，一定要先排除病理性血尿，不要把病理性血尿当做运动性血尿处理。相反，也不要把一过性的运动性血尿随意地诊断为病理性血尿，以增加不必要的心理负担。

　　一旦出现运动性血尿应立即减量或停训，90%的运动性血尿持续时间不会超过3天，就可以恢复正常。

9. 血液系统症状

（1）贫血常见原因有哪些

　　贫血是指外周血中单位体积的血红蛋白浓度、红细胞计数和/或红细胞比积低于正常最低值。引起贫血常见的原因可分为红细胞生成不足、破坏过多和失血过多三大类。

　　① 红细胞生成不足

　　骨髓造血微环境的变化引起造血功能出现障碍，使红细胞生成减少；造血物质的缺乏或利用下降可影响红细胞生成减少或血红蛋白合成的下降。

　　② 红细胞破坏过多

　　运动时由于肌肉收缩、体温的升高、代谢产物的堆积、酸性物质的增加等因素，使红细胞受到挤压，脆性增加，加上运动使红细胞与血管壁碰撞、摩擦，从而使红细胞破坏过多。

　　③ 失血过多

　　一次大量出血可引起急性贫血；长期少量出血可引起慢性失血性贫血。

（2）运动员贫血应该如何选择食物

　　运动员发生贫血常见的是缺铁性贫血，选择食物时应注意补充含铁丰

富的食物。

（1）各种动物的肝脏、瘦肉、鸡蛋黄、银鱼干、黄鱼干、鱿鱼、虾米、虾仁等。

（2）蔬菜和豆制品：菠菜、油菜、韭菜、芹菜、豆腐皮、豆腐干等。

（3）水果：桃、橘子、红枣等。

（3）运动员贫血为什么不要饮浓茶，而要补充维生素 C

因为茶叶中的鞣酸盐和磷酸盐能与铁结合成不溶解的复合物，影响铁的吸收。而维生素 C 是一种还原剂，可以帮助 Fe^{3+} 还原为低价的 Fe^{2+}，便于在肠道内的吸收。

（4）运动员出现血红蛋白的下降，应考虑哪些因素

① 造血物质的缺乏，导致红细胞生成减少

铁缺乏是最主要、最常见的原因。长期大运动量训练使机体各种营养物质的消耗增多，大量出汗以及粪便、尿液中铁排泄量的增加等可造成铁过多丢失。

② 红细胞破坏和丢失增加

剧烈的运动训练可导致红细胞破坏而溶血，使红细胞达不到 120 天的正常寿命。与此同时，运动训练还可造成肾小球通透性的改变，引起尿潜血阳性甚至血尿，造成红细胞丢失。

③ 血液稀释

长期耐力训练，可引起机体总血容量增加，血液稀释，造成血红蛋白浓度下降。

（5）运动员血常规检查发现白细胞的异常（升高或降低）的原因

白细胞升高原因如下。

① 生理性因素：饱食、情绪激动、高温或严寒可使白细胞一过性升高；一次长时间大强度运动后白细胞会升高，一般持续 12~24 小时。

② 病理性因素：常见于机体内存在细菌感染的病灶，如细菌性扁桃体炎、肺炎等。

白细胞降低原因如下。

① 生理性因素：长期进行大强度运动训练，导致机体过度疲劳。

② 病理性因素：病毒感染；服用某些药物，如 APC、复方氨基比林、

磺胺类药物等。

10. 神经系统症状

（1）失眠的诊断标准

根据世界卫生组织编写的精神与行为障碍分类中对非器质性失眠症的诊断标准为：

① 入睡困难，或难以维持睡眠，或睡眠质量差。

② 上述睡眠紊乱每周至少发生 3 次并持续 1 个月以上。

③ 日夜专注于失眠，过分担心失眠的后果。

④ 对睡眠质或量的不满意引起了明显的苦恼或影响了社会及职业功能。

（2）影响失眠的因素

① 心理因素

心理因素是引起失眠的主要影响因素，如情绪紧张、心情抑郁、过于兴奋、生气愤怒等。

② 环境因素

如出差、旅游、出国、改变居住地方等环境的不适应，或者环境温度、湿度差别太大都会引起失眠。

③ 疾病因素

造成失眠的精神疾病主要有神经衰弱、抑郁焦虑性的神经症、精神分裂症等；此外不安腿综合征、肌阵挛综合征也会引起失眠。

④ 药物、饮食因素

长期服用中枢兴奋剂（内含咖啡因、可卡因等）、嗜烟酒、浓茶、咖啡、激素、抗抑郁药等均可导致失眠。

⑤ 其它因素

年龄越大失眠发生率越高。用脑过度，不经常参加体育锻炼或过度训练，不良的生活习惯如睡前喝咖啡、浓茶、看刺激性强的影视节目、书籍或听音乐等也会引起失眠的发生。

（3）如何预防失眠

① 保持心情平稳：只有保持心理平衡，才能从根本上保证睡眠的质量。

② 要有一个良好的睡眠环境：卧室温度适宜，环境幽静，光线柔和，睡前散步、烫脚，或听舒缓的音乐。

③ 改变不良的嗜好：睡前不宜喝咖啡、浓茶、饮酒。

④ 按时作息：不要开夜车，避免昼夜颠倒而破坏人体固有的生物钟。

⑤ 消除病痛：咳嗽、疼痛、瘙痒等都会影响睡眠。

⑥ 睡前进食应合理：睡前不宜进食过饱或过少。

（4）评价睡眠质量好坏的标准有哪些

决定睡眠好坏的标准，除了量的要求外，更重要的还有质的要求。

① 入睡快，在 10 分钟左右入睡。

② 睡眠深，呼吸深长不易惊醒。

③ 无起夜或很少起夜，无惊梦现象，醒后很快忘记梦境。

⑤ 起床快，早晨起床后精神好。

⑤ 白天头脑清晰，工作效率高，不困倦。

（5）运动员睡眠质量下降，如何处理

运动员睡眠质量下降，常常属于一过性失眠，可通过以下方法进行改善。

① 要正确认识和对待，不要紧张焦虑、忧心忡忡，尽量使情绪安定下来，思想放松。

② 要积极找出失眠的原因。运动员发生失眠的主要原因可能是在训练中出现了过度训练、大赛前精神过度紧张、焦虑等引起。

③ 积极改善睡眠条件，消除影响睡眠的不利因素，养成良好的睡眠习惯。如睡不着，可以起床做点事情，等有睡意再上床，不要躺在床上干着急；默默地数数，或把思想集中到脚后跟，或想象你的双手突然感到沉重，以转移注意力，消除焦虑；睡前喝一杯牛奶或听舒缓的音乐等。

④ 在医生的指导下服用安眠药物，但不要自行滥用，以免影响身心健康。

11. 皮肤常见症状

（1）急性荨麻疹的治疗方法

急性荨麻疹又称为"风疹块"、"风疙瘩"。发病快，消失也快，一般

24 小时内可自行消退。少数可伴恶心、呕吐、心跳加快、头痛、腹泻、腹痛等。治疗方法有：

① 饮食清淡，少吃鱼、虾、蟹及牛肉、羊肉等致敏食物。

② 避免辛辣刺激性食物，减少户外活动及剧烈运动，避免冷、热、摩擦等刺激。

③ 选用抗过敏药，如扑尔敏等。

（2）日光性皮炎如何治疗

日光性皮炎俗称晒斑，是在强烈日光照射后出现红斑、水肿甚至水疱的急性皮肤炎症，多发于颜面、颈部、手臂、手背等暴露部位，在炎热的夏季多见。治疗方法有：

① 局部治疗

可用 2% ~4% 硼酸溶液、生理盐水（或一勺盐溶于 500 ~600 毫升水中）等溶液进行湿敷，每次 15 ~20 分钟，一日 2 ~3 次。

② 全身治疗

可用抗组胺药，如赛庚啶 2 毫克，3 次/日，口服；扑尔敏 4 ~8 毫克，3 次/日，口服。同时配合服用维生素 C 及复合维生素 B。

预防措施

① 减少外出时间。要从少到多地参加户外活动，使皮肤色素增加，提高对日光的耐受性。

② 不宜在强光下照射太久。

③ 采取一些避光措施，如戴太阳帽或涂抹防晒霜等。

（3）毛囊炎如何诊治

毛囊炎是指毛囊发生的炎症，由化脓性球菌侵犯毛囊口周围，分为化脓性和非化脓性两种，好发于头部、颈部。

预防措施

① 饮食上注意避免辛辣、油腻的食物，多食水果、蔬菜。

② 注意个人清洁卫生。

③ 保持大便通畅。

治疗措施

① 2.5% 的碘酊：外用，涂抹患处，每天数次。

② 百多邦软膏：外用，涂抹患处，每天数次。

③ 全身治疗：多发者酌情服用抗菌素、复合维生素 B 等。

（4）脸上长了疖子应该怎么办

疖是指毛囊皮脂腺和汗腺发生的急性化脓性疾病。好发于头、面、颈、背部和腋下等处。

具体预防与治疗方法如下。

① 注意个人卫生，勤洗澡、勤换衣服、勤修剪指甲。

② 避免辛辣、油腻食物。

③ 面部疖子不能用手挤压，尤其是长在口、鼻周围危险三角区内的疖子要特别小心，避免引起颅内感染造成生命危险。

④ 在疖子表面涂抹碘酒，可用湿毛巾热敷。

⑤ 发生在危险三角区的疖子需要注意休息，少说话，进流质或半流质食物。

⑥ 较严重的疖子可服用抗菌素。

（5）虫咬性皮炎如何诊治

虫咬性皮炎是指昆虫叮咬人体皮肤而引起的炎性皮肤病。常见的有蚊、臭虫、跳蚤、螨虫、飞蠓（小黑虫）、黄蜂等。

① 特征：夏秋季节好发，常发生在身体的暴露部位，自觉症状为刺痛、灼疼、奇痒。

② 处理方法：避免用手搔抓；局部冷湿敷；炉甘石洗剂外敷；合并感染口服抗菌素。

③ 预防措施：注意个人及环境卫生；不喝酒及进食刺激性食物；发病季节尽量少去郊外或公园活动。

12. 妇科症状

（1）女性月经期应注意哪些特殊问题

① 注意外阴清洁。在月经期每天要用温开水清洗外阴；洗澡时不要用盆浴，最好用淋浴，以免不干净的水进入阴道，引起炎症。

② 月经期绝对不能过性生活，因为性生活容易把细菌带入阴道而引起炎症，同时也会引起月经过多、月经时间延长等。

③ 月经期要保证充足的睡眠，少吃生冷的食物及辛辣刺激性食物，注意不要受凉、淋雨、游泳等。

④ 月经期虽然有些不舒服，但可以照常运动、参加一般性的体力活动，注意避免大强度、剧烈的运动，因为经期盆腔充血，剧烈的运动可增加盆腔充血的程度而引起月经量的增多，下腹胀痛等不适。

⑤ 不要在潮湿的地方久待。

⑥ 月经期要保持情绪稳定，精神愉快，避免情绪波动或较大的精神刺激，因为这些情绪变化会引起月经失调。

（2）女性痛经饮食应该注意哪些问题

女性痛经饮食上应禁忌以下食物。

① 生冷类

如冰淇淋、冰镇饮料等，因生冷食物、饮料会刺激子宫、输卵管收缩，诱发或加重痛经。

② 辛辣类

如辣椒、花椒、胡椒等。过食会引起痛经加重、经血过多。

③ 油炸类

油炸食品是经期女性的一大禁忌。因为经期女性皮脂分泌增多，皮肤油腻，同时毛细血管扩张，皮肤变得敏感。此时进食油炸食品，会增加皮肤负担，容易出现粉刺、痤疮、毛囊炎等。

④ 酒精、咖啡因

月经期间容易出现水肿的女性，饮酒会加重水肿。咖啡、茶、可乐、巧克力中所含的咖啡因容易使人精神紧张，出现月经期间的不适。

（3）什么是经前期综合征

经前期综合征是指月经来潮前 7～10 天出现一系列症状的总称，主要表现为烦躁、易怒、悲伤、失眠、头痛、乳房胀痛、腹胀、神经过敏等一系列精神症状。经前期综合征发病率较高，轻者虽能从事工作，但是注意力不集中，工作、学习效率低，重症者严重影响日常生活，需要治疗。

（4）患有经前期综合征的人如何自我治疗

① 饮食调整

月经前期应尽量限制水、盐的摄入，不要吃太咸的饭菜；多食含糖量高、脂肪低的食物；禁忌生冷、辛辣的食物，如胡椒、辣椒、冷饮、冰激凌等；经前期少饮含咖啡因、乙醇的饮料和酒类；适当补充维生素 B_6、钙、镁等。

② 自我减压

采取合理的措施试着缓解训练、比赛和生活中的一些压力。如看书、听轻音乐；多做深呼吸，学会自我放松等。

（5）哪些原因可引起运动性月经不调

① 运动强度的增加、持续时间的延长可使卵巢功能降低，孕激素水平下降。

② 体脂减少会使机体雌激素水平下降，导致月经不调。

③ 精神长期过度紧张会使机体内分泌失调，导致月经紊乱。

（6）外阴瘙痒怎么办

答：外阴瘙痒会使人异常痛苦，甚至影响健康。当出现外阴瘙痒症状时，切不可用手去抓或用衣服摩擦，更不要用热水和肥皂等清洁剂烫洗，最好到医院检查，找出病因后对症治疗。具体处理方法如下。

① 一般治疗

注意经期卫生，保持外阴清洁干燥。切忌搔抓、热水洗烫和使用肥皂。有感染时使用高锰酸钾溶液坐浴，内裤要保持清洁，内衣应柔软宽松，以棉织品为好，应避免将化纤服装贴身穿。以清淡、富含维生素的新鲜蔬菜和豆制品为佳。禁忌烟、酒、辣椒、浓茶、咖啡等刺激性食物。保持大便通畅。皮肤敏感者要注意洗澡不宜过勤、水温不宜过高，否则会使皮肤更为干燥而易于瘙痒。

② 病因治疗

滴虫性阴道炎用醋酸铅溶液或 3% 的硼酸液外洗，然后口服甲硝唑或阴道用药。治疗期间禁房事，经期不上药。霉菌性阴道炎用 4% 苏打水或用 1/2000 新洁尔灭液洗外阴，然后上药。

（7）白带增多是什么原因

白带增多不一定是患有疾病，可分为生理性增多和病理性增多两种情况。

生理性增多见于排卵期或妊娠期间因雌激素水平升高而使子宫颈腺体

分泌增加；行经前后由于盆腔充血使阴道及子宫分泌增加；精神压力过大，会引起神经功能紊乱，影响人体内分泌调节，也会出现白带增多的现象。

病理性增多可见于细菌感染、滴虫感染、霉菌感染和宫颈糜烂等。

（8）女运动员月经期训练应注意哪些问题

首先应该控制运动量。月经期并不是绝对禁止运动，但是高强度、大运动量（如长跑、跳跃、仰卧起坐等）的运动应该在月经初期尽可能避免或减少，以免加重痛经或增加出血量；其次对于必须从事游泳训练的运动员，应注意水温和池水的清洁度，运动后注意保暖，避免运动后出汗而受凉；如果在运动过程中，感到头晕、恶心、心慌，则应立即停止运动，不要一味坚持。

（9）女运动员通过药物调整月经周期，应注意哪些问题

采用药物来调整月经周期应注意以下问题。

① 必须在医生指导下进行。

② 对月经初潮不久的女性青少年运动员，不宜采用。

③ 在实施"人工月经周期"的过程中，应对运动员的月经变化和身体反应状态进行严密的观察。

④ 不宜经常采用，一般一年不应超过三次。

13. 运动员用药

（1）常规用药中，含哪些成分的药物不能给运动员使用

常规用药中，一般含有吗啡、麻黄碱、咖啡因、尼可刹米、洛贝林、肾上腺素、去甲肾上腺素、异丙肾上腺素、克仑特罗、氢氯噻嗪、去氢表雄酮、士的宁等成分的药物不能给运动员使用。

（2）哪些药物可以给运动员使用，但需要提前申请用药豁免

① 静脉途径给药的各类抗菌素，如青霉素类、头孢菌素类、氨基糖甙类等。

② 静脉途径给药的抗结核药。

③ 静脉途径给药的抗真菌药。

④ 静脉途径给药的抗病毒药。

⑤ 静脉途径给药的抗痛风药，如秋水仙碱。

⑥ 静脉途径给药的治疗偏头痛药，如氢麦角胺。

⑦ 静脉途径给药的镇静催眠药，如安定、苯妥英钠、氯丙嗪。

⑧ 静脉途径给药的强心药，如地高辛、去乙酰毛花苷。

⑨ 静脉途径给药的抗心律失常药，如奎尼丁、胺碘酮、普罗帕酮、维拉帕米。

⑩ 静脉途径给药的抗心绞痛药和血管扩张药，如硝酸异山梨酯、硝酸甘油、酚妥拉明、酚苄明、双嘧达莫、门冬氨酸钾镁、曲克芦丁、银杏叶、丹参等。

⑪ 静脉途径给药的抗休克的血管扩张药，如间羟胺、多巴胺。

⑫ 静脉途径给药的祛痰药，如溴己新、氨溴索。

⑬ 静脉途径给药的平喘药，如二羟丙茶碱。

⑭ 静脉途径给药的利尿剂，如甘油果糖。

⑮ 静脉途径给药的抗凝血药，如低分子肝素。

⑯ 关节注射途径给药的肾上腺皮质激素，如氢化可的松、泼尼松、地塞米松等。

⑰ 静脉途径给药的酶类药，如辅酶 A、三磷酸腺苷。

⑱ 静脉途径给药的葡萄糖、果糖、葡萄糖酸钙、氯化钾、脂肪乳等。

（3）运动员在什么情况下可以提出用药豁免

运动员治疗用药豁免，是指运动员因治疗目的确实需使用兴奋剂目录中规定的禁用物质或方法时，依照相关管理办法的规定提出申请，获得批准后予以使用。提出用药豁免的条件如下。

① 确实没有其它合理的、可以替代该禁用物质或方法的治疗措施。

② 运动员在治疗急性或慢性伤病过程中，如果停止使用该禁用物质或方法会对运动员的身体健康造成明显损害。

③ 运动员使用该禁用物质或方法，只是为了使身体恢复至正常状态，而不会产生任何增强运动能力的作用。除病理原因外，不允许使用任何禁用物质或方法提高内源性激素水平。

④ 运动员使用该禁用物质或方法的原因，不是由于非治疗目的使用了任何禁用物质或方法所造成。

（4）运动员在服用中成药时应注意哪些问题

运动员在服用中成药时，一定要详细了解所含的药物成分，如果确定该中成药里含有麻黄碱类、咖啡因类、吗啡类和士的宁等违禁成分，一定要禁忌服用。

（5）运动员服药后能立刻运动吗

不能。因为药物服用后一般需要 30～60 分钟才能被胃肠溶解吸收、发挥药效，在此期间需要足够的血液参与循环，而服药后立刻运动会导致胃肠等脏器血液供应不足，影响药物发挥作用。

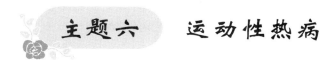

主题六　　运动性热病

1. 什么是运动性热病

运动性热病是指为身体核心温度（如直肠温度）高于 40 摄氏度，包括运动型中暑、热衰竭和运动性肌肉痉挛。运动性热病可导致运动员终止运动或在运动进行中或完成运动后发生晕厥。持续性运动性热病会引起热衰竭，如果没有及时诊断和降温，这种情况会威胁生命，并且有很高的死亡率。运动性热病的发生率会因不同项目有所不同，并随着环境温度和湿度的上升而增加。

2. 什么情况下容易发生运动性热病

运动性热病常发生在长时间较大强度运动或休闲活动过程中，几乎含盖了所有项目（如自行车、赛跑、足球），在高温高湿环境中运动时容易发生，但是凉爽环境下的高强度、长时间运动也可能发生。运动性热病的发生受运动强度、环境、衣着、器械和个体因素影响。

3. 运动性热病的实例

在 1997 年 11 月 7 日至 12 月 9 日期间，来自美国不同州的 3 名健康的大学摔跤运动员在各自进行快速减体重以获得参赛资格时死亡。在称重之前，他们都进行了相同的快速减体重，即在热环境中在棉保暖服内穿不透气的衣服剧烈运动，以最大限度地发汗失水（其降重幅度分别达到4.2千克/8.5小时，5千克/5天，6.7千克/4天），结果导致了内环境极高热而死亡。运动性热病的临床表现并不典型，如果教练员、医务人员和运动员没有给予患者高度警惕和监督，则很容易被忽视。

4. 什么是高温高湿环境

气温、空气的湿度和气流的综合影响，可引起人体过热或体温过高的环境称为热环境。根据环境温度和人体热平衡之间的关系，通常把35摄氏度以上的生活环境和32摄氏度以上的训练环境视为高温环境，相对湿度60%以上的环境视为高湿环境。应限制暴露在湿热环境下的时间和在高温高湿环境中的大强度运动，以及监控运动性热病的早期症状和体征。

5. 比赛季节安排与运动性热病的发生有关吗

科学地安排比赛季节有助于预防运动性热病。应当避免在极热和潮湿的月份中进行比赛，可以依照当地的历史数据来估计天气状况。在夏季，所有的项目、比赛和训练都应当安排在一天当中比较凉爽的时段内（如清晨）进行。在春天和秋天出现的反常高温天气将会增加罹患运动型热中暑的危险性，因为运动员通常在这阶段还未充分适应湿热的天气状况。

6. 运动性热病发生的主要原因是什么

运动性热病发生的主要原因是由于肌肉产热量高于出汗和血液流动的散热量所致。剧烈运动中产生的热量是休息时的15~20倍，如果没有足够散热途径，每5分钟可以提高身体核心温度1摄氏度。

7. 人体散热的主要途径有哪些

当外界气温低于人体表层温度时，人体主要通过辐射、传导和对流方式散热，其散热量约占总量70%。当外界温度等于、接近或高于皮肤温度时，机体的散热是依靠蒸发方式散热。通常人体内每1克水蒸发成水蒸气时要吸收要带走 0.58 千卡的热量,所以可以借助汗液蒸发而带走大量的体热。蒸发散热是一个很主要的散热途径,尤其是在气温超多 30 摄氏度时。

8. 脱水可以导致运动性热病吗

在脱水情况下人体散热功能下降,特别是在热环境中。在舒适的温湿度环境中 24 小时人体可以有汗液量 400 ~ 600 毫升的不显性出汗,热天或者运动中,以及热环境运动出汗量可以显著增加。运动中人体做功的四分之三以热得形式散发,因此运动时出汗量增加,体温每升高 1 摄氏度,增加蒸发量为 15%。长时间较大强度运动出汗量显著增多,在气温 30 摄氏度的环境中参加马拉松比赛的运动员出汗量达 5 升左右。因此,脱水常发生在长时间的运动过程中,当运动员丢失汗液后补液不足时,脱水会加速。脱水可能是直接(热衰竭、运动性肌肉痉挛)或间接(例如中暑)导致热病的因素。因此适当补水、预防和延缓脱水可以预防运动性热病。

9. 热适应训练可以提高热耐受性吗

热耐受性是指人体在高热环境中表现出来的耐受高温和抵抗热损伤的能力。运动训练、提高心肺耐力和预先适应可以提高人体的热耐受性。运动员对热的耐受力有很大的个体差异。一般来说,当直肠温度达到 40 摄氏度时运动员会由于疲劳而终止运动。运动员处于长时间的体温过热而没有明显功能减弱的情况也是存在的,特别是在比赛的过程中。运动员对热的耐受力与热适应训练有关,运动性热病多发生在训练年限相对较短的运动员身上。在炎热环境下训练 10 ~ 14 天,逐渐的增加运动的持续时间和强度,其最大适应能力在第 12 天周时可以出现。热适应训练可增强热适应性并减小运动性热病发生的风险。高温环境内热适应可以导致机体很多的生理性适应,包括在同一运动负荷水平上进行运动时高温热适应组的耗氧量更少、骨骼肌糖原消耗更少、血乳酸生成速率更低、骨骼肌产生力量更大、血浆容量增加、心肌效率更高。有研究表明进行 10 天 40 摄氏度与 30% 相对湿度的高温环境内、50% 最大摄氧量的有氧运动,每天运动包括两组 45 分钟、中间间歇 10 分钟的自行车练习可以提高运动员的热适应能力。

10. 补水补液可以预防运动性热病的发生吗

训练前和训练中适当的补液可以延缓脱水，并减缓身体核心温度升高的速率。因此在热环境中训练比赛前、中、后都应注意补水，预防运动性热病。当高频率、高强度训练时，即使没有明显的脱水状况也可以发生体温过高，此时代谢产热远远超过机体散热，因此也应注意补水。为了预防热病发生，应小心监视运动员有关液体补充、饮食、全身的矿物质平衡、休息时间和热适应等各种状况。应该根据环境变化和运动训练比赛情况为运动员设计液体补充的计划，保证体重波动少于2%（比赛或训练前的初始体重）的液体补充。

11. 运动性热病的处理步骤有哪些

运动性热病的处理关键在于早发现、早诊断和早处理。一旦发现运动员发生运动性热病或者前兆，应该：

（1）脱离热环境：迅速将运动员移至通风阴凉处，脱掉衣服，仰卧安静休息，如地面过热应设法铺隔热物品。

（2）迅速降温：尽快采取措施，就地降温，包括让运动员喝冷饮料、冷水淋湿身体、电风扇吹风、冷水湿毛巾擦摩皮肤、将冰袋放置在额头、颈部、腋下、腹股沟等处。轻症运动员经过上述处理病情可以迅速缓解。对于处理效果不佳的运动员应尽快送医院急救，在送往医院途中应尽可能采用降温措施。

12. 什么是运动性中暑

运动性中暑定义为直肠温度高于40摄氏度，出现晕厥，伴有中枢神经系统功能紊乱和多个器官系统衰竭。当肌肉运动产生的热量超过散热量时，身体核心温度上升，升高到一定水平将影响到组织器官的正常功能，可能出现运动性中暑。所有运动性中暑患者在晕厥时都表现出大汗淋漓，皮肤苍白，恰好与非费力所致的中暑（典型性）的征状，如干燥、热、皮肤潮红相反。

13. 引起运动性中暑的常见原因有哪些

在高温、高湿环境下进行剧烈的比赛而没有经过预先适应，身体会感到不适，这些将成为导致运动性中暑的重要因素，即使是训练年限很长、并且经过了预先适应的运动员，在较大强度运动中，当产热高于散热时，也容易发生运动性中暑。导致运动性中暑的高危因素包括：较大强度运动（超过 75% 最大摄氧量）；湿球黑球温度（WBGT）超过 28 摄氏度；持续运动时间超过 1 小时，并缺乏环境监控。

14. 运动员在什么情况下更容易发生运动性中暑

训练强度突然增加、热环境下暴露时间过长、心肺耐力水平较低（最大摄氧量较低（如低于 40 毫升/公斤/分钟者，热耐受性通常较差）、服装透气性差、脱水和补液不足、营养状况低下、皮肤病、日晒、饮酒、睡眠不足、病毒性疾病、服用抗抑郁药物、肥胖、年龄超过 40 岁、遗传性恶性体温过高和热病病史，均可以增加运动员罹患运动性热病的危险性。另外热暴露的累积效应会增加罹患运动性热病的风险，特别是夜间温度也维持在 30 摄氏度左右的情况下。非处方类药物和一些营养补剂可能会增加产热，但需要进一步研究证实。若有发烧、呼吸系统感染、腹泻和呕吐的情况，运动员不应该在热环境下继续运动。

15. 运动性中暑的主要表现有哪些

出现有关运动性热病的体征和症状取决于体温过高的程度和持续时间，通常并没有特异性的体征和症状。运动性热病的表现包括：迷失方向感、混乱、头昏、失去理智或不正常的行为、胡言乱语、易怒、头疼、无法活动、失去平衡、肌肉功能异常而导致的晕厥、疲劳、过度换气、呕吐、腹泻、精神错乱和昏迷。因此，运动员在运动时出现性格和行为改变时都应该进行运动性热病评估，特别是在湿热环境中。测量身体核心温度是诊断运动性热病的最重要指标，当运动员发生晕厥或者表现出持续的运动性热病的体征和症状时，一定要及时测量其直肠温度进行评估。耳、口腔、皮肤、颞部和腋下的温度均不能成为诊断运动性热病的标准。

16. 比赛期间罹患运动性中暑的危险有哪些

教练员没有很好的调整训练强度与当时的环境状况，或未采纳运动医学人员的建议；没有为在热环境下进行剧烈运动前的体能和适应性训练；在未适应前使用影响散热的装备，如透气功能较差的服装。

17. 如何治疗运动性中暑

运动性热病是一种威胁到生命的紧急医疗事件，需要迅速地进行全身降温以达到一个良好的状态。及时诊断和治疗运动性热病会取得良好预后，实施降温手段越早，发展为重度运动性热病的可能性就越小。首要原则是在送往医院急诊之前，就地实施降温。在降温过程中，运动员如果能迅速恢复意识，一般预期效果都很好。有效降温方法包括：①冷水和冰水浸入式降温治疗是全身降温速率最快的一种方法；②组合降温手段：把浸湿冰水的毛巾轮流地敷在头部、躯干和四肢，而颈部、腋下和腹股沟则使用冰包，以达到了比较恰当的降温速率；③喷雾式和吹风式降温提供了一种较缓慢的全身降温方式，并且只有当相对湿度较低时才比较有效，因为这种方法依赖于蒸发作用来达到降温的效果。降温治疗应当持续到直肠温度和分辨能力恢复常态，才能表示治疗的成功和结束。治疗效果不佳时应及时送往医院救治。

18. 治疗运动性中暑常用仪器设备有哪些

为了及时有效地治疗运动性热病，队医应准备高温直肠温度计、水盆或者冰水桶、实施浸入式治疗的浴盆、冰块、降温电扇、生理盐水、补充液体的口服液、静脉注射管和针、饮水杯等常用仪器设备。

19. 发生过运动性中暑后能够重返训练和比赛吗

罹患运动性热病的运动员在恢复对热的耐受力后可以恢复训练和重返赛场。关于恢复训练和重返赛场的时机有以下建议：①在解除医疗护理后的 7 天之内，不应参加中等强度及以上的运动；②追踪观察 1 星期，按医生的建议，进行身体检查和测试，或者对于受伤器官进行医学影像诊断；

③当重新开始训练时，首先应在凉爽的环境下进行，逐渐增加时间、运动强度和热暴露程度，用 2 周的时间来适应并观察热的耐受状况；④经过 2~4 周的训练后，运动员具备了热耐受能力，则可以重返赛场。

20. 什么是运动性热衰竭

热衰竭是活跃人群中最常发生的一种运动性热病，衰竭的含义是指没有能力继续运动，在所有温度状况下都表现出非常费力，并可能出现晕厥。热环境中，由脱水导致热衰竭是很常见的。很多研究证据显示，热衰竭是由中枢神经的疲劳引起的，以致广泛增强了的周围血管的扩张，最终导致晕厥。热衰竭时，由于血液循环不畅，导致血压过低和循环不足。血液汇积在皮肤和身体末端，减少了由身体核心部位带往身体表面的热量，因此皮肤表面的散热也会相应减少。如果空气相对湿度较高，蒸发散热的作用会相应减弱，因为空气中的蒸汽接近饱和，因而身体核心温度升高。有很多因素可以导致运动员发生热衰竭，运动员身高体重指数（BMI）大于 27 公斤/米^2、补液不足（可以由尿比重、血细胞压积、血红蛋白和血浆渗透压来判断）、在温度高于 33 摄氏度和风速小于 2.0 米/秒环境中较长时间训练或比赛均是可以导致运动过程中衰竭的因素。运动型热衰竭的发生与热暴露的累积效应有关。

21. 如何判断运动性热衰竭

热衰竭的症状和体征既不具有特异性，也无敏感性。热衰竭急性期血压较低，脉搏和呼吸频率增加，病人表现出大汗、脸色苍白无血色。其它的信号和症状包括头疼、虚弱、头昏眼花、头和颈部有灼热感、寒战、鸡皮疙瘩、反胃、呕吐、腹泻、过度兴奋、肌肉协调性下降等。热衰竭并不常伴有肌肉痉挛。直肠温度的测量可以区别严重热衰竭（小于 40 摄氏度）与运动性热病（高于 40 摄氏度）。

22. 如何纠正运动性热衰竭

出现运动型热衰竭临床症状的运动员，应当移到阴凉地或者有空调的房间，将多余衣物脱掉，平躺抬高双腿，测量心率、血压、呼吸频率，直肠温度、并密切监控中枢神经系统状态。大多数运动员都可以通过抬高双腿、补充常规饮料和休息来消除晕厥的危险。热衰竭并非总是伴随着身体核心温度的升高，但是施加降温措施通常可以使症状消失。被怀疑为罹患热衰竭的运动员，如果使用普通的降温手段无法缓解，立即送往有急救设备的地方求助。对于意识清楚、可以吞咽和无呕吐、腹泻状况的运动员，可以通过口服饮料来补充液体。当血压、脉搏和直肠温度恢复正常，并且无继续失水状况时，则没有必要进行静脉点滴。对于那些无法吞咽液体或严重脱水的病患，应进行静脉注射生理盐水或5%的葡萄糖盐水，这样可以加快恢复速度。

23. 发生运动性热衰竭的运动员何时能够返回运动场

中等程度的热衰竭，一般在24～48小时之后就可恢复训练或工作，但仍需遵照医生的建议，逐渐增加活动的强度和时间。无论是休息还是全身的降温手段，罹患热衰竭当天都不能恢复全部的运动能力。

24. 什么是运动性热痉挛

运动性热痉挛，也叫运动性肌肉痉挛，是一种非常痛苦的骨骼肌痉挛，常常出现在高温环境、长时间而剧烈的运动当中。多发生在网球、足球、长跑比赛和橄榄球运动中，因为比赛中的运动强度和持续时间通常超过平时训练的要求。运动性热痉挛通常没有先兆，发生的部位包括腿、手臂和腹部等处。运动性热痉挛主要表现是肌肉的强直性收缩。在运动性热痉挛的过程中，肌肉或肌群的强直收缩所引起的疼痛是非常痛苦的。发生运动性热痉挛的肌肉常常表现出随机性，一束肌纤维松弛后，邻近肌肉的又开始痉挛，给人感觉好像疼痛在不断徘徊。痉挛首先发生在股四头肌，接着转移到其它肌群。大多数痉挛持续约1～3分钟，但是一系列的痉挛要超过6～8小时。网球运动员多次发生热痉挛时，通常可以预感到即将抽筋，并且可以通过休息和补水来避免痉挛的发生。

25. 引起运动性热痉挛的主要因素有哪些

引起运动性热痉挛的关键因素是：运动引起的肌肉疲劳、身体水分丢失、从汗液大量丢失钠离子。其主要原因是运动员大量出汗后仅补充"白水"或渗透压很低的饮料，使运动员形成低渗性脱水。纠正低渗性脱水的主要方法是对训练时间超过 1 小时，或者天气炎热大量出汗的运动员应及时补充含有电解质运动饮料。

26. 运动性热痉挛的治疗措施有哪些

休息、以最大幅度持续伸展肌群、补充盐分是治疗运动性热痉挛的主要措施。通过饮食补充盐分的方法很多，在热环境中长时间较大强度训练或比赛前后可以适当摄入一些腌渍食物、含盐的汤食等，可以每日增加 5~10 克食盐摄入量。在训练或比赛开始的 30~60 分钟内可以饮入不含盐的饮料，但是之后均应摄入相当于 50% 生理盐水浓度的含盐饮料。某些情况下，静脉点滴生理盐水可以迅速缓解严重的运动性热痉挛。钙盐、碳酸氢钠、奎宁和葡萄糖在治疗运动性热痉挛的过程中作用不大。发生低钠血症时，也常常伴有痉挛的现象，所以在没有脱水相伴下发生痉挛时，应当在测量血钠浓度后再进行治疗。

27. 发生运动性热痉挛的运动员何时恢复训练或重返赛场

很多罹患运动性热痉挛的运动员通过休息和补液可是继续运动或训练，在治疗后至少需要休息 1 天才能使其它异常表现逐渐恢复。肌肉痉挛伴随有热衰竭和低钠血症时，急于重返比赛可能会导致更严重的问题。

28. 如何在高危险性环境下进行运动调整

造成运动性热病的高危项目，总离不开具有高强度的运动和高湿高温环境。运动员可能没有足够的经验预防热病，并且常常以为既然安排了比赛或者训练，环境就一定是安全无害的。运动员的求胜动机，无论在任何环境下，都会增加运动性热病发生的危险性。培养运动员的热适应，训练和比赛中应该有充分的液体提供，且应当适当延长休息时间以增加热量的散失，或减短训练时间以减少热量的产生。一个运动员出现了热病相关的症状，则预示着更多运动员可能要发生热病。当时的天气情况极容易导致危险时，医疗工作人员、赛事组织者、教练和运动员本身，应当遵照预先规定的项目安全守则考虑延期、重新安排时间、变更、取消赛事等决定。家长、同辈、教练员和管理人员所施加的压力可能会鼓励原本患病、疲劳或者处于脱水状况的运动员在不安全的环境下参加比赛。培养运动员的热适应、训练和比赛中应该有充分的液体提供，且应当适当延长休息时间以增加热量的散失，或减短训练时间以减少热量的产生，当环境存在中等或高度危险性时，应延后训练时间。当调整训练时间和比赛赛程时，应考虑到以下情况，包括环境状况、热适应程度、体适能、年龄、训练的强度和持续时间、当天的训练时段、衣着、补液频率、运动场地的热反射和辐射（如，草地或沥青地面）。在热环境下，应当解除装备和衣物来减少不必要的热积累。每段训练课或者比赛之间，应当有最低 3 小时，最好 6 小时的恢复和补充液体的时间。

29. 在热环境中进行训练比赛时的环境监控指标有哪些

在训练和比赛前、中，赛事组织者应当监控环境状况。最好是测量比赛场地周边精确的气象学数据。导致热损伤的危险因素包括：周围环境温度、相对湿度、风速和太阳辐射产生的热量；当调整运动时，至少应将气温和相对湿度考虑在内。

30. 预防运动性热病的进行连续的监控指标有哪些

运动员在高温、高湿环境下进行多日和/或多节数的训练或比赛，应当监控其热病发生的症状和体征，以及脱水的累积效应。连续的测量体重和检验尿液颜色，可以用于评估是否存在严重脱水和热病发生风险。除此之外，还应监测在下一节训练课前是否完成补液。

31. 加强教育有助于预防运动性热病

对运动员、教练员、管理人员、医护人员（特别是现场的人事和联络急救的快速反应小组）进行教育，有助于减少运动性热病的发生及其治疗时间。在补充液体、合理饮食、多休息和热适应的重要性方面对运动员进行辅导。运动员之间可以互相监控，彼此观察对方在训练和行为中的细微改变。

32. 伦敦的气候特点

伦敦受北大西洋暖流和西风影响，属温带海洋性气候，四季温差小，夏季凉爽，冬季温暖，空气湿润，多雨雾，秋冬尤甚。天气多变，一日之内，时晴时雨。伦敦夏季（6~8月）的气温在18摄氏度左右，有时也会达到30摄氏度或更高，7月份的平均气温17摄氏度，早晚外出需加外衣。夏季日间长，活动时间多，而且温度适中，天气清爽。夏季有雨，但降雨时间较短。在春季（3月底~5月）和秋季（9~10月），气温则维持在11~15摄氏度左右。在冬季（11~3月中旬），气温波动在6摄氏度左右。在伦敦冬季有罕见结冰的情况，但是空气潮湿、阴冷。

主题七　　损伤防治

1. 为什么要重视运动损伤的预防工作

运动损伤对运动员造成的影响十分严重，不仅可能使运动员不能参加正常的训练和比赛，影响运动成绩的提高，缩短运动寿命，而且严重者还可使人残疾、死亡，给运动员带来严重的生理、心理影响，妨碍体育运动的正常开展。而大多数的运动损伤可以预防，防患于未然好过事后毫无意义的追悔。在运动损伤的预防工作乃至损伤的临床治疗和康复过程中，运动员积极配合的态度和主观能动性尤为重要。

2. 常见运动损伤的主观原因有哪些

（1）对预防运动损伤的重要性认识不足

运动损伤的发生往往与体育运动相关人员防伤意识不足有关。在训练和比赛中，未积极采取各种行之有效的预防及保护措施，发生运动损伤后也没有认真分析原因，总结经验。从而导致运动损伤时常发生。

（2）训练水平不足

素质训练，专项技术训练，战术训练以及心理训练不够。训练水平不足，运动员的身体素质跟不上技术动作的要求导致超负荷训练和局部负荷过重致损伤发生。

（3）自身状态不良

生理机能或心理状态不良等也是造成损伤的主要原因。自身状态包括生理机能和心理状态两个方面，前者如睡眠不佳、疲劳患病或伤病初愈等均可使运动员力量及动作协调性下降，注意力不集中，从而导致技术上的错误而致伤；后者如心情不快，恐惧，胆怯或急躁情绪等都容易发生运动损伤。

3. 常见运动损伤的客观原因有哪些

（1）教学、训练及比赛安排不合理

① 准备活动不充分是造成损伤的原因之一。准备活动的目的是使神经系统、运动系统和内脏器官充分动员，以适应运动的需要。若准备活动不足，就可能因为在训练中动作僵硬、不协调而致伤。

② 未遵守科学的训练原则，按照机体负荷大小与应激程度的适应性规律合理安排训练计划。科学训练原则主要包括系统性和循序渐进原则，个别对待和巩固性原则，自觉性和积极性原则等。违反机体对负荷的适应性规律，致使许多优秀运动员因伤提前退役，应引起重视。

（2）缺乏医务监督

运动参加者必须在训练前或比赛前进行体检及运动机能评定，以便为教练员提供科学的信息从而合理的安排训练。

（3）场地、器材、服装不适

场馆光线不符合要求，通风差，场地不平，过硬、过滑，器械表面粗糙，服装不适等，均是引起损伤的因素。

4. 如何预防运动损伤

加强易伤部位的准备活动及专项辅助活动：运动员的准备活动十分重要，尤其是对易损伤部位的活动，不但可以使局部血液循环增加，肌肉伸展性、弹性加强，应激能力提高，关节柔软性增大，还能调整运动员的心理状态，减少紧张感和压力感，降低运动损伤发生率。

加强预防损伤的功能锻炼：提高易损部位肌力，增加韧带弹性，有利于预防运动损伤。加强薄弱部位和易伤部位的训练，提高它们的整体运动机能，并在发展肌肉力量的同时，发展肌肉的弹性和伸展性是预防运动损伤的一种积极手段。

5. 什么是预防损伤的功能性训练

预防损伤的功能训练指在日常身体训练过程中，为预防运动中出现损伤，针对身体容易受伤部位进行的练习。通过训练，可以在有效预防损伤发生的同时，很好的帮助运动员提高运动成绩。

预防损伤的功能锻炼包括专门的力量练习、柔韧练习、平衡训练、本体感受功能训练、关节肌肉稳定性训练，以及核心稳定性的训练。

预防损伤的功能锻炼是保证运动动作正确高效完成和预防运动损伤的基础，是身体训练的一个重要组成部分。

6. 牵伸练习的作用

增加关节活动的幅度；增加美感，对动作的随意支配能力更加精确；提高运动效率，提高成绩；预防运动损伤的发生。专业运动员应该积极主动地熟悉各种和自己项目相关的牵伸动作，加强牵伸练习。

7. 什么样的牵伸方式有利于损伤预防

传统的牵伸方式包括静态和摆动牵伸，静态牵伸更适合于整理活动。而摆动牵伸（扩胸、振臂等）不建议运动员采用。现在的研究结果表明动力伸展（牵伸）是更好的准备活动，动力伸展是一个全新的理念，即以专项技术动作相似的动作，缓慢的将肌肉伸展到最大范围。这样做可以更快地使运动器官进入工作状态，更有利于提高肌肉的工作能力、增加运动表现力，预防运动损伤。

8. 静力伸展练习做的时间长好，还是做的时间短好

静力训练的科学基础是肌腱梭兴奋，张力增加。腱梭兴奋的最短时间是 6 秒以上。6 秒钟以后再伸展长于 6 秒钟范围的效果更好。静力伸展练

习的时间应该长一点比短一点好。国际田联医学委员会给的建议应该保持
30~60 秒以上，这是一个安全有效的"最低量"。

9. 损伤之后如何才能有效预防再次损伤

损伤发生之后应当积极配合医务人员，及时进行早期处理，按时治疗，尽早开始主动的康复训练（力量、本体感觉等）。运动员的主动配合、良好的沟通对及时调整和执行治疗康复方案至关重要。在康复训练中还可以使用护具或贴扎等方式帮助增加关节稳定性，防止再次损伤。

10. 贴扎是最有效的预防损伤的方式吗

很多研究结果都表明正确的贴扎是一种非常有效的预防运动损伤的方式。但贴扎是一种被动的损伤预防的方式，并不能完全代替功能性训练或人体的稳定机能。因此，贴扎应当配合良好的功能性训练，提高自身身体素质才是最好的预防损伤的方式。

11. 疲劳与损伤有什么关系

大多数的运动损伤发生在运动员身体疲劳的状态下。训练时局部肌群负荷过重，训练后缺乏放松练习和牵伸练习等，往往造成肌肉疲劳积累、肌肉僵硬，在比赛和训练时容易发生运动损伤。了解身体疲劳的表现，及时和教练、医务人员沟通，积极主动的采取有助于身体疲劳恢复的方法，是运动员不容忽视的重要任务。

12. 运动疲劳应该如何恢复

运动疲劳的恢复最重要的途径是保证充足的睡眠，在此基础上要重视主动自
我牵伸和被动按摩等方法的应用，结合自身条件，常见有效的疲劳恢复还有以下途径：洗浴（温水浴、局部热敷、蒸汽浴、桑拿浴、药浴）；各种营养素的补充；中药；积极性休息（郊游、音乐）；自我暗示及放松训练。

13. 为什么要了解常见的运动损伤分类

不同种类的运动损伤有各自的特点，按照某一类损伤具有共性的特点去了解运动损伤，有助于理解各种类型运动损伤的治疗和康复思路，对更好的积极配合治疗和实施康复计划很有帮助。常见损伤有以下分类的方法。

按受伤后皮肤或黏膜是否完整（有无伤口）分为开放性损伤和闭合性损伤。

按伤后病程长短分为急性损伤和慢性损伤。

按受伤的组织结构分为肌肉与肌腱损伤，皮肤损伤，关节、骨损伤，滑囊损伤，神经损伤等。

按伤情影响训练的程度大小分为：轻伤（不影响训练）、中等伤（不能按原定计划训练）和重伤（需要停训治疗）。

按损伤与运动技术和训练关系分为运动技术伤和非运动技术损伤。

14. 急性闭合性损伤的特点

指遭到瞬间直接暴力或间接暴力造成的损伤，皮肤黏膜保持完整。如肌肉拉
伤、关节韧带损伤、挫伤、骨折等。急性损伤的早期及时、正确的处理非常重要，对后续的治疗、康复训练有很大的影响。

15. 慢性损伤的特点

慢性损伤是由于反复微细损伤的积累，或者由于急性损伤后处理不当，过早恢复训练导致局部发生以变性和增生为主的损伤。如肌肉劳损、骨关节炎、筋膜炎、末端病（髌腱末端病、网球肘等）、关节软骨老化等。往往是运动技术伤。这类患者常无法说明损伤发生的确切时间。

其处理原则是改善伤部血液循环，促进组织新陈代谢，因为损伤部位对运动负荷的承受能力会明显下降，应注意合理安排局部负荷量。这类损伤往往和项目特点相关，现役运动员很难根本解决，但通过合理的临床治疗和康复训练手段，可以使其不影响正常的训练和比赛。运动员需要积极

主动的配合治疗，采取合理的康复训练方案，避免可能出现的损伤重复发生。

16. 肌肉拉伤的原因

肌肉主动强烈收缩遇阻或被动拉长所造成的肌纤维捩伤、部分撕裂或完全断裂，称为肌肉拉伤。训练水平不够的肌肉弹性和力量较差；准备活动不当，肌肉的生理机能尚未达到适应运动需要的状态；疲劳或过度负荷使肌肉能力降低，力量减弱，协调性下降；错误的技术动作或运动使注意力不集中，动作过猛或粗暴；气温过低；肌肉僵硬；空气湿度过大，场地和器械的质量不良等都可能引起肌肉拉伤。

17. 肌肉拉伤如何分级

根据肌纤维损伤程度不同，肌肉拉伤可分为三级。第一级为捩伤，仅有少数肌纤维撕裂，其周围的筋膜完好无损，纤维的断裂只在显微镜下能见到，肌肉在抗阻力收缩或被动牵拉时有疼痛，在开始的 24 小时内可能见到轻度肿胀与皮下淤斑；第二级为部分断裂，有较多数量的肌纤维断裂，筋膜可能亦有断裂，肌腹与肌腱连接处有部分断裂，运动员有肌肉拉断的感觉，并可听见"啪"的断裂声，常可摸到肌腱连接处略有缺失与下陷；第三级为肌纤维完全断裂，受伤时有剧痛，并能摸到明显的缺失，拉伤的肌肉功能丧失。

18. 如何预防肌肉拉伤

力量素质是身体素质的基础，加强身体协调性训练，提高训练水平是预防肌肉拉伤的根本；重视准备活动，尤其是在气温过低、空气湿度过大等情况下；积极采取疲劳恢复的各种手段，调整身体状态；避免局部肌肉过度负荷；细致入微的医务监督工作对预防肌肉拉伤有重要意义。

19. 末端病发生的原因

常见的肌腱末端病有跟腱末端病、髌腱末端病（跳跃膝）、网球肘等。肌腱末端病发生的基本原理是由于肌肉的反复超负荷收缩使骨腱结合部的组织变性、退化以及纤维化。当这种变化积累到一定程度时，损伤才会在相应位置表现出疼痛（膝前痛、跟腱痛等）。提高易伤部位的肌肉力量，做好准备活动，及时解决局部疲劳，使用护具是防止末端病发生、发展的有效方法。

20. 你知道运动损伤现场急救的基本原则吗

救命在先；控制大出血；控制可能加重全身状况恶化的情况；固定受伤肢体；处理慢性出血。

21. 急性开放性软组织损伤的处理原则

治疗开放性软组织损伤的目的是修复损伤的组织器官和恢复其正常的生理功能。处理复杂的伤情时，首先应解决危及生命和其他紧急问题。对一般开放性软组织损伤可以局部治疗为主，基本处理包括止血、清创、修复组织器官和制动。开放性软组织损伤一般均有不同程度的污染，需进行清洗和消毒，尽量除去伤口中的细菌和其他污染物，然后根据不同损伤类型、部位进行处理。

22. 急性闭合性软组织损伤后的时间分期

急性闭合性软组织损伤是指遭到瞬间直接暴力或间接暴力造成的损伤，除外骨损伤，皮肤黏膜保持完整。早期：损伤后 24～48 小时内；中期：损伤后至 1 周；后期：损伤后 1 周至运动水平完全恢复。

23. 急性闭合性软组织损伤早期处理的重要性

急性闭合性软组织损伤在 24～48 小时内为早期阶段。这个阶段及时、正确的处理对损伤康复至关重要，应引起足够重视。适宜的处理方法可以将这个过程对人体的影响降低到最低程度。早期的处理目的是尽快止血，防止或减轻局部炎症反应和肿胀，减轻疼痛。处理原则是适当制动，止血，防肿，镇痛，减轻炎症反应。处理方法可用 PRICE 加以记忆。P ＝ 保护（Protection），R ＝ 休息（Rest），I ＝ 冷疗（Ice），C ＝ 加压包扎（Compression），E ＝ 抬高伤肢（Elevation）。

24. 发生脊柱损伤时应当如何临时固定与搬运

搬运时必须使脊柱保持在伸直位，不能前屈、后伸和旋转，严禁 1 人背运、2 人抱抬或用软垫搬运，否则会加重脊髓的损害。正确的搬运方法：一般由 3 ~ 4 人搬运，分别于患者两侧，用双手托起背部、腰部、臀部和大腿（若颈椎骨折可一人专管头部牵引固定），几人托起的力和时间要保持一致，使脊柱保持水平位，缓慢的搬放于硬板担架上。也可用滚动法，即将担架置于患者体侧，一人稳住头部，其余人将患者推滚到木板或担架上。胸腰椎骨折可在腰部垫一薄垫；颈椎骨折应将头颈放在中立位，头颈两侧用沙袋或用衣物固定，以防头部活动。

25. 急性闭合性软组织损伤后冰敷有什么注意事项

研究证明，即时降低受伤组织的温度有许多益处。损伤后的 24 ~ 72 小时内，冷疗可以使局部血管收缩从而减少出血和渗出，减弱炎症反应，减轻由于出血和渗出引起的疼痛和肿胀，降低组织代谢率，减少对营养物质和氧气的需求量。可采用局部冷（冰）水浴、冰按摩、冰袋和局部喷射冷冻剂的方法。冰袋的效果最好，可以直接放在伤处。每次冷疗时间为 15 ~ 20 分钟，伤后 24 ~ 48 小时内，每隔 1 ~ 2 小时可重复一次。

26. 急性损伤早期为什么要进行加压包扎

加压包扎可以增大组织间隙压力，从而减少出血和肿胀。加压包扎可以在冷疗之间或之后进行，从损伤部位的远端向近端牢固包扎，每层绷带有部分重叠，开始部分包扎的紧一些，向上到达伤口部位时稍微松一些。冰袋可以放在加压包扎的绷带上面。另外要经常检查皮肤的颜色、温度和损伤部位的感觉，保证绷带没有压迫神经或阻断血流。24 小时后可以拆除加压包扎。如果受伤部位不平整（如踝关节），需要用专用垫片（如 U 型垫）垫高凹陷部分，否则达不到预期加压效果。

27. 损伤后可以继续比赛吗

运动员受伤后要立即退出比赛，除非经医生检查允许，伤者不能恢复比赛。如详情不明，出现下列任何一种情况，运动员在恢复运动和训练前必须经过医生检查和同意：①功能障碍，如不能行走、跑、冲刺、跳跃、单腿跳或运动时出现疼痛；②发热；③由于头颅损伤导致出现头痛、记忆力下降、头晕、耳鸣、意识丧失；④发生中暑或体温过低；⑤运动使疼痛加重。

28. 肌肉拉伤之后应当如何处理

肌肉挫伤及肌痉挛者，取局部阿是穴及邻近腧穴用针刺疗法会取得显著疗效。肌纤维部分断裂者在伤后早期按闭合性软组织损伤处理的原则进行冰敷、加压包扎，将患肢放于肌肉松弛的位置。48小时后开始按摩，手法要轻缓。此时，应将患肢改置于肌肉牵张位固定一周，以免伤肌瘢痕粘连或挛缩，导致日后肌肉被动伸展不足。怀疑有肌肉、肌腱完全断裂者，应在局部加压包扎后固定患肢的情况下，立即送医院确诊，必要时进行手术治疗。

29. 运动损伤中期常用的治疗方式

损伤24~48小时后进入中期阶段，这时受伤部位的出血停止，急性炎症逐渐消退，但仍有淤血和肿胀，肉芽组织开始生成和长入，形成瘢痕组织。中期处理的主要目的是促进损伤部位的修复，防止粘连。处理原则是改善伤部的血液和淋巴循环，减轻淤血；促进组织代谢和渗出液的吸收，加速再生修复。常用的被动治疗方法有热疗、按摩、针灸、拔火罐等，同时这个阶段应开始进行适当的主动功能锻炼，可以在训练时使用保护支持带。

30. 运动损伤后期常用的治疗方式

运动损伤后期主要表现是损伤部位已经基本修复，临床征象已基本消失，但功能尚未完全恢复，运动时仍感疼痛、酸软无力。有些严重病例可因粘连或瘢痕收缩出现伤部僵硬，活动受限等情况。

这一阶段主要目的是功能恢复，应以主动康复训练为主。处理原则是增强和恢复肌肉、关节功能。如有瘢痕，应设法使之软化、松解。治疗方面可采取热敷、按摩、拔罐、药物治疗、中药外敷或熏洗。更重要的是应根据伤情进行充分的主动康复功能锻炼，以恢复机体神经、肌肉功能。

31. 治疗时运动员应当如何配合治疗师

治疗时，运动员的配合至关重要，运动员应按时积极进行治疗，不可以"三天打鱼，两天晒网"；二是积极地向治疗师反馈治疗的效果与训练中感受，有利于治疗师了解治疗和训练效果，及时调整方案。

32. 只进行被动治疗可以快速痊愈吗

所有的被动治疗都只能促进组织的愈合，但想尽快的重返赛场，一定是治疗与主动康复训练相结合，尤其在损伤的后期至重返训练阶段，应该以主动训练的方法为主。这样才能尽快的恢复自身竞技状态。

33. 康复训练的作用

预防停训综合征：运动员在长期训练中已获得良好的训练状态，会因损伤或停止训练而受到影响，会使长期建立的各种条件反射性联系遭到破坏，从而产生严重的机能紊乱（如神经衰弱、胃肠功能紊乱，内分泌失调等），即所谓停训综合征。若在停训后仍然保持一定强度的运动，可有效防止和减轻停训综合征。

减轻停训后身体机能下降：突然停训后，身体状态良好的运动员其身体素质普遍迅速下降。肌肉力量、耐力和协调性下降。特别在损伤部位固定一段时间后，肌肉、关节、韧带、骨、神经肌肉支配的效率及心肺系统都会产生一系列的失用性变化。比如肌肉萎缩，神经对肌肉的支配效率下降，韧带和骨的强度下降，关节退化，心肺系统功能下降。康复训练，可最大限度地维持或恢复运动员的运动能力。

促进恢复：通过适当的锻炼和训练，可促进损伤的痊愈和局部功能的恢复，加强关节的稳定性，改善伤部组织的代谢和营养，减少组织粘连，关节僵硬及活动受限，减轻损伤的不良影响，缩短恢复时间，使运动员尽早重返赛场。

34. 康复训练的目标

康复方案的主要目标是使受伤运动员恢复损伤前的竞技水平，尽快重返赛场。一个好的康复方案必须达到以下几个主要的短期目标：缓解疼痛，维持心肺功能，恢复全关节运动，恢复或增强肌肉力量，重建神经肌肉调节以及逐步恢复功能等。

35. 康复训练计划制订的一般流程

康复训练计划的制订是在康复评定结果的基础上进行的。针对不同运动员的康复训练计划，应当先对运动员损伤的情况进行评估，包括损伤的部位、程度、已经采取的治疗手段、损伤后的时间等。其次，要对运动员各个方面的身体情况进行评估，包括形态学测量、心肺耐力、肌肉力量、关节活动度、疼痛水平以及本体感觉等方面。根据评定结果制定第一阶段康复训练计划。

训练计划执行一段时间后应当再次进行评估，一是评价训练计划是否合理，二是观察运动员对训练计划的适应性，训练计划安排绝非一成不变，而是随着运动员康复进程不断调整的，在这个过程中，运动员的感受反馈是调整的重要依据。

经过反复的评估——训练——再评估——再训练的过程，最终的评估结果决定运动员是否已经恢复竞技状态，返回运动场。

36. 康复训练内容

（1）缓解疼痛

疼痛会影响力量或柔韧训练，从而影响损伤的康复。因此损伤治疗都必须注意消除疼痛。各种冷疗法、温热疗法和电刺激等，均有助于在康复过程中缓解疼痛。

（2）维持心肺功能

损伤后，运动员被迫停止训练，心肺系统的功能迅速下降。因此，损伤恢复期运动员必须进行某种替代训练，以维持原有的心肺功能水平。

（3）恢复关节运动范围

关节损伤后总会造成某些关节运动功能的下降，造成运动能力的下降，还可能因此造成再损伤。恢复关节的全幅度无痛运动是康复训练的重要内容。

（4）恢复肌肉力量和耐力

肌肉力量的恢复是康复最重要的因素。等长练习、等张练习和等动练习均可促进肌肉力量的恢复。无论采用哪种力量练习方式，都必须注意监控训练可能引起的疼痛。

（5）恢复本体感觉、肌肉运动觉和神经肌肉调节

所有损伤的康复都必须重建本体感觉、肌肉运动觉和神经肌肉调节。本体感觉，即判断关节在空间中的位置能力。肌肉运动觉，则是指肌肉感觉运动的能力。除皮肤、视觉和前庭的神经传入，机体还通过肌肉和关节的机械性刺激感受器感知关节在空间的位置。神经肌肉调节通过中枢神经整合本体感觉和肌肉运动信息，然后控制肌肉和关节进行协调运动。

37. 一般的康复周期是多久

康复可以分为三个阶段：急性阶段，一般经历几天到几周；康复阶段，一般从几周到数月；训练阶段，一般历时数周到数月。

38. 康复训练急性阶段的目标

此阶段的主要目标是避免损伤的恶化，因此运动员必须减少和完全停止参加常规训练和比赛。急性损伤要按照 PRICE 原则治疗，一般必须固定不动并停止负荷；如果患者有过度使用损伤，也必须停止损伤组织结构的负荷。在此阶段，如果运动受到炎症和疼痛的影响，可使用非甾体类抗炎药物治疗。

39. 康复训练康复阶段的目标

此阶段的主要目标是为运动员恢复正常和完全的训练做准备，确保：正常的关节活动范围；正常的力量；正常的神经肌肉功能；正常的有氧运动。

40. 康复训练训练阶段的主要目标

此阶段的目标是确保运动员恢复其运动能力和耐受负荷的能力，以及在允许重新参加比赛前承受正常训练的能力。对于优秀运动员而言，训练阶段是极其关键的时期。运动员重复发生损伤的原因，很可能是由于以往的损伤尚未完全康复就急于恢复比赛所致。在训练阶段，要确保从有控制的康复锻炼逐渐过渡到接近运动专项的各种练习。医生和理疗师的作用在于对运动员进行可靠的测试，确定它是否能承受竞技活动所需要的运动负荷。只有运动员完成这种试验并在心理上准备好恢复比赛后，才能允许其重新参加比赛。

主题八　　疲劳恢复

1. 自然环境有哪些因素对消除疲劳有好处

利用自然环境中的天然物理因子进行运动性疲劳的恢复具有非常明显的效果。如在海滨、森林等自然环境中休养的时候，利用得天独厚的氧气和负氧离子成分，产生天然氧吧的治疗效果，加快了人体新陈代谢，使代谢废物充分排出，对人体起到了补充能量物质、调整内环境稳定的效果，使疲劳得到了恢复。因此，海水、森林等都可以成为消除疲劳的天然因素。

2. 常用的天然物理因子

常用的天然物理因子有日光、空气（氧气和负氧离子）、森林、海水、气候、洞穴、矿泉等各种类型。

3. 海水浴对消除疲劳有哪些作用

（1）海水的自然环境中气候、日光等产生丰富的负氧离子，对人体疲劳的恢复有好处。

（2）海水含有丰富的矿物质，通过体表渗透刺激皮肤并影响到人体内分泌系统，促进人体新陈代谢。

（3）海水具有一定的压力，产生按摩的效果。具有消除疲劳，美容健身的作用。

4. 日光浴对消除疲劳有哪些作用

日光浴是一种利用日光进行锻炼或防治慢性病的方法。按其波长不同，包含有 3 种射线可用来锻炼身体：波长在 760 纳米以上的红外线、波长 400 ~ 760 纳米的可见光线、波长 180 ~ 400 纳米的紫外线。上述 3 种射线，对人体的作用各有不同。

紫外线能将皮肤中的 7 - 脱氢固醇变成维生素 D，可改善钙、磷代谢，防治佝偻病和骨软化症，促进各种结核灶钙化、骨折复位后的愈合及防止牙齿松动等。

红外线能透过表皮达到深部组织，使照射部位组织温度升高，血管扩张，血流加快，血液循环改善；如果长时间较强烈地照射，可使全身的温度升高。促进全身新陈代谢。

日光中的可见光线，主要通过视觉和皮肤对人有振奋情绪的作用，能使人心情舒畅。

由此可见，日光浴是一种汇集常见各种光线疗法的综合性光疗，对运动疲劳的恢复有着显著的作用。

5. 氧气和负氧离子的作用

利用自然环境中的富氧状态和丰富的负氧离子进行疲劳恢复的方法，已被大多数人所认同。对于训练引起的极度疲劳，如肌肉酸痛、僵硬等，吸氧治疗有着明显的缓解疲劳的效果。

还可以用高压氧的治疗方法进行疲劳的恢复。高压氧是指利用高压氧舱在 2 ~ 2.5 个标准大气压下吸入高压氧，提高了血氧饱和度，是血液中的二氧化碳浓度下降，提高了组织内的氧储备量，对疲劳恢复有显著的效果。

被誉为"空气维生素"的负氧离子有利于人体的身心健康，对疲劳的恢复起着重要的作用。它主要是通过人的神经系统及血液循环能对人的机体生理活动产生影响。负氧离子能使人的大脑皮层抑制过程加强和调整大脑皮层的功能，因此能起到镇静、催眠及降血压作用；负氧离子进入人体呼吸道后，使支气管平滑肌松弛，解除其痉挛；负氧离子进入人体血液，可使红血胞沉降率变慢，凝血时间延长，还能使红血胞和血钙含量增加，白细胞、血钙和血糖下降，疲劳肌肉中乳酸的含量也随之减少。负氧离子能使人体的肾、肝、脑等组织的氧化过程加强，其中脑组织对负氧离子最为敏感。因此通过负氧离子改善空气结构，能够增强人体心肌和肺的功能、促进新陈代谢、增强机体的免疫力和抗病能力。

6. 物理方法消除疲劳有哪些特点

物理方法消除疲劳具有如下特点：收效快；无痛苦；副作用少；疗效持久。

实际工作中常通过多次反复治疗，使其治疗效果产生叠加累积效果，使其作用持久强化。

7. 常用的人工物理因子

常用的人工物理因子有：电、光、声、磁、热、冷、水等。

8. 电刺激的作用有哪些特点

电刺激的作用体现在刺激明显、收效快，对皮肤、肌肉、神经组织的刺激性比较明显，对肌萎缩、肌无力、急慢性肌肉拉伤挫伤的病人效果显著。通过电流强度和电流波形的调节，电刺激能够产生镇静和兴奋的双向效果，以满足不同的患者需求。

9. 哪些病人适合使用电刺激治疗

（1）慢性运动损伤病人：网球肘、肩周炎、扭挫伤、腰背筋膜炎等。
（2）肌萎缩、肌无力、肌痉挛等情况。
（3）疼痛病例：急慢性疼痛、肋间神经痛、各种术后疼痛。

10. 使用中低频电刺激治疗仪要注意哪些问题

对急性化脓性炎症、急性湿疹、出血倾向、严重心脏病、对直流电过敏、植入心脏起搏器等类型的病人，不能应用电刺激进行治疗。治疗过程中如病人出现头晕、恶心、呕吐、痉挛等不良反应，立即关闭电源，取下电极，停止治疗。

11. 高频电刺激有什么样的效果

高频电包括短波治疗、超短波治疗、微波治疗等方法，电极片可以离开皮肤进行辐射式的治疗，机体内部发热较为明显，因此以产生热效应为主，对神经肌肉没有刺激作用，但放松肌肉的效果非常明显。通过内部产生的热效应，使机体内部产生均匀的热作用，产生深部的止痛、消炎、消肿、减轻痉挛、降低肌张力、促进血液循环等作用，从而产生消除疲劳的效果。

12. 哪些光线可以用来进行消除疲劳的治疗

常用的光线疗法包括了红外线、可见光、紫外线，以及人工合成的光线：激光。目前的光疗法已经扩展，产生了各种人工合成的光线和射线，对人体疾病进行治疗。

13. 红外线有哪些特性

在光谱中波长自 0.76 ~ 400 微米的一段称为红外线，红外线是不可见光线。所有高于绝对零度（-273 摄氏度）的物质都可以产生红外线。现代物理学称之为热射线。医用红外线可分为两类：近红外线与远红外线。近红外线或称短波红外线，波长 0.76 ~ 1.5 微米，穿入人体组织较深，约 5 ~ 10 毫米；远红外线或称长波红外线，波长 1.5 ~ 400 微米，多被表层皮肤吸收，穿透组织深度小于 2 毫米。

红外线照射体表后，一部分被反射，另一部分被皮肤吸收。皮肤对红外线的反射程度与色素沉着的状况有关，用波长 0.9 微米的红外线照射时，无色素沉着的皮肤反射其能量约 60%；而有色素沉着的皮肤反射其能量约 40%。长波红外线（波长 1.5 微米以上）照射时，绝大部分被反射和为浅层皮肤组织吸收，穿透皮肤的深度仅达 0.05 ~ 2 毫米，因而只能作用到皮肤的表层组织；短波红外线（波长 1.5 微米以内）以及红色光的近红外线部分透入组织最深，穿透深度可达 10 毫米，能直接作用到皮肤的血管、淋巴管、神经末梢及其他皮下组织。

14. 红外线对消除疲劳有哪些作用

红外线治疗作用的基础是温热效应。对消除疲劳的效果体现在如下方面。

（1）在红外线照射下，组织温度升高，毛细血管扩张，血流加快，物质代谢增强，组织细胞活力及再生能力提高。

（2）红外线治疗慢性炎症时，改善血液循环，增加细胞的吞噬功能，消除肿胀，促进炎症消散。

（3）红外线可降低神经系统的兴奋性，有镇痛、解除横纹肌和平滑肌痉挛以及促进神经功能恢复等作用。

（4）红外线还经常用于治疗扭挫伤，促进组织肿胀和血肿的消散以及减轻术后粘连，促进瘢痕软化，减轻瘢痕挛缩等。

15. 红外线治疗时的注意事项

（1）治疗时患者注意防止烫伤。

（2）照射过程中如有感觉过热、心慌、头晕等反应时，需立即停止治疗。

（3）照射部位接近眼或光线可射及眼时，应用纱布遮盖双眼。

（4）血液循环障碍部位，较明显的毛细血管或血管扩张部位一般不用红外线照射。

16. 热疗方法对消除疲劳有哪些作用

凡以各种热源为介体，将热直接传至机体达到治疗作用的方法，称为温热疗法。在祖国医书中已早有记载。其特点是：取材广泛，设备简单，操作容易，应用方便，疗效较高，在各种医疗机构中或病人家庭中都能进行治疗。其作用如下。

（1）对神经系统的刺激通过皮肤感受，影响到中枢产生全身作用。

（2）温热作用于皮肤，对皮肤产生压力作用和润滑作用，能使皮肤保持柔软而富于弹性，对疤痕组织和肌腱挛缩等有软化及松解的作用。

（3）温热疗法具有较强而持久的温热作用，能引起毛细血管扩张，毛细血管数增加，血流加快。并能使淋巴循环改善。有助于炎症消散，加强再生过程和具有止痛效果。

（4）温热疗法能明显影响皮肤、体温及使深部组织温度升高，改善组织代谢过程。

（5）温热可刺激组织再生过程，并且有减轻疼痛和加强组织的营养过程。

由此可见，温热疗法对疲劳恢复具有明显的作用。

17. 常用的热敷方法

常用的热敷方法有：石蜡疗法、泥类疗法、地蜡疗法、砂疗、坎离砂疗法、铁砂疗法、以及最常用的热敷疗法等。

18. 磁场对人体的作用

人体组织在磁场中将会受到磁场的各种作用而产生各种效应，其中最主要的是产生微电流和对人体生物电的作用。使用磁场治疗仪，使人体组织在磁场中产生顺应性，促进各器官系统的新陈代谢，对全身性疲劳的恢复有显著的作用。

19. 磁场疗法对消除疲劳有什么样的效果

磁场疗法对人体的生理作用和治疗作用。

（1）生理作用：包括了对神经系统、内分泌系统、血液循环系统等各个系统、以及加强组织代谢的作用。

（2）治疗作用：对于疲劳恢复的作用来说，磁场有如下效果。

① 磁场有明显止痛作用。

② 磁疗可改善睡眠状态，缓解肌肉痉挛。

③ 磁场有明显抗渗出作用。实验观察表明，磁场既有降低致炎物质（组织胺等）使血管通透性增加的作用，又能加速蛋白质从组织间隙转移的作用，说明磁场的消肿作用与其影响通透性和胶体渗透压有明显关系。

磁疗对软组织损伤，外伤性血肿，冻伤，烫伤，炎症等有明显消肿止痛的作用。

④ 磁场也有一定消炎作用，这与磁场改善微循环、消肿、止痛和促进免疫反应性增强等有关。

20. 水疗法的治疗特点

水疗法就是利用水的物质化学性质，以各种方式作用于人体，来达到防治疾病目的的方法。

水疗法治疗作用的基本因素有三种。

（1）温度刺激作用。其生理作用大体与热疗法相似。

（2）化学刺激作用。水中的微量物质对人体会产生化学性刺激，增强了疗效。

（3）机械刺激作用。水中存在着一定程度的压力，对人体产生水力按摩的效果。

各种水疗法作用不同与三种因素所占比重有关。如一般淡水浴治疗作用主要为温度刺激：而药水浴则以化学刺激为主，温度其次；淋浴则主要为机械性刺激，温度刺激为次。

水疗法根据所采用的温度、水中所含物质成分及治疗方式不同，可产生镇静，催眠，兴奋，发汗，退热，利尿，抗炎，止痛，促进吸收，促进新陈代谢，锻炼机体等作用。

21. 水疗时的注意事项

水疗时应注意到治疗因素和个体反应差异，因此要因人而异调节刺激量，循序渐进进行治疗。患者自觉症状应为精神愉快、身体感觉轻松、食欲及睡眠良好，皮肤潮润而微红，有温热感等。提示疲劳状态得到了恢复。如有精神烦躁抑郁，头晕、心悸、疲乏、食欲睡眠差、皮肤发冷等现象，提示不良反应，应脱离水池休息观察。一般短暂的不良反应可在数小时后自行消失。

22. 水疗应用中有哪些类型

水疗的方法很多，常见如下几类。

（1）按照作用部位分类：有局部水浴如手浴、足浴、坐浴等；以及全身水浴如全身淋浴、全身擦浴等。

（2）按作用温度分类：分为冷水浴（低于 25 摄氏度）、低温水浴（25～32摄氏度）、不感温水浴（33～35 摄氏度）、温水浴（36～38 摄氏度）及热水浴（38 摄氏度以上）。

（3）按照作用方式分类：有擦浴、淋浴、冲洗浴、涡流浴、气泡浴、步行浴、蒸汽浴、桑拿浴、水中运动浴等。

目前水中运动作为康复的一种重要手段，已被广泛应用于运动损伤康复、运动疲劳恢复等各个领域。

23. 温水浴和桑拿浴如何使用

训练结束常用温水浴、桑拿浴和冷热水交替浴的方法。

温水浴的水温以 42±2 摄氏度为宜，时间约为 10～15 分钟，一般不超过 20 分钟。训练结束 30 分钟后，还可以进行冷热水交替浴，冷水温度为 15 摄氏度，热水温度为 40 摄氏度，冷水淋浴 1 分钟，热水淋浴 2 分钟，交替 3 次。

桑拿浴，又称芬兰浴或热空气浴。桑拿浴是在特制的小木屋内用电炉加热空气，形成一个高温干燥的环境。桑拿浴可促使大量排汗，除具有镇静作用外，还有使肌肉、关节组织充血的作用，促进运动系统的血液循环。是疲劳恢复的有效手段。

桑拿浴使用方法如下。

（1）在 54～71 摄氏度环境中，停留 10～20 分钟。

（2）在 100～120 摄氏度环境中，停留 5～7 分钟。反复 4～5 次。每次间隔时间用冷水淋浴 10～15 秒钟，或用温水淋浴 2.5～3 分钟。结束后在更衣室内休息 5～7 分钟。

24. 水中运动进行康复的方法

水中运动是利用水的浮力，使在水中运动时相对减少肢体重力的负荷，从而减轻了运动者的负担，同时水对人体还有一定的压力，产生相当于水力按摩的作用。这些都增强了水中运动的效果。因此可以进行辅助训练及抗阻训练，进行康复运动或疲劳恢复的按摩运动。

水中运动种类如下。

（1）辅助运动

利用浮力减轻身体重量。

（2）支托运动

肢体浮在水面上做水平运动，不必对抗重力，所以比陆地上更容易完成。

（3）抗阻运动

肢体运动方向和浮力方向相反时，即成为抗阻运动。

由此开发设计进行的水中平衡训练、水中步行训练、水中协调性训练等，都成为康复和疲劳恢复的常用治疗方法。

1. 什么是运动按摩

按摩师利用各种按摩手法，通过外部物理性刺激，达到疏通经络，调整脏腑、气血及神经系统功能，调节运动者的心理状态和运动机能，从而达到提高运动成绩的目的，称为运动按摩。实践证明，运动按摩的方法简单易行，不受设备条件的限制，不仅在防治运动性伤病方面有重要的作用，而且在纠正运动员赛前、赛后出现的机能失调、消除疲劳、提高运动能力等方面也起着积极的作用。

2. 推法如何做

中国传统按摩又称推拿（Tuina），可见推法的重要。推法属于摩擦类手法，是用拇指、手掌、拳面以及肘尖紧贴按摩部位，运用适当的压力进行单方向的直线或弧形推抚。推法根据推时用力部位，可分为拇指平推法、掌推法、拳推法和肘推法等。推法具有行气止痛，温经活络，调和气血的功效，全身各部位均可适用（图4-1）。操作时压力不能过重，否则易引起皮肤折叠而破损。也可以在按摩部位涂抹少许介质，使皮肤有一定的润滑度，利于手法操作，防止皮肤破损。

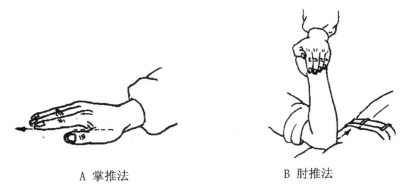

A 掌推法   B 肘推法

图4-1 推 法

3. 如何拿捏

捏法和拿法都属于挤压类手法中的挤法类手法。

捏法是用拇指和食指或其他四指指面用力，将按摩部位的皮肤夹持、提起，并向前捻搓的一种手法（图4-2）。本法刺激较重，适用于浅表的肌肤，常用于头部、肩背、四肢和颈项部，有舒筋通络，行气活血、解除疲劳的作用，可用于腹部减肥。

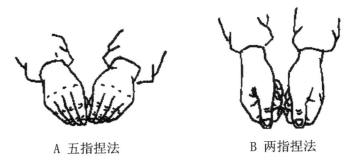

A 五指捏法   B 两指捏法

图4-2 捏 法

拿法是用拇指和食、中两指，或用拇指和其他四指对称地用力，将按摩部位夹持、提起，并同时进行捻搓揉捏的手法，简单说——捏而提之谓之拿。拿法应用部位相当广泛，常用于头部、颈项部、肩背部和四肢等部位（图4-3）。

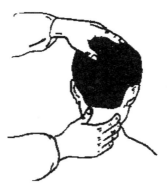

图4-3　拿　法

在实际操作中"拿捏"间的变换是很自然的，可不必拘泥于一招一式，关键是要明确操作的目的，再就是结合具体身体部位的实际情况。落实到某一损伤或症状的治疗，有些的操作流程可以作为参考。"法无定法"或"法从手出，手随心动"，都说的是熟能生巧的境界。

4. 怎样点拨

点法和拨法都属于挤压类手法，这两个手法与推法、揉法和按法在运动按摩中最为实用。

点法是用拇指指端、屈食指或中指第二节关节突起部或肘尖部着力，用重力按压并揉动，称为点法（图4-4）。按着力部位不同，可分别称为拇指点法、中指点法、指节点法和肘点法。本法接触面积小，压力大，是一种刺激很强的手法，用力集中，其操作也较按法省力，适用于全身各部位或穴位。本法操作结束时，继以揉法，不宜突然松手。

拨法是以指端与患部损伤的软组织成垂直方向弹拨的手法。操作时拇指伸直，其余四指微曲分开，拇指端为力点向下按压至一定的部位，作与肌纤维方向垂直的弹拨运动（图4-5）。弹拨刺激量较强，能松解粘连，舒筋通络。常用于腰臀、四肢及项背部。用于治疗落枕、腰腿痛等软组织损伤引起的肌肉痉挛、疼痛，有明显的效果。拨法的操作如果达不到相应的深度，就不能起到相应的治疗作用，但以被按摩者能忍受为度。当肌肉丰厚，单手力量不足时，可用双手拇指重叠下按弹拨，以增加刺激量。拨动时，指下应有弹动感，不能在皮肤表面有摩擦移动。

图4-4　屈食指点法　　　　　　　　　图4-5　拨　法

5. 什么手法更容易上手

相对于滚法等技术较为复杂的操作，叩击类手法更容易上手，而且效果也不错。叩击类手法是用手掌、拳心、拳背以及器械有节奏地叩打体表的一类手法。包括拍法、击法、弹法等（图4-6）。其中拍法是用虚掌拍打体表；击法是用拳背、掌根、掌侧小鱼际、指尖、按摩棒/锤等击打体表一定部位。按摩者手及腕关节自然放松，运用前臂力量或腕力，平衡而有节奏地叩击体表的按摩部位。动作要求平稳而有节奏，接触治疗部位充分；腕关节放松，用力均匀，忌施暴力。本法可单手操作，也可双手同时操作，动作协调，使两手一上一下有节奏地交替进行。其中尤以掌侧小鱼际的击法最为实用，其着力部位与滚法接近，而且操作简单，易于掌握，作用柔和舒适，具有消除肌肉疲劳、解痉止痛等功效。适用于肩背部、腰骶部以及下肢。常和滚法、拿法等配合运用，治疗急性扭伤、肌肉痉挛、慢性劳损、局部感觉迟钝等病症。

图4-6 拍 法

6. 为什么中医不只是"头痛医头，脚痛医脚"

在中医经络理论中，经络是经脉和络脉的总称，是运行全身气血，联络脏腑肢节，沟通上下内外，协调阴阳，调节人体各部的通路。穴位，是人体脏腑、经络气血输注于体表的特殊部位。经络、穴位与脏腑相关，内外相应，这样就形成了"穴位－经络－脏腑"三者之间相互联系成统一的有机整体。脏腑病症可以通过经络反映到体表穴位，体表穴位施以按摩、针灸、刮痧等手段也能通过经络作用于脏腑。穴位按摩是在人体的穴位上施以按摩手法，借以疏通经络，平衡阴阳，扶正祛邪，内外通达，从而调节人体机能，消除疲劳，防治伤病。它既有局部治疗之效，又有全身调节之功。因此，中医是一种方便易行、效果良好的医疗保健方法。

7. 选准穴位靠什么

常用的取穴方法有指寸定位法、骨度分寸法、体表标志定位法等。

最常用的是指寸定位法，此法既方便也较准确，是依据被按摩者本人手指所规定的分寸来量取穴位的定位方法，又称"手指同身寸法"，常用的有以下2种方法（图4-7）：①拇指同身寸法：以被按摩者拇指的指间关节的宽度作为1寸，常用于四肢部取穴。②横指同身寸法（又名一夫法）：令被按摩者将食指、中指、无名指和小指并拢，在中指中节横纹高度，量四指的宽度作为3寸。

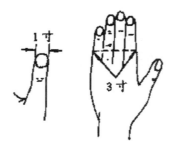

A 拇指同身寸   B 横指同身寸

图4－7　指寸定位法

　　但是，更为精确而全面的取穴方法是骨度分寸法，是以骨节为标志，将两骨之间的长度折算为一定的分寸。不论男女、老少、高矮、胖瘦，在某一部位每个人的长度或宽度所折的寸数都一样。例如，每个人的头部由前发际正中至后发际正中都折成12寸。无论何人在相同部位的骨度分寸都是固定的；骨度分寸的"分寸"应视为比例或等分；不同部位的定位采用相应的骨度分寸（图4－8）。运动按摩中常用穴位的归经、定位、主治及手法操作概要可参见附表。

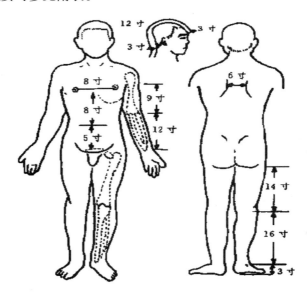

图4－8　骨度分寸法

8. 针对比赛前紧张状态的按摩手法

运动员初次参加比赛或国际、国内重大比赛的临赛前，常表现出过度兴奋或紧张，出现情绪紧张、坐立不安、心跳加速、多尿、身体微微颤抖、动作协调性和控制力下降等。此时，适宜采用轻缓柔和、接触面积大、时间稍长的局部按摩。操作时，手法要轻快、柔和，既达到镇静目的，又不致产生过度抑制。

首先通过谈话，进行心理调节使其平静下来，同时进行头部按摩，以达到镇静和平衡心态的目的。具体操作步骤如下。

（1）被按摩者取坐位，按摩者面对其站立。用一手扶助被按摩者头的侧后部，另一手拇指指腹揉印堂穴 3~4 次；双手拇指指腹来回交叉擦摩前额 3~4 次，接着双手拇指分别推至太阳穴揉 3~4 次后，再推摩至耳后，同时双手五指并拢向下推至颈部两侧，如此反复 3~4 次。

（2）用一手扶于被按摩者头后部，另一手五指分开用指腹从前额贴紧皮肤向头后部推摩，反复 3~4 次。

（3）用一手拇指指腹沿头正中线从前额部向头后按压经上星、百会、曲池穴时，稍用力点、揉。如此反复 3~4 次。

除头部按摩外，还可根据运动员专项特点，对其负担量最大的关节、肌肉进行一些轻推摩、轻揉、轻揉捏的手法，使之充分调动起来。

9. 针对比赛前精神不振的按摩手法

有的运动员，临赛前出现心理准备不足、兴奋性不高、对比赛缺乏信心；或因某种原因，情绪低落、表情淡漠、对比赛的态度消极、拼劲不足等。这些都使运动员的工作能力下降，影响竞技能力的发挥。遇到这种情况，先要查明原因，消除其思想顾虑；同时，在运动员做完一般准备活动之后，进行按摩，以提高运动员的兴奋性。

被按摩者取坐位，按摩者站于其身后或体侧，先用拇指指端点揉风池、太阳、内关等穴，接着从内向外重揉或重推第4至第7颈椎的斜方肌的外缘，亦可用双手拇指和其余四指成钳形，提拿斜方肌之外侧缘数次，使酸胀反应直达头、眼，按摩总时间约 2~3 分钟即可。按摩后做专项准备活动。

10. 克服赛前失眠的按摩手法

有些比赛经验不足的运动员，特别是初次参赛的运动员，在赛前几天就出现心神不安、失眠、食欲不振、脉搏增加、血压上升等征象；即使训练有素的运动员，在重大比赛的前夕，有时也可因情绪激动、精神紧张而导致失眠。如不采取切实有效的治疗措施，必将影响运动员的运动成绩和竞技水平的发挥。遇到此种情况，找运动员谈心，做好思想工作，使之正确得对待胜负。在此基础上，再施以催眠按摩手法，使运动员得到充分的休息，为比赛做好体力准备。

（1）让运动员仰卧在床上，在环境安静、光线柔和的房间休息。嘱其全身放松，呼吸不要用力，闭目凝神。

（2）按摩者动作要缓慢柔和。先用两手拇指指腹按摩印堂穴 10~20 次。

（3）用双手拇指指腹按摩前额部 10~20 次。

（4）用双手拇指指腹搓揉眼眶周围 10~20 次。

（5）用双手中指点揉太阳穴 10~20 次。

（6）用双手拇指指腹搓揉头顶部 10~20 次。

（7）用双手中指搓眼眶上缘 10~20 次。

（8）双手四指尖点压眼眶上缘 1~2 分钟。

（9）点揉上星穴、百会穴、风池穴各 5~10 次。

（10）用一手的食指和中指点压两侧眉内侧的攒竹穴 5~10 分钟。

（11）如果经过上述按摩，运动员还不能入睡，可点压中脘、天枢、气海、关元、内关、神门等穴。

11. 针对比赛前局部肌肉、关节无力的按摩手法

有的运动员在临赛前出现关节、肌肉软弱无力，可用按摩进行调节。在一般准备活动之后，采用手法较重，频率较快，时间短，接触面小的局部按摩。

在发软无力关节、肌肉部位，先用重推摩和擦摩 3~4 次，接着在局部用重揉捏手法快速作一分钟左右，最后用频率快的搓、切击、拍击手法使

之产生兴奋，按摩结束后作好专项准备活动。

12. 伤者参加训练或比赛的运动前按摩手法

有些运动员由于长期大强度的训练和比赛，往往会患有不同程度的陈旧性损伤或慢性劳损，如损伤性腱鞘炎、跟腱腱围炎、髌尖末端病、肩袖损伤、肱骨内（外）上髁炎、腰背筋膜炎、腰肌劳损、踝关节韧带扭伤等。有此类损伤的运动员，其损伤局部关节的灵活性、柔韧性和力量就会下降；肌肉的弹性和力量比较差。对此种情况在运动前进行按摩可改善伤部血液循环，提高关节的灵活性和增强肌肉的力量，避免损伤部位的重复受伤。

先在伤部周围进行一般运动前按摩外，对慢性损伤局部可作推摩和擦摩手法；对伤部周围肌肉丰厚的部位可作揉和揉捏；在腱鞘和韧带部位可作理筋手法；关节部位可作适当的牵拉手法。按摩后还要认真做好专项准备活动。

13. 针对痛经的按摩手法

对于从事运动的成年女性，如何做好经期保健是一个必须面对的问题。痛经也叫行经腹痛，指妇女行经期或行经前后出现周期性小腹疼痛或痛引腰骶等一系列症状，按摩是治疗缓解痛经的有效手段之一。一般在行经前 3～4 天开始治疗，按摩以腰腹部为主，使局部有酸胀的感觉为度。

（1）仰卧位，两膝屈曲，先用在下腹部做掌摩法 10 分钟，右掌顺时针方向揉腹部 5 分钟，然后双手在小腹部做拿提法数次，再用右手食指指腹按压关元（脐下 3 寸）、曲骨（耻骨联合上球的中点处）两穴，每穴 2～3 分钟。

（2）俯卧位，滚揉腰骶部及脊柱两旁 5 分钟，如果是自我按摩可取坐位用手掌搓、揉腰骶部数次，使局部发热，然后拇指点按腰骶椎两旁的敏感痛点。

（3）坐位，拇指按揉双侧的血海（髌骨内上方 2 寸处）、三阴交（内踝上 3 寸处），每穴约 3～5 分钟即可，以达通经活血、补益气血的目的。

14. 运动中的按摩手法

运动中按摩即运动训练或比赛间歇中的按摩。有些项目如投掷、跳跃、篮球、排球和足球等在训练或比赛的间隙中可采取适当的按摩，以达迅速消除疲劳，恢复体力，提高机体的兴奋性和运动能力的目的。

应根据运动员的项目特点和运动间隙时间的长短，来采取适宜的按摩手法：一般采用短暂、快速的兴奋手法，对负荷量大的肌肉、关节进行按摩。先用轻缓的手法，按摩疲劳的肌肉，再用较重而快的手法，按摩将要承受负担量较大的部位，以消除肌肉的疲劳和紧张，提高其兴奋性。按摩时间不应超过 3 分钟，按摩后可做专项准备活动。

15. 运动后上肢部的按摩手法

运动后上肢按摩的重点是肱二头肌、肱三头肌、三角肌和前臂肌群。这些部位是体操、举重、排球、投掷、游泳等项目运动员容易疲劳的部位。常用手法有揉捏、推摩、搓、抖动等。同时可用点、拿的手法刺激内关、外关、曲池、尺泽、肩髃、肩井、天宗等穴位。整个操作过程10～15分钟。

16. 运动后腰背部的按摩手法

运动后腰背部按摩的重点是背阔肌、斜方肌及骶棘肌。这是体操、跳水、排球、举重、篮球等运动项目容易疲劳的部位。运动员采用俯卧位，主要手法是推摩、擦摩、揉、按压、弹拨、叩打等。同时可用点、揉的手法刺激腰俞、肾俞、腰眼、天宗、肩井等穴位。操作过程 15～20 分钟。

17. 运动后下肢部的按摩手法

下肢是绝大多数项目运动员运动后容易发生疲劳的部位。按摩的主要手法有推摩、擦摩、揉、揉捏、搓、叩打、抖动等，一般由下而上地进行。同时用点、揉、掐、拿等手法酌情刺激承扶、风市、梁丘、犊鼻、委中、血海、承山、昆仑等穴位。整个操作过程 10～20 分钟。

18. 运动后胸部的按摩手法

胸大肌、胸小肌和前锯肌是排球、投掷和体操等项目运动员容易疲劳的部位。按摩时，让被按摩者取坐位或仰卧位，常用手法有揉、揉捏、推摩、弹拨等。操作时一般从胸骨部向腋下缓慢移动。整个操作过程约 5 ~ 10 分钟。

19. 运动后臀部的按摩手法

臀部是自行车、田径、举重、篮球、竞走、足球等项目运动员最易疲劳的部位。按摩时，嘱被按摩者俯卧，一般从腹股沟外侧端开始，沿髂后上嵴至骶部、臀部，进行推摩、揉、叩打等手法，用力大小因人而异。同时用点、揉的手法刺激环跳穴位，整个操作过程约 10 分钟。

20. 运动后的全身按摩手法

对运动后极度疲乏的运动员，可进行全身按摩，通常是一周一次。在训练或比赛后休息 1 ~ 2 小时或更长时间后进行。最好在温水浴后，运动员躺在安静、舒适、温暖的房间里，暴露被按摩的部位，依照胸、腹、上肢、腰背和下肢的次序，顺着血液和淋巴回流的方向进行按摩。根据不同部位，常采用推摩、擦摩、揉、揉捏、叩打、抖动、牵拉等手法，可同时刺激相关部位的穴位。如在按摩过程中，运动员快入睡时，应停止按摩，给他盖上被子，轻轻离开房间。

21. 自我按摩下肢部的手法

（1）足的按摩

取坐位，按摩足背时，一腿伸直，被按摩腿弯曲，用足跟支撑于床面；按摩足趾、足底时，外踝靠于另一大腿上。操作时首先在足背、足底和踝部作推摩，力量由轻而重，接着作擦摩，最后作足趾和踝关节牵拉结束。

（2）小腿按摩

取坐位，被按摩下肢屈膝屈髋，另一侧大腿微外旋。操作时先在小腿作大面积的推摩后，作揉捏手法，再作搓，最后叩打小腿三头肌、胫骨前肌等部位。用中指或食指点按承山、昆仑、足三里、阳陵泉等穴后结束。

（3）膝关节按摩

取坐位，一腿屈于床沿，按摩腿伸直于床面。操作时开始在膝关节前部作推摩、擦摩后，再作揉和搓的手法。如有髌骨劳损者，可在髌骨下缘作刮的手法，最后点压犊鼻、膝眼等穴位。

（4）大腿部按摩

其体位同膝关节按摩。按摩内、后群肌肉时微屈膝，大腿同时微外旋。操作时先作广泛性的推摩，按着作揉捏手法，重点在股四头肌和股内收肌，反复操作数次后作搓的手法，最后作叩打和抖动各数次，按揉血海、梁丘、风市等穴位结束。

（5）臀部按摩

取站立位，被按摩的一侧微屈膝，躯干略前倾，将身体重量支撑于另一侧下肢，用同一侧手进行按摩。操作时先用全掌在臀部作擦摩，手法由轻到重，接着四指指腹或全掌作揉，上下往返各数次。再用半握拳的手背侧，扣打臀大肌数次，最后用中指和食指指端点按环跳等穴位。

22. 自我按摩上肢部的手法

（1）手及前臂的按摩

取坐位，被按摩的前臂支持于同侧大腿上。操作时先作手、腕及前臂的推摩、擦摩手法，接着用拇指和其余四指作揉捏，上下往返数次，最后牵拉手指及腕关节，点按合谷、内关、外关、手三里等穴位。

（2）上臂按摩

取坐位，按摩肱二头肌时，其体位基本同前臂。为操作方便，应将上臂外旋。按摩肱三头肌时，上臂内旋，稍内收，肘关节伸直，前臂置于两腿之间。按摩三角肌时，同侧下肢屈髋屈膝，足底置于床面上，同侧肘关节弯曲，靠于膝关节上，且上臂微内旋。操作时先作推摩，接着用拇指或其余四指作揉法，重点在肱二头肌、肱三头肌和三角肌。与揉捏手法交替进行，反复数次，最后用空拳叩打上臂内外侧肌肉及三角肌等部位。

23. 自我按摩头颈部的手法

取坐位或站位。操作时先按摩头部，用双手置于头顶，以手指指腹插入发间擦摩和推摩头皮，一般由前向后反复操作数次；然后按摩颈前部，拇指与四指分开置于胸锁乳突肌上，向下作推摩和轻揉手法，两手交替进行；最后按摩颈后部时，用单手或双手指腹作推摩，并由上而下分开至两侧，然后作揉、揉捏手法，最后可点按或拿太阳、百会、风池穴等。

24. 自我按摩躯干部的手法

（1）腰背部按摩

取站立位，在操作过程中可根据手法要求，可适当前倾或后仰。操作时先用两手的手指在腰背部进行推摩和擦摩，交替进行，反复数次；接着，两手半握拳，用两手手背部，分别揉腰背部及其两侧肌肉，上下往返，反复数次；最后仍两手半握拳，用两手手背或桡侧部叩击腰背部，反复数次结束。

（2）胸部按摩

取坐位，被按摩者一侧上肢自然下垂，前臂置于大腿上，用对侧手作按摩。操作时先用单手在胸部作广泛性推摩和擦摩，两手轮流操作，反复数次；再用单手揉胸大肌等肌肉，亦是两手交叉操作；最后半握拳，用空拳叩击两侧胸部，可单手操作，亦可双手同时操作。

（3）腹部按摩

取仰卧位，双下肢屈膝屈髋，放松腹部肌肉。操作时先用四指指腹或全掌作腹部推摩和擦摩，反复交替操作各数次，再作揉的手法，最后可酌情点按腹部中脘、气海、关元、神阙等穴位。

见附表。

附表：运动按摩中常用穴位的归经、定位、主治及手法操作概要

归经	穴位	定位	主治	手法操作概要
手太阴肺经	中府	胸前壁之外上方，前正中线旁开6寸，平第一肋间隙处	咳嗽、气喘，胸痛、胸部胀满，肩背痛	按，揉，摩
	尺泽	肘横纹中，肱二头肌腱桡侧凹陷处	咳嗽、气喘，咽喉肿痛，肘臂挛痛，小儿惊风	按，揉，拿
	列缺	腕横纹上1.5寸，桡骨茎突上方	头痛，项强，咳嗽，气喘，咽喉肿痛，牙痛，手腕痛	按，揉
	太渊	腕掌侧横纹桡侧，桡动脉桡侧凹陷中	咳嗽，气喘，咳血，手腕疼痛无力，胸背痛	按，揉
手阳明大肠经	合谷	手背第1、2掌骨间，第二掌骨桡侧的中点处	头痛，眩晕，牙关紧闭，咽喉肿痛，牙痛，失音，发热、多汗，手指痉挛，臂痛，上肢不遂，闭经等	揉，按
	手三里	肘横纹下2寸，阳溪与曲池穴连线上	网球肘，上肢不遂，肘痛不利，肩背疼痛，手臂麻木酸痛，腹胀，吐泻等	揉，拨
	曲池	肘横纹外侧端，屈肘，当尺泽与肱骨外上髁连线中点	上肢不遂，肘臂疼痛无力，咽喉肿痛，皮肤病，高血压，腹痛，吐泻等	按，点
	肩髃	上臂外展或向前平伸时，肩峰前下方凹陷处	肩周炎，肩臂痛，肩袖损伤，半身不遂，手臂挛急	按，捏
	迎香	鼻翼外缘中点，旁开0.5寸，当鼻唇沟中	鼻塞、鼻衄，面痒、面肿，胆道蛔虫症等	按，揉
	颊车	下颌角前上方约一横指凹陷处，咀嚼时咬肌隆起最高点处	颈项强痛，三叉神经痛，面瘫，牙痛，颊痛，流涎	按，揉

续　表

归经	穴位	定　位	主　治	手法操作概要
足阳明胃经	梁门	脐上4寸，前正中线旁开2寸	胃痛，呕吐，食欲不振，腹胀腹泻	按，揉，摩
	天枢	脐旁2寸	腹痛，腹胀，腹泻，肠鸣，月经不调	按，揉，摩
	髀关	仰卧位取穴，在髂前上棘与髌骨外缘连线上，平臀沟处	股四头肌损伤，屈髋不利，腰痛膝寒	按，揉，拨
	伏兔	在髂前上棘与髌骨外上缘连线之髌骨上6寸	股四头肌损伤，腰腿痛，膝关节冷痛，下肢瘫痪、麻痹	按，揉，拨
	梁丘	在髂前上棘与髌骨外缘连线上之髌骨上2寸，下肢用力蹬直时，髌骨外上缘上方的凹陷	膝关节损伤肿痛，屈伸不利，下肢不遂，胃痛，血尿	按，揉，拿
	犊鼻	屈膝取穴，髌骨下缘，髌韧带外侧凹陷中	膝关节伤痛，屈伸不利、麻木，髌骨劳损，半月板损伤，膝关节滑膜炎	按，拨
	足三里	犊鼻下3寸，胫骨前嵴外一横指	下肢麻痹疼痛，半身不遂，胃痛，腹痛，泄泻，便秘，贫血，头晕，心悸。配曲池有降压作用	按，揉
	解溪	足背，踝关节横纹中点，在拇长伸肌腱与趾长肌腱之间	头痛，眩晕，头面浮肿，下肢瘫痪，膝痛，踝关节扭伤，踝部腱鞘炎等	按，掐
	商丘	足内踝前下方凹陷中，当舟骨结节与内踝尖连线的中点处	足踝疼痛，腹胀，便秘，癫狂	按，摩，揉

归经	穴位	定　位	主　治	手法操作概要
足太阴脾经	三阴交	内踝尖上 3 寸，胫骨内侧缘后方	胫骨疲劳性骨膜炎，下肢瘫痪，腹胀腹痛，脾胃虚弱，月经不调，痛经，不孕，遗精，尿潴留，尿失禁	按，摩，揉
	阴陵泉	胫骨内侧髁后下方凹陷处	膝部肿痛，膝关节半月板损伤，膝内侧软组织损伤，水肿，腹泻	按，揉，拿
	血海	髌骨内上缘上 2 寸，股四头肌内侧头的隆起处	膝关节疼痛，股内侧肌损伤，皮肤湿疹，瘙痒，痛经，闭经。	按，揉
手少阴心经	少海	屈肘，肘横纹尺侧端与肱骨内上髁连线的中点	肱骨内上髁炎，肘内侧损伤疼痛，手臂挛缩，上肢麻痹	揉，掐，拿
	通里	尺侧腕屈肌腱的桡侧缘，腕横纹上 1 寸	腕臂痛、心悸、心痛	按，揉
	神门	腕横纹尺侧端，尺侧腕屈肌腱的桡侧缘	手腕痛，胸胁痛，掌中热，心悸，失眠，健忘，头痛，头晕。	按，揉
手太阳小肠经	小海	肘内侧，尺骨鹰嘴与肱骨内上髁之间的凹陷处	肱骨内上髁炎，尺神经损伤，颈肩臂痛。	拨，拿
	肩贞	肩关节后下方，臂内收时，腋后纹头上 1 寸	肩周炎，手臂麻木，上肢不遂，头痛，耳聋耳鸣。	按，揉，拨
	天宗	肩胛骨冈下窝中央凹陷处	肩周炎，肩胛区痛，颈椎病，气喘	按，揉
	肩外俞	第一胸椎棘突下旁开 3 寸	肩背痛，颈椎病，肩围炎，颈项僵硬，手臂麻木	按，揉，捏

归经	穴位	定 位	主 治	手法操作概要
足太阳膀胱经	睛明	目内眦旁 0.1 寸	本穴专治各种眼疾，如流泪，视物不清，目赤肿痛，夜盲，近视	按，揉，捏
	攒竹	眉头凹陷处	头痛，失眠，流泪，目赤肿痛，近视，眼睑下垂	按，揉，推
	天柱	后发际正中旁开 1.3 寸，斜方肌外缘凹陷处	头痛，颈强，肩背痛，鼻塞，颈椎病	按，揉，拿
	肺俞	第三胸椎棘突下旁开 1.5 寸	咳嗽，咳血，气喘，盗汗，背肌劳损。	按，揉，推
	心俞	第五胸椎棘突下旁开 1.5 寸	心悸，心烦，失眠，健忘，癫痫	按，揉，推
	肝俞	第九胸椎棘突下旁开 1.5 寸	胁肋痛，黄疸，心烦易怒，失眠多梦，贫血，赛前紧张，过度疲劳	按，揉，推，拨
	胆俞	第十胸椎棘突下旁开 1.5 寸	胁肋痛，黄疸，口苦，脊背痛，潮热	按，揉，推，拨
	脾俞	第十一胸椎棘突下旁开 1.5 寸	胃脘胀痛，呕吐，泄泻，水肿，失眠，贫血，过度疲劳，嗜睡	按，揉，推，拨
	胃俞	第十二胸椎棘突下旁开 1.5 寸	胃脘胀痛，腹胀，呕吐，消化不良	按，揉，推，拨
	肾俞	第二腰椎棘突下，旁开 1.5 寸	腰肌劳损，腰部扭伤，腰椎间盘突出症，腰膝酸痛，耳鸣，耳聋，小便不利，水肿	按，揉，推，拨，拿
	大肠俞	第四腰椎棘突下，旁开 1.5 寸	腰肌劳损，腰部扭伤，腰椎间盘突出症，腹痛，腹泻，便秘	按，揉，拨，拿

归经	穴位	定 位	主 治	手法操作概要
足太阳膀胱经	承扶	大腿后侧臀横纹中点	坐骨神经痛，臀肌筋膜炎，坐骨结节滑囊炎，大腿后侧肌群损伤。	按，拨
	殷门	大腿后侧，承扶与委中穴连线上，承扶穴下6寸。	腰腿痛，坐骨神经痛，大腿后侧肌群损伤	按，揉，拨
	委中	腘横纹中点	腰背痛，腰椎间盘突出症，腰肌劳损，膝关节痛，半身不遂	按，揉，拨
	承山	提踵时，腓肠肌两肌腹之间凹陷处的顶端	腰背痛，小腿三头肌损伤，便秘，痔疮	按，揉
	昆仑	外踝后方，外踝与跟腱之间凹陷处	腰背痛，坐骨神经痛，足跟痛，踝关节扭伤，小腿肌肉损伤，头痛，目眩	按，捏，拿
足少阴肾经	太溪	内踝尖与跟腱之间的凹陷中	踝关节扭伤，足跟痛，腰脊痛、月经不调、闭经，下肢厥冷，小便频数，失眠、多梦、健忘，咳喘、咳血，咽喉肿痛，耳鸣耳聋	按，捏，拿
	照海	内踝正下方的凹陷中	踝关节内侧副韧带损伤，失眠，嗜睡，月经不调，小便不利，便秘，咽喉肿痛	揉，按
	复溜	太溪穴直上2寸，跟腱的前方	胫骨痛，咽喉肿痛，盗汗，便秘，水肿，腹胀、腹泻	按，揉
	曲泽	肘横纹中点，肱二头肌腱尺侧缘	肘臂酸痛、颤抖，心悸、心痛，胃痛、呕吐、泄泻	按，捏，拿

续　表

归经	穴位	定　位	主　治	手法操作概要
手厥阴心包经	内关	前臂掌侧，腕横纹上 2 寸，掌长肌腱与桡侧腕屈肌腱之间	胸部伤痛，肘臂挛缩，心悸、心痛，胃痛、呕吐，中风，上肢麻痹，癫痫、癔病	按，揉，拿
	大陵	腕横纹正中，掌长肌腱与桡侧腕屈肌腱之间	腕关节损伤，胸胁痛，心悸，癫痫	按，揉，掐
	劳宫	手掌心，当第二、三掌骨之间偏于第三掌骨，握拳屈指时中指指尖处	掌心热，胸胁痛，心悸，癫痫，口疮，口臭，心烦	按，揉
手少阳三焦经	中渚	握拳，手背无名指掌指关节后方，第四、五掌骨间凹陷处	肩部、肘臂疼痛，无名指麻木，手指不能屈伸，偏头痛，目赤，耳鸣、耳聋，咽喉肿痛	按，揉
	阳池	腕背横纹中，指总伸肌腱尺侧缘凹陷中	肩、臂、腕痛，目赤肿痛，耳鸣耳聋，偏头痛	按，揉
	外关	阳池与肘尖的连线上，桡骨与尺骨之间，腕背横纹上 2 寸	手臂肌肉酸痛，头痛，耳鸣、耳聋，热病	按，揉，拿
	肩髎	上臂外展平举，肩峰外后下方凹陷内	肩臂痛，肩袖损伤，上肢偏瘫	按，揉

续　表

归经	穴位	定　位	主　治	手法操作概要
足少阳胆经	风池	后发际正中直上 1 寸，胸锁乳突肌与斜方肌上端之间的凹陷处	感冒，头痛，眩晕，颈项强痛，肩背痛，中风。	按，揉，拿
	肩井	大椎穴与肩峰连线的中点	颈项强痛，肩背疼痛，手臂疼痛不能上举，中风，胸闷，难产	按，揉，捏，拨
	环跳	股外侧，侧卧屈髋取穴。股骨大转子最高点与骶管裂孔连线的中外 1/3 交点处	腰椎间盘突出症，坐骨神经痛，臀肌筋膜炎，下肢瘫痪	按，揉，拨
	风市	大腿外侧部的中线上，腘横纹上 7 寸，或直立垂手时中指尖处	腰腿酸痛，下肢麻痹、萎缩，全身瘙痒	按，揉，拨
	阳陵泉	仰卧或侧卧。小腿外侧，腓骨小头前下方凹陷处	半身不遂，下肢瘫痪、麻木，胁肋痛，膝关节伤痛	按，揉，拨
	丘墟	足外踝前下方凹陷中	踝关节扭伤，下肢瘫痪、麻木，胁肋痛	揉，按
足厥阴肝经	太冲	足背，第 1、2 跖骨结合部之前的凹陷中	下肢无力麻痹，头痛，眩晕，胁肋痛，遗尿，疝气，月经不调等	按，揉
	曲泉	屈膝，膝关节内侧横纹头上方的凹陷处	膝痛，小便不利，遗精，痛经，月经不调	按，揉，拨
	章门	第 11 肋游离端的下方	腹胀、腹泻，胸闷	按，揉，摩

归经	穴位	定　位	主　治	手法操作概要
任脉	关元	下腹部前正中线上，脐下 3 寸	遗尿，小便频数，遗精，阳痿，月经不调，不孕	摩，按，揉
	气海	下腹部前正中线上，脐下 1.5 寸	腹痛、腹泻，便秘，遗尿，遗精，阳痿，月经不调	摩，按，揉
	神阙	脐中央	腹痛，泄泻不止，脱肛，月经不调，不孕	摩，按，揉
	膻中	前正中线，平第 4 肋间隙，两乳头连线中点	咳嗽气喘，胸闷，心悸烦躁，高血压，失眠	摩，按，揉，推
督脉	腰阳关	腰部后正中线上，第四腰椎棘突下	腰骶部疼痛，腰椎间盘突出症，下肢麻痹，月经不调，遗精，阳痿	推，按，揉，擦
	命门	腰部后正中线上，第 2 腰椎棘突下	腰脊疼痛，腰椎管狭窄症，月经不调，遗精，阳痿，早泄，贫血	推，按，揉，擦
	大椎	后正中线上，第 7 颈椎棘突下	头痛，肩背痛，颈椎间盘突出症，癫痫，咳喘，风疹	推，按，揉，擦
	风府	后发际正中直上 1 寸，枕外隆凸直下，两侧斜方肌之间的凹陷中	头痛，中风不语，咽喉肿痛	按，揉
	百会	前发际正中直上 5 寸，或两耳尖直上连线的中点	头痛，眩晕，中风不语，失眠，健忘，泄泻	摩，按，揉，点
	人中（水沟）	定位：人中沟的上 1/3 与中 1/3 交点处	昏迷，晕厥，高热抽搐，中暑，小儿惊风，面瘫，癫痫，腰脊疼痛	掐，按，

续　表

归经	穴位	定　位	主　治	手法操作概要
经外奇穴	印堂	两眉头连线的中点	头晕头痛，神经衰弱，鼻衄，小儿惊风，失眠	按，推，捏
	太阳	眉梢与目外眦连线中点向后约1寸的凹陷处	偏头痛，面瘫，目赤肿痛，牙痛	按，揉
	夹脊	从第一颈椎至第四骶椎，各椎棘突下旁开0.5寸	脊椎疼痛，腰背劳损，相应脏腑病证	推，按，揉，拨
	腰眼	第4腰椎棘突下旁开3～4寸凹陷中	腰肌劳损，腰痛，月经不调，尿频，消渴	按，揉，拨
	膝眼	膝前部，髌尖两侧凹陷中，分别称为内、外膝眼	膝关节滑膜炎，膝关节半月板损伤，膝关节风湿性疼痛	按，揉
	落枕穴	手背第2、3掌骨间，指掌关节后0.5寸凹陷处	落枕，手指麻木，偏头痛，肩背痛，咽喉痛。	揉，按

主要参考文献

［1］冯美云主编. 运动生物化学［M］. 北京：人民体育出版社，1999.

［2］冯连世，冯美云，冯炜权. 优秀运动员身体机能的生理生化监控［M］. 北京：人民体育出版社，2006.

［3］杨则宜主编. 优秀运动员营养实用指南［M］. 北京：人民体育出版社，2007.

［4］胡扬，王瑞元主编. 高原训练研究与应用［M］. 北京：北京体育大学出版社，2006.

［5］翁庆章主编. 高原训练的理论与实践［M］. 北京：人民体育出版社，2002.

［6］Randall L. Wilber. Altitude Training and Athletic performance［M］，Human Kinetics，2004.

［7］蔡鸣，朱双龙. 新编常见妇女病问答［M］. 北京：中国人口出版社，2009.

［8］刘新光. 常见胃肠病知识问答［M］. 北京：科学出版社，2009.

［9］曲绵域，于长隆. 实用运动医学［M］. 北京：北京大学医学出版社，2003.

［10］雷寒. 内科学［M］. 北京：人民卫生出版社，2009.

［11］陈志刚，刘云霞. 头痛防治300问［M］. 北京：中国中医药出版社，2007.

［12］金元哲，关汝明. 心律失常医患问答［M］. 北京：人民军医出版社. 2009.

［13］胡绍. 耳鼻喉、眼、口腔诊疗要点［M］. 武汉：武汉出版社，2009.

［14］国家体育总局. 运动员治疗用药豁免管理办法. 2009.

［15］国家体育总局. 2012年禁用清单. 2012.

［16］American College of Sports Medicine position stand. Exertional heat illness during training and competition，MSSE，39（3），2007，556 – 72.

［17］American College of Sports Medicine position stand. Exercise and Fluid Replacement，MSSE，39（3），2007，556 – 572.

［18］王安利，王正珍. 运动医学［M］. 北京. 人民体育出版社，2008. 07，214 – 217.

［19］王安利译审. 运动损伤预防与治疗的临床实践［M］. 北京：人民体育出版社，2006.

［20］矫玮. 运动损伤学双语教程［M］. 北京：北京体育大学出版社，2003.

［21］王正珍译. 运动损伤的预防［M］. 北京：人民卫生出版社，2011.

［22］高崇玄译. 运动损伤临床指南［M］. 北京：人民体育出版社，2007.

［23］乔志恒，华桂茹. 理疗学［M］. 北京：华夏出版社，2005.

［24］张维杰，彭怀清等. 物理因子治疗技术［M］. 武汉：华中科技大学出版社，2012.

［25］郭新娜，汪玉萍. 实用理疗技术手册［M］. 北京：人民军医出版社，2010.

［26］南登崑. 康复医学［M］. 北京：人民卫生出版社，2008.

［27］高颀，麻春雁. 运动按摩［M］. 北京：北京体育大学出版社，2010.

［28］王安利. 运动医学［M］. 北京：人民体育出版社，2008.